U0635677

普通高等教育“十三五”规划教材

马克思主义哲学原理

主编　罗　燕　黄聚雪　王本玉

江苏大学出版社
JIANGSU UNIVERSITY PRESS
镇　江

内 容 提 要

本书根据教育部社科司颁布的马克思主义哲学原理教学基本要求，按照近年来在教学实践中形成的马克思主义哲学原理课新教材体系安排教学内容，努力体现马克思主义哲学与时俱进的理论品质。在系统阐明马克思主义哲学基本原理的前提下，着重介绍了当代中国的马克思主义哲学，即毛泽东思想、邓小平理论中包含的马克思主义哲学观点和方法；力求以科学的实践的观点作为基本线索，将马克思主义哲学的各个部分结合成一个统一的整体。

本书共分九章，分别介绍了马克思主义哲学的时代精神，世界统一于物质的理论观点，物质世界的普遍联系和永恒发展，联系和发展的基本规律和基本环节，认识的本质和发展过程，人类社会存在和发展的基础，社会基本结构与文明进步，社会发展规律与历史主体的作用，社会进步与人的全面发展。

图书在版编目（CIP）数据

马克思主义哲学原理 / 罗燕，黄聚雪，王本玉主编. -- 镇江 ：江苏大学出版社，2017.3（2019.7 重印）
ISBN 978-7-5684-0444-0

Ⅰ. ①马… Ⅱ. ①罗… ②黄… ③王… Ⅲ. ①马克思主义哲学 Ⅳ. ①B0-0

中国版本图书馆 CIP 数据核字(2017)第 060036 号

马克思主义哲学原理
Makesi Zhuyi Zhexue Yuanli

主　　编 / 罗　燕　黄聚雪　王本玉
责任编辑 / 吴春娥　米小鸽
出版发行 / 江苏大学出版社
地　　址 / 江苏省镇江市梦溪园巷 30 号（邮编：212003）
电　　话 / 0511-84446464（传真）
网　　址 / http://press.ujs.edu.cn
排　　版 / 北京金企鹅文化发展有限公司
印　　刷 / 北京谊兴印刷有限公司
开　　本 / 787 mm×960 mm　1/16
印　　张 / 15
字　　数 / 277 千字
版　　次 / 2017 年 3 月第 1 版　2019 年 7 月第 3 次印刷
书　　号 / ISBN 978-7-5684-0444-0
定　　价 / 39.80 元

如有印装质量问题请与本社营销部联系（电话：0511-84440882）

编者的话

为了加强马克思主义哲学原理的教学，帮助学生树立科学的世界观、人生观和价值观，使其学会运用马克思主义世界观、方法论观察和分析问题，提高其整体素质，我们根据教育部社科司颁布的马克思主义哲学原理教学基本要求编写了本书。

本书按照近年来在教学实践中形成的马克思主义哲学原理课新教材体系安排教学内容，努力体现马克思主义哲学与时俱进的理论品质。在系统阐明马克思主义哲学基本原理的前提下，着重介绍了当代中国的马克思主义哲学，即毛泽东思想、邓小平理论中包含的马克思主义哲学观点和方法；力求以科学的实践的观点作为基本线索，将马克思主义哲学的各个部分结合成一个统一的整体。

本书共分九章，分别介绍了马克思主义哲学的时代精神，世界统一于物质的理论观点，物质世界的普遍联系和永恒发展，联系和发展的基本规律和基本环节，认识的本质和发展过程，人类社会存在和发展的基础，社会基本结构与文明进步，社会发展规律与历史主体的作用，社会进步与人的全面发展。

本书由罗燕（江西科技师范大学）、黄聚雪、王本玉担任主编，梅均、赵阔、韩丽华、贾薇、吕静、潘永忠、姚明辉、万梦君、李多萃、王秀华担任副主编。

在编写过程中，我们参阅和借鉴了有关专家、学者的论著，在此一并表示感谢！由于编写时间仓促，书中疏漏之处在所难免，恳请广大读者批评指正。

编　者

2019 年 6 月

目　录

第一章　马克思主义哲学是时代精神的精华

马克思主义哲学是整个马克思主义学说的理论基础。从内容来看，它是包括辩证唯物主义和历史唯物主义在内的完整的学科体系；从研究对象来看，它是关于自然、社会和思维发展最一般规律的科学；从阶级属性和功能来看，它是无产阶级的世界观和方法论，是指导无产阶级和人民群众认识世界和改造世界的思想武器；从本质特征来看，它是以实践为基础的革命性和科学性相统一的科学学说。我们正在从事社会主义现代化建设的伟大实践，需要马克思主义哲学的指导。理论结合实际是学习和掌握马克思主义哲学的根本方法。

第一节　哲学和哲学的基本问题

一、哲学的研究对象

“哲学”一词源于希腊文 philosophia，由“爱”（philia）和“智慧”（sophia）两个词组合而成，词源含义是“对智慧的追求”。哲学也可称为“爱智之学”。当然，这仅仅是字面的意思，并不能说明哲学的本质。哲学研究涉及自然、社会、思维等广泛领域的许多问题，不同时代或不同民族的哲学家可以从不同角度强调哲学的本质内容。因此，关于哲学究竟是一门什么样的学问，哲学家们见仁见智，始终没有形成一致的看法。

马克思主义哲学认为，哲学是关于世界观的学问，是理论化、系统化的世界观，或者说，哲学是世界观的理论体系。人类在改造世界的实践活动中，必然对所接触的具体事物或现象产生一定的看法，形成各种具体观点。随着实践活动的扩大和深入与人类抽象思维能力的提高，这些具体观点的积累达到一定程度，终于发生质的飞跃，产生出不同于具体观点的世界观。

所谓世界观，就是人们对包括自然界、社会和思维在内的整个世界，以及人与世界关系的总的根本的看法和观点。世界观与具体观点的主要区别在于，具体观点只是人们对世界局部领域内的具体对象的认识，而世界观涉及的不是某一具体对象，它是有关整个世界的普遍本质及人与世界关系的一般认识。

哲学是世界观的学问，但哲学并不能简单地等同于世界观。人们在实践中自发形成的世界观一般是不系统的，是缺乏理论论证和严密的逻辑性的。哲学是经过少数思想家、哲学家的创造性思维活动，将自发形成的世界观用理论的形式加以高度概括抽象，通过一系列哲学概念、范畴和系统的逻辑论证形成的思想体系。一个智力健全的现代人，只要有一定的社会生活，参加一定的社会实践，总会形成对整个世界的某种根本看法，具有自己的世界观；但不能说人人都有哲学思想，只有通过哲学思维的教育和训练才可能具备一定的哲学素养。

世界观是对整个世界总的根本的看法，但世界观不可能仅仅停留在“观”世界，人们总是按照一定的世界观去观察事物，分析和处理各种问题。因此，哲学既是世界观，同时又是方法论。方法论是关于认识世界和改造世界的根本方法的学说，也就是通常所说的根本的思想方法和工作方法。哲学是世界观和方法论的统一。哲学虽然具有高度抽象概括的特点，但无论何种哲学总要以不同的方式影响或指导人们的认识和实践活动。在马克思主义哲学中，世界观和方法论达到高度自觉的统一。

作为理论化、系统化的世界观，哲学的研究对象不是局限于世界的某一领域，它的视野是全方位地面向整个世界，在这一点上，哲学与具体科学知识是不同的。人类的科学知识从大的方面可以分为自然知识、社会知识和思维知识三大门类，自然科学、社会科学和思维科学便是这三大类知识的理论结晶，它们分别把自然规律、社会规律和思维规律作为自己的研究对象。哲学力图从总体来把握整个世界的共同本质和一般规律，尤其要探究人与世界的关系，正因为这样，哲学才具有世界观和方法论的意义。

哲学和具体科学在研究对象上的区别并不意味着它们之间不存在着联系。在人类认识发展的早期，人类知识原本是浑然一体地存在着的。随着实践和认识的发展，各门具体科学经历了逐一分化独立的过程，哲学终于与具体科学相分离而单独存在。在科学和技术飞速发展的现代，各门具体科学间交叉发展的同时，哲学与某些具体科学也会发生相互渗透而出现一系列应用哲学部门，如经济哲学、科技哲学、文化哲学、教育哲学等。哲学是对自然知识、社会知识和思维知识的概括与总结，这一特点普遍适用于一切哲学，即使错误的哲学也总是歪曲地利用科学材料，对科学知识做出错误的概括和总结。

哲学讲究论证，尤其注重理论论证，它以其范畴体系和逻辑论证的特有方式显示自己的力量，要求“言之成理，持之有故”。试图靠武断或信仰强制人们接受某种哲学思想是不可能的。

二、哲学的基本问题

在哲学思想数千年的发展过程中，人类提出并探索了许多涉及整个世界的大问题，其中贯穿始终的便是哲学的基本问题，即思维和存在的关系问题，也就是精神和物质的关系问题。早在远古时代，这一问题就以某种模糊的方式提了出来，自近代以来则以更加明确的形式出现，对哲学发展起着越来越重大的作用。

思维和客观存在即精神和物质的关系问题包括多方面内容，其中有两个最为突出的方面。哲学基本问题的第一个方面是：世界的本质是精神还是物质，是精神决定物质还是物质决定精神，用哲学的语言表述，就是精神和物质何者为第一性的问题。这一方面的问题涉及世界的本质、本原，是哲学基本问题的最重要方面，哲学史上称为本体论问题。根据对这一问题的不同回答，全部哲学划分为唯物主义和唯心主义两个根本对立的基本派别：凡主张世界的本质是物质，坚持物质第一性、精神第二性，物质决定精神的，都属于唯物主义派别；凡断言精神是世界的本质，坚持精神第一性、物质第二性，精神决定物质的，都属于唯心主义派别。只能在精神和物质何者为第一性这个根本问题上区分唯物主义和唯心主义，此外不能再附加上别的意义，否则就会造成混乱。

哲学基本问题的第二个方面是：人的思维有没有能力认识客观世界，或者说，世界是可知的还是不可知的，用哲学的语言表述，就是思维和客观存在、精神和物质之间有没有同一性的问题，哲学史上称为认识论问题。绝大多数哲学家肯定思维和客观存在之间有同一性，属于可知论；只有少数哲学家否认思维和客观存在之间的同一性，属于不可知论。

思维和客观存在的关系问题之所以是哲学基本问题，这是由哲学本身的性质和任务决定的。哲学以整个世界的普遍本质和关系作为自己的研究对象。精神和物质正是整个世界最一般、最普遍的两大类现象。作为哲学范畴的精神和物质是世界上一切现象的最高概括和抽象，精神和物质的关系无疑是一切关系中最为一般的关系。因此，思维和客观存在的关系问题，特别是何者为第一性的问题，理所当然地成为哲学的基本问题。

思维和客观存在的关系问题贯穿全部哲学问题。如何解决这一问题决定了一个哲学家或哲学派别的基本方向，影响他们对其他哲学问题的解决。思维和客观存在的关系问题也是任何哲学家无法回避的问题。有些哲学家试图摆脱甚至取消这一问题，实际上这是不可能的，他们最终还是要这样或那样地对这一问题做出回答。

思维和客观存在的关系问题是哲学的基本问题，同时也是人类全部认识和实践的基本问题。人们从事的一切活动，包括科学研究和各项具体工作，都存在着以什么为出发点的问题。从客观存在的实际出发，还是从思想观念出发，这是两条根本对立的思想路线。思想路线正是哲学基本问题在实际认识和实践中的具体贯彻。中国共产党领导中国革命和建设的全部历史证明，自觉坚持辩证唯物主义的思想路线是革命和建设事业取得胜利的根本保证。

思维和客观存在的关系问题是全部哲学的基本问题，但并不是哲学的唯一问题。不同时代、不同民族的哲学思想，内容无限丰富，形式纷繁复杂。如果把人类全部哲学思想统统纳入围绕哲学基本问题展开的斗争，或者不加具体分析地用哲学基本问题划线分派，这种把哲学基本问题简单化、绝对化的做法不符合哲学思想发展的历史和逻辑，也不利于哲学的繁荣和发展。

三、唯物主义与唯心主义

按照对哲学基本问题第一方面即思维和客观存在何者为第一性的不同回答形成的唯物主义和唯心主义是哲学中的两个基本派别。在这一问题上不可能有第三种回答，不存在超越唯物主义和唯心主义之上的所谓“第三派”“中间派”。哲学中的二元论把精神和物质看作两个互相独立的世界本原，企图以此调和唯物主义和唯心主义。二元论并非唯物主义和唯心主义以外的“第三派”，它不过是一种不彻底的折衷主义。二元论最终不得不对思维和客观存在何者为第一性的问题做出回答，大多数二元论哲学的发展趋势是倒向唯心主义。

同一基本派别的哲学在不同历史条件下，往往表现为不同的具体形态。唯物主义在长期发展中主要经历了三种历史形态：古代朴素唯物主义、近代形而上学唯物主义和现代辩证唯物主义。其中辩证唯物主义是唯物主义哲学发展的高级形态。古今中外的唯心主义大体上可以分为两种形态：主观唯心主义把世界说成主观精神的创造，客观唯心主义把世界归结为由某种超自然的客观精神力量所创造。二者的具体说法虽不相同，但都主张精神是世界的本原，在这一点上它们是共同的。

哲学中唯物主义和唯心主义两大基本派别的对立，有着深刻的社会阶级根源和认识根源。就社会阶级根源而言，脑力劳动与体力劳动相分离，私有制和阶级的产生，是唯心主义哲学产生的必要条件；剥削阶级从精神上维持其统治地位的需要，则是唯心主义哲学得以长期存在和发展的阶级基础。与此相反，凡是要求发展生产力以推动社会进步的阶级、社会集团或个人，都合乎逻辑地承认外部世界的客观存在，都主张或至少容易接受唯物主义，这里主要是指历史上广大劳动群众，同时也包括在当时有一定进步倾向的某些剥削阶级的代表人物。

就认识根源而言，任何一个不带宗教或唯心主义偏见的人，通过自己亲身的生活和实践，决不会怀疑外部世界的客观存在，这就是说唯物主义哲学深深根植于人类的认识和实践本身。唯心主义哲学虽然完全颠倒了精神和物质的关系，但这种根本上错误的哲学也是有其认识根源的。人的认识本来就是一个充满矛盾的复杂过程，如果片面夸大其中某一方面或某一片断，使之成为脱离物质的神化了的绝对，那就不可避免地导致唯心主义。所以，直线性和片面性，死板和僵化，主观主义和主观盲目性，就是唯心主义哲学的认识根源。

四、辩证法与形而上学

在哲学上，唯物主义与唯心主义的对立和斗争，是同辩证法与形而上学的对立和斗争交织在一起的。正如毛泽东所说："在哲学里边，唯物主义和唯心主义是对立统一，这两个东西是相互斗争的。还有两个东西，叫做辩证法和形而上学，也是对立统一、相互斗争的。一讲哲学，就少不了这两个对子。"[①]不管是唯物主义还是唯心主义，在回答了世界存在的本质是什么后，还必须回答世界是怎样存在的问题。

对世界是怎样存在的这一问题的不同回答就形成了辩证法和形而上学两种不同的观点。辩证法认为事物是普遍联系和发展变化的，矛盾是事物发展的源泉。形而上学把事物看成彼此孤立和静止的，否认事物发展的原因在于事物自身的矛盾性。显然，辩证法和形而上学的对立表现在三个方面：一是联系观点与孤立观点的对立；二是发展观点与静止观点的对立；三是承认矛盾的观点与否认矛盾观点的对立。承认不承认矛盾是事物运动、变化和发展的动力，是唯物辩证法与形而上学的根本分歧和斗争的焦点。

相对于唯物主义与唯心主义的斗争来说，辩证法和形而上学的斗争仅仅具有从属意义。这主要是因为：

第一，解决世界的本原"是什么"的问题，是辩证地还是形而上学地解决"怎么样"问题的前提。因为人们认识世界，首先要解决世界"是什么"的问题，然后才能解决世界是"怎么样"的问题。也就是说，辩证法与形而上学的斗争从属于唯物主义与唯心主义的斗争。

第二，如何解决世界的本原或本质的问题，决定了解决世界是"怎么样"问题的方向。如果哲学家唯物主义地回答世界的本质问题，就必然认为联系和发展是物质世界的联系和发展；如果哲学家唯心主义地回答世界的本质问题，那么他主张的联系和发展就必然是思维和精神的联系和发展。因此，究竟是唯物主义还是唯心主义地解决世界的本原问题，决定着辩证法是否具有科学性和彻底性。

第三，辩证法和形而上学总是附属于唯物主义或唯心主义的哲学体系。在哲学史上，从来没有游离于唯物主义和唯心主义之外的辩证法和形而上学的独立派别。辩证法和形而上学要么与唯物主义结合，要么同唯心主义并处。因此，

---

① 毛泽东：《在省市自治区党委书记会议上的讲话》，《毛泽东文集》第 7 卷，人民出版社，1999 年，第 193 页。

从思想观点来看，哲学上确实存在着两个对子，即存在着唯物主义与唯心主义、辩证法与形而上学的斗争。但从独立的基本派别来看，只能是唯物主义和唯心主义两大阵营，而不是四军对垒。

第二节 马克思主义是科学的世界观和方法论

一、马克思主义哲学产生的社会历史条件

一种科学理论的产生除去理论家的创造和发明之外，总是与产生这种理论的社会历史条件分不开的。马克思主义哲学的产生也是如此。所谓社会历史条件，主要指社会实践的发展和阶级基础，自然科学的发展和前人提供的思想资料。

（一）马克思主义哲学产生的社会条件和阶级条件

马克思主义哲学产生于19世纪中期。这一时期，资本主义社会矛盾激化，无产阶级与资产阶级的冲突日益尖锐，这样就为马克思主义哲学的产生提供了社会实践的基础和阶级条件。

资本主义的生产关系，在欧洲最早可以追溯到14—15世纪。到19世纪40年代，资本主义已经在欧洲一些国家确立起来。资本主义制度的确立，产业革命的发生和扩展，蒸汽机的发明和使用，极大地提高了社会生产力。资产阶级在它不到100年的统治中创造的生产力，比过去一切时代创造的生产力的总和还要多，还要大。航海和海外贸易的发展使世界越来越成为一个相互联系的整体。资产阶级的这些历史成就，一方面极大地推动了社会历史的进步和发展，开阔了人们的视野，为正确、全面、深刻地揭示自然界和社会历史的内在联系提供了可能；另一方面也使资本主义制度的固有矛盾日益尖锐和激化，使资本主义生产关系成为生产力进一步发展的桎梏，其突出表现就是愈来愈危及整个资本主义社会的经济危机频繁出现。如何认识资本主义的本质和它的发展规律，它将朝什么方向发展，代替它的未来社会将具有什么样的基本规定性等，便是那个时代提出的问题。马克思主义及其哲学正是在这种社会历史环境中产生的。

无产阶级是随着资本主义生产关系的出现而产生的。无产阶级同资产阶级在根本利益上是对立的，所以资本主义社会从一开始就存在着无产阶级反抗资产阶级的斗争。这个斗争随着资本主义的发展经历了一个从自发到自觉的过程。无产阶级在斗争中日趋成熟，到19世纪40年代，已经作为一支独立的政治力量登上历史舞台。为了使自己的斗争目标更明确，方法更科学、更成熟，无产阶级迫切希望得到一种科学的世界观和方法论的指导。马克思主义哲学正是适应无产阶级

阶级斗争的需要而创立的。马克思主义哲学从一开始就是无产阶级的世界观和方法论，是代表无产阶级利益并为无产阶级反对资产阶级斗争服务的。

（二）马克思主义哲学产生的自然科学前提

马克思主义哲学的产生离不开自然科学的发展及其取得的巨大成就。资本主义大工业发展推动了自然科学的进步和发展。自然科学和发达的大工业一起变革了自然界，为正确地揭示自然界的规律、结束人们对自然界的幼稚态度、打破形而上学的宇宙观创造了条件。

19 世纪 40 年代以来，一些以研究自然界发展过程为特点的新的学科相继产生和发展起来，如地质学、胚胎学、动植物生理学、有机化学等。其中有代表性的是作为自然科学重大成就的三大发现：细胞学说、能量守恒和转化定律、生物进化论。恩格斯指出："由于这三大发现和自然科学的其他巨大进步，我们现在不仅能够说明自然界中各个领域内的过程之间的联系，而且总的说来也能说明各个领域之间的联系了，这样，我们就能够依靠经验自然科学本身所提供的事实，以近乎系统的形式描绘出一幅自然界联系的清晰图画。"[①]这就是说，"新的自然观就其基本点来说已经完备：一切僵硬的东西溶解了，一切固定的东西消散了，一切被当作永恒存在的特殊的东西变成了转瞬即逝的东西，整个自然界被证明是在永恒的流动和循环中运动着"[②]。恩格斯的论述精辟地说明了马克思主义哲学产生的自然科学前提。

（三）马克思主义哲学产生的思想理论来源

自古以来，人类就在劳动实践和社会生活实践中积累了许多唯物主义和辩证法的思想，马克思主义哲学正是对人类这些优秀思想成果的继承和发展。作为马克思主义哲学直接理论来源的是德国古典哲学。德国古典哲学的主要代表有康德、费希特、谢林、黑格尔和费尔巴哈等，其中对马克思影响最大的是黑格尔和费尔巴哈。黑格尔在哲学上最杰出的成就是辩证法。他是哲学史上第一个以唯心主义的方式系统地阐述了辩证法基本规律的哲学家，第一次把整个自然的、历史的和精神的世界描写为一个运动、变化、发展的过程，并企图揭示这种运动和发展的内在联系。费尔巴哈是德国古典哲学的最后一位代表，他的重要成就是打破了黑格尔唯心主义哲学的统治，恢复了唯物主义的王位；他还批判了宗教和神学，

---

① ［德］恩格斯：《路德维希·费尔巴哈和德国古典哲学的终结》，《马克思恩格斯选集》第 4 卷，人民出版社，1995 年，第 246 页。

② ［德］恩格斯：《自然辩证法》，《马克思恩格斯选集》第 4 卷，人民出版社，1995 年，第 270 页。

是一位杰出的无神论者。但这两位哲学家的理论存在明显的缺陷。黑格尔的辩证法是唯心主义观念的辩证法；费尔巴哈的唯物主义是建立在人本主义基础之上的，总的来说没有超出旧唯物主义的范围。马克思结合当时的社会实践，批判地吸取了黑格尔哲学中的“合理内核”——辩证法思想，并对之进行了唯物主义的改造；批判地吸取了费尔巴哈哲学中的“基本内核”——唯物主义思想，并克服了它的形而上学性、机械性和不彻底性。马克思主义哲学正是在吸收前人优秀哲学成果的基础上创立的。

19 世纪 40 年代以来，社会历史的发展，阶级斗争实践的条件，自然科学的进步和成就，哲学自身的发展，为马克思主义哲学的产生提供了基础和前提。因此，马克思主义哲学在这个时代产生是有其历史必然性的，正如恩格斯所说，如果不是马克思，也会由别的什么人把这种理论创立起来。

二、马克思主义哲学是关于自然、社会和思维发展一般规律的科学

哲学是关于世界观的学问，是世界观的系统化和理论化。世界观是人类在改造世界的实践中形成的对包括自然界、社会和人类思维在内的整个世界的总的根本的看法和观点。这些看法和观点经过哲学家的加工和整理，上升为系统理论，形成哲学学说。世界观和方法论是分不开的。所谓方法论，是指关于认识世界和改造世界的根本方法的学说。对整个世界的总的根本的看法是世界观，以这一总的根本的看法为指导去认识和改造世界，便是方法论。一切哲学都是世界观和方法论的统一。

哲学以整个世界为研究对象，它揭示的是世界总体的本质和发展规律。但是在马克思主义哲学产生以前，由于生产和科学发展水平的限制，不仅唯心主义哲学，即使是唯物主义哲学，都不可能对整个世界的总图景做出符合实际的科学描述。不少哲学家采取虚构的、臆想的联系代替他们尚未认识的真实的联系，用逻辑推论去填补实际材料的不足，把这样建立起来的哲学体系凌驾于一切具体科学之上，哲学成为一切知识的总汇，成为“科学之科学”。这种现象表明：在马克思主义哲学产生之前，人们并没有搞清楚哲学的真正对象是什么。

马克思主义哲学明确规定自己的研究对象是自然、社会和人类思维发展的最一般规律，即哲学研究的规律适用于一切领域，而不像具体科学的规律，仅适用于某一特定的领域。例如哲学研究的对立统一规律，不论是在自然界、人类社会还是思维领域都是普遍适用的。马克思主义哲学把自然、社会和人类思维发展的最一般规律作为自己研究的对象还有另一层意义，这就是随着分门别类的具体科学逐渐独立和专门化，揭示每一具体领域的特殊本质和规律便成为各门具体科学的任务，无需哲学来代劳，哲学剩下的就只有适用于一切领域的

最一般的规律。这样，作为“知识的总汇”或“科学之科学”的哲学，就没有存在的必要，再也不能继续存在下去了。

从以上论述中不难看出，马克思主义哲学与具体科学是一般与个别的关系，二者既有区别又有联系。首先，它们之间最明显的区别是研究对象不同，具体科学以世界的某一特殊领域的具体规律作为自己的研究对象，因而具有个别性和特殊性；马克思主义哲学以自然界、社会、人类思维的最一般规律作为自己的研究对象，因而具有一般性和普遍性。其次，它们之间又是密切联系的。一方面，马克思主义哲学要以各门具体科学为基础，它深深植根于各门具体科学的沃土之中，没有各门具体科学发展的成就，马克思主义哲学既不可能产生，也不可能发展。另一方面，马克思主义哲学为各门具体科学的研究提供正确的世界观和方法论的指导。从事具体科学研究的人，既要坚持马克思主义哲学的指导，不断排除研究过程中和这一领域中存在着的唯心主义和形而上学的世界观和方法论的影响；又要注意避免把马克思主义哲学等同于具体科学，借口坚持马克思主义哲学而取消具体科学的研究。

三、马克思主义哲学是以实践为基础的革命性和科学性的统一

早在马克思主义哲学产生以前，唯物主义哲学就在与唯心主义哲学的斗争中产生和发展起来。它经历了古代朴素唯物主义和近代形而上学唯物主义两大形态。古代朴素唯物主义的突出特点是直观性。就是说，它关于世界本质的观点往往是凭直接观察得来的。例如：关于世界的本质，古希腊有的哲学家提出水是世界的本原，还有人提出火是世界的本原；我国古代有人把金、木、水、火、土当作世界的本原。这些观点坚持从自然界自身说明自然界是有进步意义的，然而这些观点并不科学。到了近代，由于工业发展和科学的进步，在欧洲出现了形而上学唯物主义，也叫机械唯物主义，它力求用当时的科学成就从根本上解释世界。但当时工业和科学的发展还很不充分，加上其他条件的限制，使得这种唯物主义存在三个明显的局限性。第一，机械性。这种唯物主义仅仅用力学的尺度去衡量一切变化和过程，甚至把生命运动也归结为力学运动。这是与当时只有机械力学达到了某种完善的地步分不开的。第二，形而上学性。这种唯物主义不能把世界理解为一种处于不断变化发展中的过程。第三，不彻底性。它的自然观是唯物主义的，对社会历史的看法却是唯心主义的，这是由于当时的社会实践限制了人们的视野造成的。

马克思主义哲学是在大工业生产和科学进一步发展的条件下，在资本主义社会矛盾充分暴露、社会各种矛盾的经济根源已经显露出来的情况下产生的，它从根本上克服了以往唯物主义的局限性，使自己成为崭新的、彻底的唯物主

义哲学。这表现在：一方面，马克思主义哲学克服了唯物主义与辩证法的分离，它依据科学发展的新成就，把辩证法与唯物主义有机地结合起来，使唯物主义成为辩证的唯物主义，这就克服了旧唯物主义的机械性和形而上学性；使辩证法成为唯物主义的辩证法，这就克服了辩证法的唯心主义性质。另一方面，马克思主义哲学克服了唯物主义自然观与唯物主义历史观的分离，它把唯物辩证的自然观和考察社会的历史观结合与统一起来，克服了旧唯物主义的不彻底性，创立了历史唯物主义。

因为实现了这两个结合，所以我们把马克思主义哲学叫作辩证唯物主义和历史唯物主义。这两个部分相互依赖，互为存在的前提，是同时铸成的一整块钢。特别是历史唯物主义，它是马克思一生中两个重大发现之一，“是科学思想中的最大成果”①。在马克思主义哲学产生以前，在社会历史领域占支配地位的是历史唯心主义，它的最突出的特点是把社会意识看作对社会历史及其发展起决定作用的因素。历史唯心主义至多只是考察了人们历史活动的思想动机，而没有研究产生这些动机的原因，没有探索社会关系体系发展的客观规律性，没有把物质生产的发展程度看作这些关系的根源。因此它是混乱的，具有极大的随意性。唯物史观的发现和创立从根本上结束了唯心主义哲学在社会历史领域中的统治地位。马克思指出：“不是人们的意识决定人们的存在，相反，是人们的社会存在决定人们的意识。”②一切社会现象和冲突的根源不是取决于思想或观念，而是存在于经济的事实之中，这样便将社会历史理论建立在客观的经济事实的基础之上，从而使它具有了如同自然科学一样的精确性。

马克思主义哲学以实践为基础，它来自实践，为无产阶级斗争的实践服务，并在实践中使自身不断获得丰富和发展。实践性既是马克思主义哲学自身的显著特征，又是其区别于其他哲学的显著标志。马克思主义哲学正是在实践中实现了革命性和科学性的统一。

马克思主义哲学的革命性是指它不崇拜任何东西，按其本质来说，是批判的和革命的。马克思主义哲学把变革旧世界和改变现存事物作为自身的任务和目的。马克思指出：“对实践的唯物主义者即共产主义者来说，全部问题都在于使现存世界革命化，实际地反对并改变现存的事物。”③马克思主义哲学的科学性不仅是指它以科学的发展为基础，而且是指它通过实践和自然科学的成就正

① ［苏］列宁：《马克思主义的三个来源和三个组成部分》，《列宁选集》第2卷，人民出版社，1995年，第331页。

② ［德］马克思：《〈政治经济学批判〉序言》，《马克思恩格斯选集》第2卷，人民出版社，1995年，“序言”第32页。

③ ［德］马克思，恩格斯：《德意志意识形态》，《马克思恩格斯选集》第1卷，人民出版社，1995年，第75页。

确地揭示了自然、社会、思维发展的一般规律。在马克思主义哲学中，革命性和科学性是统一的。正如列宁所说：“这一理论对世界各国社会主义者所具有的不可遏止的吸引力，就在于它把严格的和高度的科学性（它是社会科学的最新成就）同革命性结合起来，……把二者内在地和不可分割地结合在这个理论本身中。”①

马克思主义哲学是完备的、彻底的唯物主义哲学，它的诞生引起了哲学的革命变革。第一，马克思主义哲学以自然、社会、思维最一般规律为自己的研究对象，做到了辩证法与唯物主义的结合和统一，实现了唯物主义自然观与唯物主义历史观的结合和统一，使哲学第一次成为科学形态的世界观和方法论的理论体系。第二，唯物史观的发现不仅使社会历史理论真正成为科学的理论，而且它和剩余价值学说一起，把社会主义从空想变为科学。第三，马克思主义这一无产阶级的世界观和方法论使无产阶级和被压迫群众第一次有了自己的理论武器。如果说在此之前，哲学只不过是少数哲学家的哲学，那么，马克思主义哲学使哲学真正地进入到人民群众的实践领域，成为人民群众认识世界和改造世界的思想工具。

第三节　马克思主义哲学与现时代

一、马克思主义哲学与现代西方哲学

人们常常把 17—18 世纪资产阶级的哲学称为近代哲学，把 19 世纪中叶以来的欧美哲学叫作现代西方哲学。现代西方哲学就其源头而言，始于 19 世纪 40 年代。随着德国古典哲学的终结，哲学沿着两个不同的方向发展，一个是马克思主义哲学的产生和广泛传播，另一个是现代西方哲学思潮的出现。

现代西方哲学并不是一个统一的哲学派别，其内部包含许多观点不同、思想各异的流派。现代西方哲学是对 19 世纪 40 年代以来流行于西方社会的各种哲学派系的一个总称。从思想倾向来看，现代西方哲学可以分为两股思潮：一个是人本主义思潮；另一个是科学主义思潮。人本主义思潮发端于德国哲学家叔本华和尼采的唯意志主义，它提出意志是万物的本原和基础，“生命本身就是强力意志”，这种意志是非理性的、不受制约的。在对待社会和人生态度上，叔本华宣扬悲观主义和虚无主义，尼采鼓吹“超人哲学”。在第二次世界大战以后，特别是 20 世纪 60 年代初期，西方人本主义思潮的重要代表是存在主义，其中

① ［苏］列宁：《什么是“人民之友”以及他们如何攻击社会民主党人？》，《列宁选集》第 1 卷，人民出版社，1995 年，第 83 页。

萨特的存在主义哲学一度产生非常深刻、广泛的影响。这种哲学声称关注个人的存在，主张“人就是自由”，并提出要用存在主义的人学去填补马克思主义哲学中存在的“人学空场”。

科学主义思潮源于实证主义哲学，法国哲学家孔德是其创始人。这种哲学提出追求“确实的”知识，即凭感觉经验获得的知识，把经验和科学理解为主观感觉、表象的总和；强调知识只能建立在经验范围内的“实证”基础上。20世纪初叶，在美国兴起的实用主义和20世纪30—50年代流行于西方的逻辑实证主义都属于科学主义思潮的哲学流派。实用主义提出“有用即真理”。逻辑实证主义认为科学的哲学决定于经验与逻辑的统一。二者都声称科学的哲学改变了传统的哲学，是哲学发展史上彻底的革命。

马克思主义哲学和现代西方哲学都属于现时代，都具有非常广泛的影响。因此，正确看待马克思主义哲学与现代西方哲学的关系，对于坚持和发展马克思主义哲学是非常重要的。首先必须明确，马克思主义哲学与现代西方哲学是有着本质区别的，这不仅表现在它们的阶级属性和服务对象上，而且反映在它们的理论实质上。现代西方哲学尽管流派纷呈，各个流派之间也存在着争论和斗争，但由于它们的出发点有的是主观意志，有的是抽象的人，有的则是主观经验，归根结底，都主张意识第一性、物质第二性。所以，从实质来看，不论是人本主义还是科学主义，都属于唯心主义，是唯心主义哲学的现代表现形式。它同以实践为基础，以科学发展为前提，以自然、社会、思维最一般规律为对象的马克思主义哲学是有着根本区别的。在现时代，唯有马克思主义哲学才是真正科学的世界观和方法论，是时代哲学的主流，是名副其实的时代精神的精华。

其次，在注意二者之间本质区别的同时，又不能无视现代西方哲学对马克思主义哲学的影响。一方面，应当看到，现代西方哲学从总体来说属于现代资本主义的意识形态，这就决定它必然与马克思主义哲学相对立。不少现代西方哲学流派都不同程度地把斗争矛头指向马克思主义哲学，对它进行歪曲、攻击。因此，我们必须以马克思主义哲学为武器，对这些歪曲和攻击加以揭露和批判。另一方面，又应当看到，现代西方哲学对有些哲学问题的研究，由于受到现代科技发展和社会实践的影响，提出了许多很有价值的观点，提供了许多很有意义的思想资料，这些对于丰富和发展马克思主义哲学是具有借鉴和参考价值的，一定要认真研究，并批判地加以吸收。

二、马克思主义哲学与现代科技革命

科学技术活动是社会实践的重要内容之一，科学技术的发展必然会对马克思主义哲学发展起巨大的推动作用。从马克思主义哲学本身来看，它与科学技术的发展紧密相关，从它的创始人开始就非常重视科学。马克思主义把科学看成“历史的有力杠杆”，是“最高意义上的革命力量”。

科学技术是一个综合性的范畴，科学是指知识的理论体系，技术则表现为方法、工艺和能力。科学技术范畴表明科学与技术紧密相连、互相作用和互相转化。科技革命是科学革命和技术革命的合称，前者是指人类对自然认识的飞跃，后者是指生产工具和工艺过程方面的重大变革。现代科技革命包括科学和技术这两方面的革命。现代科技革命的主要内容包括：控制论、信息论、系统论的创立，遗传学和分子生物学的建立，高分子物理学、空间科学、海洋科学、材料科学的产生等。现代技术主要指电子技术、原子技术、分子设计技术、材料合成技术、空间技术、生物工程、电子计算机技术、海洋工程、激光技术、信息技术等。现代科技革命使人类社会在经济、政治、军事、思维方式、生产方式等方面发生了巨大而深刻的变化。

现代科技的迅猛发展给予马克思主义哲学极大影响。第一，现代科技革命在许多领域实现了重大突破，使人类对世界的认识和改造活动达到了前所未有的广度和深度，深化和拓展了马克思主义哲学的宇宙观。例如，射电望远镜的发明和使用使人们对宏观宇宙的观察可达到200亿光年以上。物质结构理论，特别是夸克禁闭理论，使人们对微观宇宙的认识达到了前所未有的水平。第二，现代科技革命取得的丰硕成果证明、充实和丰富了马克思主义哲学的一系列基本原理。例如：爱因斯坦的相对论以确凿的科学事实揭示了物质与运动、物质运动与时间空间的不可分割性，有力地证明了马克思主义哲学关于世界物质统一性的原理。又如：现代系统科学丰富了马克思主义哲学关于世界普遍联系的原理。再如：电脑科学和现代人工智能技术极大地充实了意识的本质和能动作用的原理。第三，现代科技革命提出的许多新的问题推动着马克思主义哲学的进步和发展。如宇宙的起源和演化问题，生命科学和生物工程提出的伦理问题，计算机的广泛应用引发的各种社会问题等，都需要以马克思主义哲学为指导进入深入的研究和探索。这种研究和探索，又推动和促进马克思主义哲学的进一步完善和发展。马克思主义哲学面临着现代科技革命的挑战。它必须对现代科技发展提出的问题做出新的哲学概括，否则就将落后于时代，失去作为时代精神精华的资格。

三、马克思主义哲学与时代的发展

一切真正的理论都是它那个时代的产儿，哲学也是这样。所谓哲学是时代的产儿，一方面，是指任何哲学理论的产生尽管离不开创立这种哲学的哲学家个人，但从根本来说，是与它产生的那个时代具有的各种条件分不开的；另一方面，是指它与那个时代的需要密切相关。因此，哲学理论尽管高度概括和抽象，似乎高耸云端，但它绝不是哲学家随意编造、苦思冥想的产物。虽然有些哲学体系中包含某些编造和冥想的成分，但从这种哲学产生的背景及它的内容和价值取向来看，都离不开产生它的那个时代。所以，哲学理论看起来是抽象的，实质上是非常具体和现实的。

马克思主义哲学特别重视哲学与时代的关系，它自己就是它那个时代的必然产物。马克思曾指出："任何真正的哲学都是自己时代精神的精华。[①]"这里是指"真正的哲学"，而不是随便什么哲学。尽管一切哲学都依存于它自己的时代，但未必都是时代精神的精华。"真正的哲学"可能是唯物主义，也可能是唯心主义哲学。例如：17—18 世纪的法国唯物主义哲学是当之无愧的时代精神的精华；18 世纪末、19 世纪初康德、黑格尔的唯心主义哲学也毫无疑问的是时代精神的精华。可见一种哲学是不是时代精神的精华，不取决于它是唯物主义还是唯心主义，而取决于它是否以思想的形式表现了时代精神。19 世纪 40 年代以来，西方国家曾出现过无数哲学流派，但一个个似走马灯一样，转瞬即逝。有些流派虽风行一时，也曾产生过较为广泛的影响，但随着时间的推移都江河日下，不足为论了。

当今时代，真正成为哲学主流的是马克思主义哲学，它是我们这个时代"真正的哲学"，是这个时代精神的精华。第一，马克思主义哲学正确地反映了时代的潮流。19 世纪初以来，资本主义制度的各种弊端逐渐暴露出来，克服弊端、医治资本主义制度弊病的各种药方纷纷出笼，其中也包括许多社会主义的思潮，但没有一个是科学有效的。唯有马克思主义及其哲学正确地揭示了社会主义取代资本主义的历史必然性，真正把握了时代的潮流。第二，马克思主义哲学批判地继承了以往哲学发展的优秀成果，并推进了哲学发展。它把辩证法与唯物主义结合起来，把辩证唯物的自然观与历史观结合起来，实现了哲学的革命性飞跃，使之真正成为科学形态的世界观和方法论体系。第三，马克思主义哲学以实践为基础，它不是僵死的教条，而是行动的指南。它在世界各国无产阶级革命的实践中不断丰富和发展，汲取新的养分，使自己具有无限的生机和活力。

哲学的生命从根本来说在于适应时代的需要，马克思主义哲学仍然是当今时代最需要的哲学。首先，我们要用马克思主义哲学分析资本主义和社会主义。作为现时代两种基本社会制度，它们在近 100 年的时间内，特别是第二次世界大战以来的 50 年中，都发生了深刻而重大的变化。一方面，发达资本主义国家应用现代高新科技，通过推行"福利政策"缓和了社会矛盾，使其经济获得了

---

① ［德］马克思：《第 179 号〈科伦日报〉社论》，《马克思恩格斯全集》第 1 卷，人民出版社，1956 年，第 121 页。

较大的增长，资本主义制度并不像人们设想的那样很快就要进入坟墓，相反它继续显示出一定的生命力。这样，怎样认识现代资本主义便成为一个重大问题。另一方面，社会主义曾经出现过凯歌前进的时期，特别是中华人民共和国的成立，是继俄国十月革命以后社会主义事业取得的最伟大的成果。但由于已经建立起社会主义制度的国家，不是资本主义充分发展了的国家，而是一些经济文化比较落后的国家，在这些国家如何巩固发展社会主义制度是一个重大课题。由于绝大多数社会主义国家的执政党未能从理论上真正解决这一根本问题，加之思想僵化，官僚主义严重，因此社会主义面临深刻危机。到 20 世纪 80 年代末，竟出现了苏联解体、东欧剧变的历史悲剧。科学社会主义还是不是真理？社会主义取代资本主义还是不是历史发展的客观规律？这是当今时代提出的又一重大问题。其次，当今世界出现了一系列全球性问题，这些问题关系到全人类的当前和长远利益，如环境问题、人口问题、粮食问题、资源问题、禁毒斗争、反暴力恐怖活动，以及世界的未来发展和人类未来前景等问题。所有这些问题单靠一个或几个国家是解决不了的，只有在全球范围内由世界各国，至少大多数国家共同努力才有可能解决。马克思主义哲学为我们提供了研究和解决这些问题的正确方法。我们的时代不能没有马克思主义哲学，我们的时代需要马克思主义哲学。

第四节　马克思主义哲学在中国

一、马克思主义哲学在中国的传播

1840 年鸦片战争爆发，帝国主义列强用洋枪洋炮轰开了中国的大门，结束了中国闭关锁国的状态。一方面，中国社会从此一步一步沦为半封建半殖民地社会；另一方面，也为中国向外国学习、改变中国的落后面貌提供了机会和条件。那时追求进步的中国人无一不热心于向西方学习。“只要是西方的新道理，什么书也看。向日本、英国、美国、法国、德国派遣留学生之多，达到了惊人的程度。国内废科举，兴学校，好像雨后春笋，努力学习西方。”[①]他们希望通过这种学习，寻找到一条强国富民之路。不少人提出了许多主张，如“教育救国”“科学救国”“改造人种”等。这些名目繁多、内容芜杂的思潮能不能挽狂澜于既倒，引中国至富强呢？事实证明：不能！正如毛泽东所说：“中国人向西方学得很不少，但是行不通，理想总是不能实现。多次奋斗，包括辛亥革命那

① 毛泽东：《论人民民主专政》，《毛泽东选集》第 4 卷，人民出版社，1991 年，第 1469 页。

样全国规模的运动，都失败了。”[①]失败的原因是多方面的。但从世界观、方法论的高度去考察，所有这些从西方引进的新思潮，没有一个能越出旧哲学的圈子，都是在旧哲学的框架内寻找治病药方，设计未来社会的图景。这种状况直到俄国十月革命以后才有了根本的改变。“十月革命一声炮响，给我们送来了马克思列宁主义。十月革命帮助了全世界的也帮助了中国的先进分子，用无产阶级的宇宙观作为观察国家命运的工具，重新考虑自己的问题。”[②]

马克思主义哲学在中国的传播并非始于十月革命。早在十月革命之前就有人用节译或转述的方法，介绍马克思、恩格斯的著作和马克思主义哲学思想。这些介绍既不系统，又缺乏准确性。中国人那时还无从了解马克思、恩格斯原著的本来面貌，还不能认识和掌握马克思主义哲学的基本理论。只是到了十月革命以后，中国的一些先进知识分子才开始认真地研究马克思主义及其哲学，李大钊是这批先进分子的代表。他不仅写了许多宣传介绍马克思主义及其哲学的文章，而且发起成立了马克思主义学说研究会，并和陈独秀一起创办《每周评论》期刊。1919 年五四运动前夕，他积极筹划为《新青年》编辑马克思主义研究专号。从十月革命到五四运动的大约两年，不仅介绍、翻译马克思主义的著述大大增加，更为重要的是涌现出一批具有初步共产主义思想的知识分子，这才使马克思主义哲学以不可阻挡之势在中国传播开来。

马克思主义哲学一经在中国传播，便逐渐被中国人民所接受，为广大先进的知识分子所认同，他们努力学习和运用马克思主义世界观和社会革命的理论，研究中国社会问题，探索中国革命的道路，使马克思主义哲学成为中国一种崭新的哲学形态，成为先进分子认识中国和改造中国的思想武器。这固然是由于马克思主义哲学适应了当时中国社会实践发展的需要，即马克思主义哲学的革命思想和理论适应了迫切要求改变中国半封建半殖民地落后状况的需要；同时从思想内容来看，也是与中国传统哲学中丰富的唯物主义思想、辩证法思想和世界大同思想能够与马克思主义哲学相结合分不开的。

中国哲学、希腊哲学和印度哲学是世界上最古老的三大哲学传统。这三大哲学传统形成和产生的环境各不相同，在内容上也各有自己的特色，这就形成了哲学的民族性。哲学的民族性并不排斥不同民族哲学之间存在着某种程度的共性。例如：古希腊有些哲学家提出水或土、气、风是世界本原这种朴素的唯物主义观点；中国古代也有类似的观点，《国语·郑语》写道：“先王以土与金

① 毛泽东：《论人民民主专政》，《毛泽东选集》第 4 卷，人民出版社，1991 年，第 1470 页。

② 毛泽东：《论人民民主专政》，《毛泽东选集》第 4 卷，人民出版社，1991 年，第 1471 页。

木水火杂，以成百物”，也就是后来的“五行”说。又如：古希腊哲学中包含丰富的朴素辩证法思想；中国古代经典《易经》《老子》《庄子》《墨子》等也都包含着极其丰富的辩证法思想，其中有些思想流传至今，成为警示人生、启迪思维的格言，如“有无相生，难易相成”“祸兮，福之所倚；福兮，祸之所伏”“天地尚不能久，而况于人乎”等。再如中国宋代的程颐和朱熹代表的理学，主张“理在事先”“天下物皆可理照”“未有天地之先，毕竟是先有理”，把“理”说成宇宙的根本，这就与黑格尔把绝对观念当作宇宙的根本非常相似。明代哲学家王守仁提出“心学”，主张“心外无理”“心外无物”“心外无事”。后来英国哲学家贝克莱提出“存在就是被感知”“事物就是感觉的集合”，这二者也是非常相似的。

以上所举仅仅是很少的一部分例子，但已经足可说明中国哲学是世界文明的重要组成部分，中国哲学中的优秀成果也是全人类优秀哲学成果不可缺少的组成部分。虽然马克思主义哲学的直接理论来源是德国古典哲学，但它是继承了全人类哲学成果的世界性哲学。在它继承的优秀成果中，毫无疑问地也包含中国哲学的优秀成果。正是在这个意义上说，马克思主义哲学与中国传统哲学有着密切关系。正是这种联系使马克思主义哲学能在中国生根发芽，并结出异常丰硕的果实。

二、马克思主义哲学在中国革命和建设中的运用和发展

在中国，马克思主义哲学的传播是在对社会问题和社会变革的方法、道路的探讨和激烈争论中进行的。它不是少数学者埋头书斋的苦思冥想，而是直接与当时中国社会的实际紧密结合的。因此，马克思主义哲学在中国的传播直接推动了群众革命运动的开展。在十月革命后不到两年的时间，就爆发了中国历史上具有伟大意义的五四运动。五四运动是中国历史上前所未有的彻底反对帝国主义和封建主义的革命运动，它是在马克思主义的影响下发生的，又反过来扩大了马克思主义及其哲学的影响，进一步推动了马克思主义及其哲学的传播，使马克思主义哲学成为更多追求真理的人们认识和改造中国的科学的世界观和方法论。

马克思曾经指出：“哲学把无产阶级当作自己的物质武器，同样，无产阶级也把哲学当作自己的精神武器。”[①]1921 年，中国无产阶级先锋队中国共产党正式成立。一方面，它使马克思主义哲学在中国的进一步传播有了有组织的物质力量；另一方面，它使中国共产党进行的革命实践活动有了马克思主义哲学这

① ［德］马克思：《〈黑格尔法哲学批判〉导言》，《马克思恩格斯选集》第 1 卷，人民出版社，1995 年，“导言”第 15 页。

样强大的精神武器。

中国是一个幅员辽阔、人口众多、经济文化落后的半封建半殖民地的东方大国。从20世纪初叶到中叶，无论是当时的国际环境还是中国本身的实际情况都极其复杂，条件也异常艰苦。但是中国共产党人依靠马克思列宁主义的指导，坚持把马克思列宁主义的基本原理与中国革命的具体实际结合起来，带领全国各族人民经过几十年的浴血奋战，终于取得了新民主主义革命的伟大胜利。新中国成立之后，中国共产党人又经过数年的努力，实现了由新民主主义向社会主义的转变，领导人民进行社会主义建设，并取得了重大成就。在这一过程中，以毛泽东为代表的中国共产党人，总结人民革命斗争实践的经验，把马克思列宁主义中国化，形成了毛泽东思想，并且继承和极大地丰富了马克思列宁主义。这是马克思列宁主义与中国实际相结合的第一次飞跃的理论成果。

毛泽东思想具有极其丰富的内容，包括政治、军事、经济、文化、哲学等许多方面。仅就哲学而言，它不仅继承了马克思主义哲学，而且由于中国革命的复杂和实践场面的宏大，它还极大地丰富和发展了马克思主义哲学。毛泽东所著的《反对本本主义》《实践论》《矛盾论》《论十大关系》《关于正确处理人民内部矛盾的问题》等，对马克思主义的辩证唯物论、唯物辩证法、以实践为基础的认识论和唯物主义历史观都有重大发展和贡献。

20世纪70年代末开始的改革开放和社会主义现代化建设是中国人民在百年前进道路上经历的又一次伟大的历史性变革。以邓小平为核心的中国共产党第二代领导集体带领中国人民进行一场新的革命，在建设具有中国特色社会主义的伟大实践中创建了邓小平理论。邓小平理论是当代中国的马克思主义，是马克思主义在中国发展的新阶段。邓小平理论坚持解放思想、实事求是，在新的实践基础上继承前人又突破陈规，开拓了马克思主义的新境界；邓小平理论坚持科学社会主义理论和实践的基本成果，深刻揭示社会主义的本质，把对社会主义的认识提高到新的科学水平；邓小平理论坚持用马克思主义的宽广眼界观察世界，对当今时代特征进行正确分析，做出一系列新的科学判断；邓小平理论是在和平与发展成为时代主题的历史条件下，在我国改革开放和现代化建设的实践中，在总结我国社会主义胜利和挫折的历史经验并借鉴其他社会主义国家兴衰成败历史经验的基础上，逐步形成和发展起来的新的科学体系。在当代中国，只有邓小平理论能够解决社会主义的前途和命运问题，也只有以邓小平理论为指导，才能确保国家的独立和稳定，才能实现中华民族的振兴和国家的繁荣富强。

解放思想、实事求是是邓小平理论的哲学基础，是贯穿邓小平理论科学体系的活的灵魂和精髓。离开了解放思想、实事求是，就不可能有既反映现时代特征又符合当今中国国情的邓小平理论。解放思想、实事求是思想路线的重新确立，有力地推动了理论上和政治上的拨乱反正，解决了关系党和国家前途命运的一系列重大问题，开始进行全面改革开放，开创了我国社会主义现代化建设的新时期。坚持解放思想和实事求是的统一，实质上也就是坚持唯物论和辩证法的统一，是在实际工作中有效地防止和克服诸如主观主义、主观盲目性、片面性和绝对化等错误倾向的强有力的思想武器。

邓小平哲学理论具有十分鲜明的实践特征。围绕着“什么是社会主义，怎样建设社会主义”这个根本问题，邓小平把辩证唯物主义和历史唯物主义的基本原理运用于研究和解决当代中国紧迫的重大问题和当今世界的各种复杂问题，从而极大地丰富和发展了马克思主义哲学。除了上面提到的解放思想、实事求是的思想路线外，在他的一系列论述中都充满了唯物论和辩证法思想，如关于实践是检验真理的唯一标准的观点，体现在一系列“两手抓”方针中的辩证法全面性的思想方法，关于发展的连续性与阶段性的思想，对社会主义的本质的科学概括，关于科学技术是第一生产力的论断，生产力标准和“三个有利于”标准，关于群众和个人相互关系的观点等。邓小平哲学理论是当代中国的马克思主义哲学。邓小平对马克思主义哲学在中国的发展做出了卓越的贡献。

三、马克思主义哲学的中国化是一个历史过程

马克思是德国人，以他的名字命名的马克思主义哲学产生于德国，带有德国的民族性。相对于中国和中华民族传统文化而言，马克思主义哲学是一种外来哲学。但马克思主义哲学又是一种世界哲学，是全世界无产阶级的世界观和方法论的科学体系。从这个意义上说，马克思主义哲学与中国传统文化又有着内在联系，它们之间是相通的。为了把马克思主义哲学与中国传统哲学进一步紧密结合起来，使之成为中华民族文化的一个有机组成部分，就必须使马克思主义哲学中国化。

中国共产党一贯重视马克思主义中国化的问题，历来提倡根据中国的国情和特点来研究和学习马克思主义，并提出把马克思主义与中国实际结合起来，根据中国的特点去运用它。从十月革命马克思主义开始在中国传播直到现在近一个世纪的时间内，中国共产党在使马克思主义中国化方面做出了巨大的努力，取得了丰硕的成果。前面提到的毛泽东思想、邓小平理论就是这种成果最重要、最突出的表现，它们都是马克思主义与中国实践相结合的产物。

马克思主义特别是马克思主义哲学的中国化是一个长期的历史过程。以往的成就仅仅是开始。这里有两个问题：第一个问题是如何使中国传统哲学的优秀成果成为马克思主义哲学不可缺少的组成部分。实现这一点，一方面要依靠

中国实践的长期发展，并不断对实践中的经验进行哲学概括，用来丰富马克思主义哲学宝库。另一方面，要通过中国哲学工作者的努力，发掘中国传统哲学中的优秀成果，并将这些成果与马克思主义哲学的基本原理密切结合起来，使之越来越具有中国特色。第二个问题是如何使马克思主义哲学的世界性与中华民族的民族性结合起来，使马克思主义哲学越来越成为中国民族文化的有机组成部分，真正成为中国哲学的有机组成部分。毛泽东早就说过："把国际主义的内容和民族形式分离起来，是一点也不懂国际主义的人们的做法，我们则要把二者紧密地结合起来。"[①]由于解决以上两个问题的艰巨性，决定了马克思主义哲学中国化必然是一个长期的历史过程。

马克思主义哲学的中国化对于培养青年一代、提高全民族的素质具有深远的意义。青年时期正是世界观、人生观形成的重要时期，用马克思主义哲学教育青年一代，对于帮助他们树立正确的世界观和人生观具有不可替代的重大作用。为了使这种教育更富有成效，更生动活泼，为当代青年喜闻乐见并愿意接受，就必须把马克思主义哲学中国化。

使马克思主义哲学中国化，在我国有许多有利条件。首先，社会主义制度和共产党的领导保证了马克思主义在我国意识形态中的主导地位，为学习、宣传马克思主义哲学提供了极好条件。其次，长期以来，我们在马克思主义哲学中国化方面积累了比较多的经验，产生了如毛泽东思想、邓小平理论这样的优秀成果，这些经验和成果无疑将对马克思主义哲学中国化产生巨大影响。再次，我国已经形成了一支学习、研究和宣传马克思主义哲学的专业队伍。通过这支专业队伍，马克思主义哲学就会以各种不同的形式灌输到广大知识分子和劳动人民中间去，日益成为他们自觉地认识世界和改造世界的思想武器。

总之，马克思主义哲学的中国化必将对我国社会主义现代化建设产生巨大的推动作用，我国社会主义现代化建设的实践又会反过来促进马克思主义哲学的中国化，为之不断开辟新的途径和无限广阔的前景。

第五节 学习马克思主义哲学的重要意义

一、树立科学的世界观、人生观和价值观

学习马克思主义哲学的根本目的在于培养和树立科学的世界观、人生观和价值观。人拥有自己的精神世界，这是人与其他动物的一个重要区别，也是最可宝贵的。人世间的一切创造都包含着伟大的精神力量，精神力量与物质力量

① 毛泽东：《反对党八股》，《毛泽东选集》第3卷，人民出版社，1991年，第844—845页。

的交互作用和结合构成了自然界面貌的改变和人类社会的进步。人的精神世界丰富多彩，世界观、人生观、价值观是其中最核心的部分，是精神世界的灵魂。人们的思想言行，特别在一些重大问题上的思想言行，归根结底是受其支配的。

世界观是人们对整个世界的总的根本的看法。生活在世界上的人不可能脱离自己与自然、与社会、与他人的关系。要想正确处理这些关系，就必须有正确的世界观作为指导。人生观是人们对人生意义、人生目的、人生价值、人生道路等人生重大问题的根本看法和态度。这些是每个人都无法回避的问题，例如，人生观中的一个核心问题——人究竟为什么活着，对于任何一个活着的人来说这个问题都是客观存在的而且是始终起着重大作用的。价值观是人们对于外在的对象和自身活动的意义与价值的评价，包括评价的目的、标准、方法等。今天，价值观中最根本的问题是如何看待和解决个人价值和社会价值的关系，即如何处理个人利益与集体、国家利益的关系。

一个人如果离开了科学的世界观、人生观、价值观的指导，他的精神世界一定是空虚的，他的精神世界一定是软弱无力的，绝不可能牢固树立正确的理想和信念，即使掌握了某些知识和本领，也不可能有大的作为，更不可能对人类做出较大贡献。科学的世界观、人生观、价值观不可能自发形成。学习马克思主义哲学是培养和树立科学的世界观、人生观、价值观的根本途径。只有掌握了马克思主义哲学的立场、观点和方法，才能具有较高的思想理论水平，在今天复杂多变的世界上才不至于迷失方向。常言道：做学问，做事业，首先要学会做人。这一道理普遍适用于我们每个人，因为人生观实际上就是做人的道理，是做人的向导，是选择人生道路的指南，它从根本上决定着一个人对社会进步所起作用的性质和大小。

人生观与世界观不可分。人生观总是受世界观的制约。世界观一旦形成，就会给人生观以一般观点和方法的指导，成为人生观的哲学基础。今天，以全心全意为人民服务为根本宗旨的共产主义人生观，正是运用辩证唯物主义和历史唯物主义考察人生重大问题得出的必然结论。

当代中国的青年要努力提高自己的全面素质。人的素质是多方面的，包括政治素质、文化素质、专业素质、身心素质等，哲学素养是特别重要的，因为它对人的多方面素质的培养具有广泛的渗透作用。只有学习马克思主义哲学，提高自己的哲学素养，才能在学习、工作和生活中比较自觉地运用科学的世界观和方法论。哲学素养的提高还包括用人类积极向上的精神充实自己的精神世界，如批判精神、实践精神、科学精神、人文精神、创新精神等，这也是我们在学习马克思主义哲学时需要注意的。

二、掌握认识世界和改造世界的理论武器

人类从事的全部活动概括起来不外乎完成两大任务——不断地认识世界和改造世界。对每个人来说，他的一切活动也无非是做两件事——认识事物和解决矛盾。树立科学的世界观、人生观和价值观，归根结底也是为了更好地认识和改造世界。人的认识和实践活动总是以一定的哲学思想作为指导，不是正确的哲学思想便是错误的哲学思想，或者自觉的指导或者不自觉的指导。学习马克思主义哲学的重要目的在于自觉地运用科学的世界观和方法论指导认识世界和改造世界的活动，从而提高自己的认识和实践水平。马克思主义哲学对于各门具体科学有着普遍的指导作用，所以掌握马克思主义哲学原理是学好各门具体科学知识的重要条件。离开了科学的世界观和方法论的指导，我们学到的专业知识只能是零碎的、不深刻的。哲学素有“多思”“深思”的传统，马克思主义哲学更进一步要求辩证思维，要求我们用科学的思维方法进行思考。大学生学习哲学的一个重要方面就是掌握科学的思维方法,这对于我们一生的学习、工作和生活都有深远的意义。例如，我们在学习专业知识时切忌把自己的头脑变成堆砌知识的仓库，而要训练出一个善于获取知识、运用知识、创新知识的头脑，关键在于熟练地运用科学的思维方法。

此外，马克思主义哲学是中国共产党制定自己的路线、方针和政策的基本理论依据。掌握马克思主义哲学，尤其是掌握当代中国的马克思主义哲学，能帮助我们更加深刻地理解和自觉地贯彻党的路线、方针和政策，从而确保在思想上、行动上与党中央保持一致。例如，党在社会主义初级阶段的基本路线是以解放思想、实事求是的思想路线为思想理论基础的。它的每一项内容，即一个中心和两个基本点都不是任意规定的，不仅有事实的即实践的根据，而且具有哲学的、理论的依据。通过系统学习马克思主义哲学原理，掌握党的基本路线的哲学理论基础，那么，我们就不再是仅仅知道在社会主义初级阶段必须以经济建设为中心，必须坚持改革开放和四项基本原则，而且能进一步懂得为什么必须这样做，就能在更高的水平上理解和贯彻党的基本路线，从而更加自觉地投身建设中国特色社会主义的伟大实践。

三、理论联系实际是学习马克思主义哲学的根本方法

理论联系实际是学习马克思主义哲学的根本方法。这首先是由马克思主义哲学的实践性决定的。实践是马克思主义哲学的基础，马克思主义哲学源于实践，并且随着实践的发展而不断发展，它的科学性和旺盛的生命力的根源就在于与实际紧密结合。正是这一特性，决定了我们学习马克思主义哲学的方法必然是要将

它的基本原理与实际结合起来，用它指导我们去观察、研究和解决实际中遇到的问题。只有这样才能把握马克思主义哲学活的灵魂，才能避免把马克思主义哲学变成僵死的教条。其次是由我们学习马克思主义哲学的目的决定的。我们学习马克思主义哲学的目的在于应用，不论是确立科学的世界观，还是提高理论思维的水平，或者是提高人的素质，都是为了更好地运用马克思主义哲学。

理论联系实际是我们党一贯倡导并长期保持的优良学风。早在延安时期，毛泽东就严厉地批评了那种理论与实际分离的直接违反马克思主义的学风，提出学习马克思主义的一条基本原则是理论和实际的统一，主张学习马克思主义一定要有的放矢，应确立以研究中国革命实际问题为中心，废除静止地、孤立地研究马克思主义的方法。邓小平是在新的历史条件下坚持把马克思主义哲学与当代中国实际结合起来的典范。他反对离开自己的国家的实际谈马克思主义，认为这样做是毫无意义的。

所谓理论联系实际，就是以马克思主义哲学的基本原理为指导，去观察与分析社会实际、工作实际和思想实际。我们今天面临的最大的实际就是我国正处于并将长期处于社会主义初级阶段。社会主义初级阶段的基本国情，是我们党制定路线、方针、政策的客观依据，也是我们分析社会现象、认识和解决社会问题的基础。工作实际和思想实际因人而异，但在工作中都会遇到矛盾和困难，在思想上都会产生困惑和冲突，这是共同的。学习马克思主义哲学就要运用马克思主义哲学的基本原理，客观地、辩证地分析这些矛盾和困惑，把工作推向前进。

坚持理论联系实际的原则必须反对教条主义。教条主义者只知道背诵马克思主义书本上的个别结论和个别原理，完全不能应用，根本不去联系实际，把马克思主义的理论当成僵死的教条。这种学习马克思主义的方法本身就是违背马克思主义的。恩格斯曾经指出："马克思的整个世界观不是教义，而是方法。它提供的不是现成的教条，而是进一步研究的出发点和供这种研究使用的方法。"①

我们强调理论联系实际并不是说读书和学习理论就不重要了。恰恰相反，理论联系实际当然首先必须掌握理论，如果根本就没有掌握理论，拿什么去联系实际呢？要掌握理论，就必须认认真真、扎扎实实地去读马克思主义的书，就得刻苦学习。现在有些人连一本马克思主义的书都没有认真读过，就说马克思主义过时了、无用了。这种态度是不科学、不实事求是的，因而是完全错误的。

① ［德］恩格斯：《威纳尔·桑巴特》，《马克思恩格斯全集》第 39 卷，人民出版社，1974 年，第 406 页。

第二章　世界统一于物质

人类是自然界长期发展的产物，自从有了人类就有了物质与意识的对立。马克思主义哲学认为：世界的统一性在于它的物质性，运动是物质的根本属性；时间、空间是运动着的物质的存在方式，整个世界是以一定的时空形式存在、按照它自身固有的客观规律永恒运动着的物质。意识是人脑的机能，是对物质的反映，因此，它是第二性的、被决定的。意识产生以后能对物质产生巨大的反作用。世界物质统一性原理既是马克思主义哲学的基石，又是我们在实践中坚持实事求是、一切从实际出发的哲学依据。

第一节　辩证唯物主义的物质观

一、辩证唯物主义物质观的形成和意义

“物质”范畴是唯物主义哲学关于世界本原和统一性的最高抽象，是唯物主义世界观的一块基石。对“物质”的理解，唯物主义本身也有一个发展的过程。依据对“物质”的不同的认识深度和广度，我们可以把唯物主义哲学划分为三种形态，即古代朴素唯物主义、近代形而上学唯物主义和现代辩证唯物主义。

古代朴素唯物主义是物质观发展的第一个基本历史阶段。古代哲学家们从世界的“本原”“基质”“统一性”问题引出了物质问题。他们把火、水、土、“元气”“原子”等“原初物质”当作世界的本原。古希腊的泰勒斯认为水是万物的本原。古代中国盛行“五行说”，认为世界万物由几种具体物体构成。古代朴素唯物主义物质观的最高成就是古希腊德谟克里特的“原子论”和中国的“元气说”。德谟克里特认为，世界由不可再分的原子和虚空构成，原子在虚空中数量的多少构成不同的事物。中国汉代王充认为，天地和自然界的万物都是元气自然构成的，元气是自然界原始的物质基础。可以看出，古代朴素唯物主义的物质观具有双重性：一方面，古代朴素唯物主义者从具体的物质形态中探究世界的本原，开辟了理解世界本质的唯物主义方向，在本质上是正确的；另一方面，这种物质观不是建立在科学的基础之上的，而是带有自发猜测的性质，并且难以解释世界的本质一元和世界的物质形态多种多样的关系。

随着资本主义经济与近代自然科学的产生和发展，哲学物质观发展的第二个基本阶段——近代形而上学唯物主义的物质观开始形成。与朴素唯物主义相

比，形而上学唯物主义的物质观以一定自然科学的材料做根据，克服了自发的猜测的性质。近代形而上学唯物主义认为，物质就是原子，原子的特性也就是一切物质的特性，原子是世界的本质。这种解释虽然以一定的自然科学材料做基础，在说明世界的本原方面比古代物质观前进了一步，但是近代形而上学唯物主义的物质观仍然存在很大缺陷。首先，由于科学发展水平的限制和缺乏辩证思维，近代形而上学唯物主义不理解特殊与一般、个性与共性的辩证统一，把对某种特殊的物质层次的认识误认为对于物质一般的认识，把原子的个性误认为物质的共性，把特定历史条件下关于物质结构的自然科学理论与哲学上的物质范畴混为一谈。在这一意义上，它依然没有跳出古代朴素唯物主义对物质的认识模式，区别只在于它把古代物质观的某一种或几种物质形态转换成为原子这种物质的具体结构和层次。其次，由于不理解实践的作用，也就不能理解人与世界的分化和统一，更不理解人类社会的物质性，难以对自然界和人类社会的物质统一性做出逻辑一致的合理的说明，因此也就不能将唯物主义的物质观贯彻到底。在自然观上坚持物质本原的形而上学唯物主义在历史观中就陷入了唯心主义。

马克思主义哲学继承和发扬了旧唯物主义物质观中的合理思想，克服了其中的局限性，吸取和总结了科学发展的最新成果，全面而深刻地论述了辩证唯物主义的物质观。这一物质观集中体现在列宁关于物质范畴的经典定义之中。列宁指出："物质是标志客观实在的哲学范畴，这种客观实在是人通过感觉感知的，它不依赖于我们的感觉而存在，为我们的感觉所复写、摄影、反映。"[①]简言之，物质是不依赖于意识又能为意识所反映的客观实在。这就是辩证唯物主义物质范畴的基本内容。这一范畴可以从三个方面加以理解：

第一，物质的唯一特性是客观实在性。它从物质与意识的关系中，指出了物质的最本质属性或物质的唯一特性是客观实在性。作为客观实在的物质不依赖于意识而独立存在，意识依赖于物质，是物质在人脑中的反映。

第二，物质作为不依赖于意识的客观实在，能够被人们所感觉、认识、反映。简言之，物质是可以被认识的。

第三，客观实在是一切物质形态、物质现象的共同本质。一切物质形态的这一共同的本质属性在任何时候都是不变的、绝对的。具体的物质形态、结构、属性随着科学和实践的进步而经常变化，是可变的、相对的，不能把物质的客观实在性与具体的物质形态及其结构、属性混为一谈。

① ［苏］列宁：《唯物主义和经验批判主义》，《列宁选集》第 2 卷，人民出版社，1995 年，第 89 页。

深刻而全面地把握马克思主义物质观即现代唯物主义的物质观，具有十分重要的意义。其意义表现在：

第一，坚持彻底的唯物主义一元论。在物质与意识的关系上坚持了彻底的唯物主义，与唯心主义和二元论划清了界线，是我们反对唯心主义、二元论的思想武器。从物质和意识的对立统一关系中把握物质、规定物质是马克思主义物质观的根本特点。物质和意识的关系是人类认识和实践中遇到的最普遍的关系、最基本的矛盾。正是从这个最普遍的关系、最基本的矛盾中，列宁深刻地揭示了物质和意识在其中各自的地位和作用，对物质做出了最本质的规定，指明了物质对于意识的独立性、根源性，意识对于物质的依赖性、派生性，体现出解决哲学基本问题的唯物主义立场。同时又表明，物质和意识的对立，只有在它们何者为第一性、何者为第二性这一认识论的基本问题范围内才具有绝对的意义。超出这个范围，物质和意识的对立无疑是相对的，因为意识不过是物质的反映，而反映者是不能与被反映者相脱离的。因此，意识不过是对物质世界的反映，而不是像二元论说的那样可以成为与物质绝对对立的另一个本原。

第二，马克思主义的物质观坚持了能动的、革命的反映论，有力地批判了不可知论。列宁指出，物质是“人通过感觉感知的”，能“为我们的感觉所复写、摄影、反映”。这就是说，物质这一客观存在是可以认识的对象，而不是不可捉摸、不可认识的“自在之物”，这就肯定了物质的可知性。当然，人们对于物质的认识和把握，处于一个发展过程之中。有些东西，如原子和更小的微观粒子等，是人们的感官不能直接感觉到的，但人们可以通过现代物质技术手段感知它们，通过人的理性思维去反映、把握它们。由于人类还受实践水平和科学技术条件的限制，有许许多多的物质现象还不能被人类完全认识，但是，随着实践和科学的发展，它们迟早会被人类所认识。马克思主义的物质观表明，世界上只存在尚未认识的东西，不存在不可认识的东西。

第三，马克思主义的物质观体现了唯物论与辩证法的统一。在马克思主义哲学中，物质不是作为一切事物的基础，不是作为物体性质的支撑者，而是对人们意识反映的一切现象、事物、过程，对整个物质世界的多样性所做的最高的哲学概括。马克思主义哲学指出客观实在性是一切物质的共性，克服了形而上学唯物主义物质观的局限性。它在哲学物质观和自然科学物质结构理论的相关性上，克服了形而上学唯物主义把自然科学的物质概念与哲学的物质概念混为一谈的错误，指明了哲学物质范畴与物质结构理论的区别和联系，是我们防止和批判形而上学唯物主义的理论武器。辩证唯物主义的物质观与自然科学的物质结构理论是一般与个别、共性与个性的关系，它们之间既相互联系又相互区别，是辩证统一的。哲学的物质范畴是一个最广泛、最普遍的范畴，概括了世界上所有物质现象的共性，即客观实在性；自然科学的物质结构理论是具体的自然科学问题，它反映的是自然界中具体物质形态的物理结构和属性，是对物质形态的物理结构和属性的具体认识。哲学物质范畴作为标志物质的唯一特性，即客观实在性这一点是不变的，物质即客观实在性的论断永远是正确的，自然科学中的物质结构理论则是可变的，它随着实践的发展和科学技术的进步而常常变化和更新，即新的、更科学的物质结构理论代替旧的、落后的物质结构理论。从二者的联系来说，它们有着内在统一和相互促进的关系。科学上对物质结构深入认识和对物质结构的新发现都证实着辩证唯物主义的物质范畴，它为这一范畴提供了新的自然科学根据。同时，辩证唯物主义的物质范畴对于自然科学的研究又有指导意义，它以科学的物质观为指导并促进物质结构的研究，使其沿着正确的方向深入发展，防止犯唯心主义和形而上学的错误。实际上，马克思主义物质观的创立标志着人们对物质的哲学理解的现代转折，并且与现代科学的发展具有一致性。

第四，马克思主义的物质观体现了唯物主义自然观与唯物主义历史观的统一，是构成彻底的唯物主义的出发点。旧唯物主义承认“物质的自然”，它在对自然事物的说明中坚持了客观性原则，即把自然事物理解为独立于人的精神的客观存在；对于社会事物，旧唯物主义由于不理解人的实践活动是社会存在和发展的基础，因而不能坚持客观性原则，结果把历史过程理解为一种主观的存在，以至于把人类历史变为所谓“精神的历史”。这就制造了“物质的自然”和“精神的自然”对立的神话，旧唯物主义本身也成为“半截子”的唯物主义，即仅仅是自然观上的唯物主义。马克思主义哲学既看到了自然界的物质性，又以实践为基础揭示了人类社会的物质性，建立起统一地说明自然过程和历史过程的唯物主义原则，实现了唯物主义自然观和唯物主义历史观的统一，使唯物主义成为彻底的、完备的理论。这对于唯物主义乃至整个哲学的发展都具有极其重要的意义。正如恩格斯所说：“随着自然科学领域中每一个划时代的发现，唯物主义也必然要改变自己的形式；而自从历史也得到唯物主义的解释以后，一条新的发展道路也在这里开辟出来了。”①

辩证唯物主义物质观的实践意义：它告诉人们，从客观实在出发而不是从主观意志出发，这是做好一切实际工作的思想保证。在建设中国特色社会主义的实践中，我们党强调要研究中国的现状和历史，从中国国情出发，实事求是，这深刻地体现了辩证唯物主义物质观的基本要求。

---

① ［德］恩格斯：《路德维希·费尔巴哈和德国古典哲学的终结》，《马克思恩格斯选集》第4卷，人民出版社，1995年，第228页。

二、运动是物质的根本属性

世界是物质的，物质是在运动过程中存在的。物质概念规定了所有事物的本质。这一本质不是事物之外的独立存在，而是存在于不同形态、不同性质的多样性的具体存在物之中，以运动为其存在方式。正如恩格斯所说，物质的属性只有在运动中才能显示出来。马克思主义哲学认为，运动是标志宇宙间一切事物、现象和过程变化的哲学范畴。恩格斯指出：“运动，就它被理解为存在方式，被理解为物质的固有属性这一最一般的意义来说，囊括宇宙中发生的一切变化和过程，从单纯的位置变动起直到思维。”[①]这就是说，运动既包括物体的位置移动，也包括事物和现象的发生、发展和灭亡的过程，还包括人类思维的运动。

物质与运动是不可分割地联系在一起的。一方面，物质是运动的物质，脱离运动的物质是不存在的。从微观粒子到巨大的天体，从无机物到有机物，从自然界到人类社会，没有一种事物不处于永恒的运动之中。正如恩格斯所说：“从最小的东西到最大的东西，从沙粒到太阳，从原生生物到人，都处于永恒的产生和消失中，处于不断的流动中，处于不息的运动和变化中。”[②]没有运动的物质是不可想象的。形而上学唯物主义否认物质的运动，即使承认运动，也只是用机械运动取代一切运动形式，并把机械运动归结为外力的结果。因此，当他们考察整个物质世界的运动时，就必然要到非物质世界去找动因，最终必然陷入唯心主义。

另一方面，运动是物质的运动，脱离物质的运动是没有的。凡是运动都有自己的物质基础，都有自己的物质主体。机械运动的主体是宏观物体，物理运动的主体是分子、原子、基本粒子和场，化学运动的主体是原子、离子、原子团，生物运动的主体是蛋白质和核酸，社会运动的主体是人，思维运动的主体是人脑，等等。总之，物质是一切运动的承担者，是一切发展过程的实在基础。唯心主义往往设想没有物质的运动，认为运动是精神的运动，并且把精神看作产生物质和物质运动的根源。其实，人的精神运动即人的意识活动，离不开人脑这一物质基础，它仍然是客观物质运动的结果。

辩证唯物主义认为，运动是物质的根本属性，没有不运动的物质。这表明物质运动是永恒的、无条件的、绝对的，但这并不否认物质世界静止状态的存

---

① ［德］恩格斯：《路德维希·费尔巴哈和德国古典哲学的终结》，《马克思恩格斯选集》第4卷，人民出版社，1995年，第346页。

② ［德］恩格斯：《路德维希·费尔巴哈和德国古典哲学的终结》，《马克思恩格斯选集》第4卷，人民出版社，1995年，第271页。

在。静止是运动的特殊状态，是指事物在一定条件下暂时处于不显著的变动状态。静止有两种基本情形：一是指某物体没有进行特定形式的运动，如没有发生位置移动的机械运动。二是指事物处在量变阶段，没有发生根本性质的变化。无论何种静止状态都不是脱离运动的绝对不变。静止是有条件的、暂时的，因而是相对的。

唯物辩证法认为，运动和静止是辩证统一的。运动和静止是有区别的。运动是物质的根本属性和存在方式，它包括一切变化。静止是指物质运动在一定的条件下、一定的范围内处于暂时稳定和平衡状态的哲学范畴。它是运动的一种特殊状态。静止是有条件的、暂时的，因而是相对的。相对静止有两种基本的情形：一是机械运动中特定事物之间没有发生位置移动，如火车上的座位与车厢的空间关系保持不变。二是事物处在量变阶段，没有发生根本性质的变化。如活的生物体虽然处在不断地新陈代谢过程，但在其死亡之前，总是保持其自身质的稳定。世界上只有相对的静止，没有绝对的静止。一个坐着不动的人不是绝对不动，因为他还在不停地呼吸，身体里的血液还在不断循环，随时还有身体细胞的新陈代谢等，同时他还要与地球一起参与更大范围的运动。

肯定相对静止的存在对于认识和实践具有十分重要的意义。第一，只有承认相对静止，才能理解运动。恩格斯指出："运动应当在它的对立面即静止中找到自己的尺度。"[①]绝对运动存在于相对静止之中，并通过相对静止表现出来。绝对运动只有通过相对静止才能测量，才能把握。如果离开相对静止来谈运动，就不知道究竟是什么形式的运动和是什么事物在运动。例如，物理学上要描述客体的运动，就必须选择一个适当的参考系，否则客体的位置和速度就不可能正确地确定。第二，只有承认相对静止，才能理解事物的多样性。绝对运动是产生形形色色不同的物质形态的根源，而相对静止是这些不同形态的物质存在和发展的根本条件。没有相对静止，物质世界也不会显现出多样性。第三，承认事物的相对静止，是认识和实践的前提。事物的相对静止使事物具有明确的形态和性质，这是我们把事物区别开来，把握其确定的性质，进而对它进行科学分析的基本前提。同时，只有把不同的事物区别开来，才能在实践中加以改造并为我所用。如果否认事物的相对静止，把事物都看成没有丝毫稳定性的东西，那么我们就无法认识事物，更谈不上改造世界。

绝对运动和相对静止是辩证的统一。割裂二者的统一，会导致两种错误倾向：一是形而上学的不变论，一是相对主义的诡辩论。

形而上学不变论夸大事物的相对静止，否定事物的运动，把静止绝对化。

① ［德］恩格斯：《反杜林论》，《马克思恩格斯选集》第 3 卷，人民出版社，1995 年，第 402 页。

古希腊芝诺提出的“飞矢不动”的命题就是夸大事物的静止所致。我国西汉时期的董仲舒提出的“道之大原出于天，天不变，道亦不变”的主张是对社会的运动、变化和发展的一种否定。

相对主义诡辩论夸大事物的绝对运动，否定事物的相对静止，把事物看作瞬息万变、不可捉摸的东西，因此，也就从根本上否定了认识事物的可能。古希腊赫拉克利特曾提出，人不能两次踏入同一条河流，这是朴素的辩证法。克拉底鲁却说，人一次也不能踏入同一条河流。在他看来，万物就像旋风一样，转瞬即逝，变幻不定，人们根本不能认识事物。我国古代的庄子认为万物“方生方死，方死方生，方可方不可，方不可方可”，完全抹杀了事物的相对稳定性和质的区别，并由此得出“万物齐一”的结论。

总之，辩证唯物主义坚持运动和静止的辩证统一。运动是绝对的，静止是相对的；绝对运动和相对静止相互包含，相互贯通。在绝对运动中包含相对静止，在相对静止中又有着绝对运动。静中有动，动中有静，任何事物都是绝对运动和相对静止的统一。正确把握运动与静止的关系，既有助于批判形而上学把相对静止绝对化的错误，也有助于批判相对主义、诡辩论脱离静止讲运动的错误。正确把握运动与静止的关系，对于人们正确认识和处理我国改革、发展、稳定的关系也具有重要的指导意义。它要求我们把稳定和改革、发展统一起来。稳定是改革、发展的前提，改革、发展是稳定的基础。没有稳定，就没有改革、发展；同样，没有改革、发展也就没有稳定，只有改革、发展，才会有真正的社会稳定。可见，稳定和改革、发展是密切联系的。只有把握稳定与改革、发展的辩证关系，在社会稳定中推进改革、发展，通过改革、发展促进社会稳定，我国的社会主义现代化建设事业才能有序地、健康地发展。

三、时间和空间是运动着的物质的存在形式

世界是物质的世界，物质是运动的，时间和空间是运动着的物质的存在形式。

时间是物质运动的持续性、顺序性。它表现为一事物的存在和一运动过程进行的久暂，一事物和另一事物，一个运动过程和另一个运动过程依次出现的先后顺序，以及它们之间间隔的长短。时间的特点是一维性或不可逆转性，即时间总是沿着从过去、现在到将来一个方向流逝，一去而不复返，不可逆转。俗话所说“机不可失，时不再来”表达的就是时间的不可逆性。空间是运动着的物质的广延性、伸张性。它表现为物体的体积、规模、程度、范围、位置、排列次序及物体之间的并存关系。空间的特点是三维性，即任何物体都有长、宽、高三个量度。现代物理学还常常使用“四维世界”的概念，并不是说空间是四维的，而是说事物存在于三维空间和一维时间之中。因为要描述天体和空

中飞行物，必须在由三维空间和一维时间构成的四维时空连续区才能进行。

辩证唯物主义的物质观、运动观又是与时空观相统一的。这就是说，时间和空间是运动的存在形式。时间和空间是物质运动固有的存在形式，物质运动是以时间和空间这两个基本形式表现出来的。时间是物质运动的持续性、不可逆性，或者说一维性；空间是物质运动的广延性，或者说三维性。物质运动就是通过时间持续性和空间广延性的变化体现出来的。时间、空间和物质的关系是内容和形式的关系，物质是时空的内容，时空是物质存在的基本形式；内容决定形式，形式依赖于内容，并随内容的发展而发展。

时间、空间与物质运动不可分割。一方面，运动的物质离不开时间和空间。基本粒子尽管极其微小，但直径仍有十万亿分之一厘米，即还有一定的空间。许多基本粒子的寿命极短，如中性π介子的寿命只有一亿亿分之一秒，但毕竟还是有时间的。微观粒子尚且如此，比微观粒子大的物质客体就更加离不开时间和空间。任何事物、现象及其运动变化都要经历时间和空间的变化。离开了时间和空间的物质运动既无法存在也无法被人理解。另一方面，时间和空间也不能离开运动着的物质，时间和空间是以运动着的物质为其实在内容的，时间和空间是随着物质运动变化而变化的，如同没有离开时间、空间的物质一样，也没有离开物质的时间和空间，它们是不可分割的。时间和空间都要用物质运动来度量和认识，如测定宇宙天体的相互距离是用光年做单位，对普通长度的精确测量及对微观世界内极小长度的测定，都用电磁波及其他基本粒子波的运动来测定。离开物质的运动，时间、空间就成为无法度量、神秘莫测的东西。

坚持时间和空间与物质运动的不可分割性，必须批判唯心主义和形而上学的时空观。辩证唯物主义承认时间、空间与物质运动不可分割，也就同时承认时间、空间的客观性。因为物质运动是客观的，时间、空间作为物质运动的存在形式必然与物质运动一样，也是不以人的意志为转移的客观实在。正如列宁所说："唯物主义既然承认客观实在即运动着的物质不依赖于我们的意识而存在，也就必然要承认时间和空间的客观实在性。"[①]相反，如果把时间、空间与物质运动分离开来，就会导致唯心主义或形而上学的时空观。唯心主义者把时间和空间看作依赖于意识的东西。例如：康德认为时间、空间是头脑中固有的先天形式；马赫认为时间、空间仅仅是"感觉系列调整了的体系"，是"制定方位的感觉"。形而上学唯物主义的时空观认为，时间是一种与物质无关的、永恒地均匀流逝的纯粹持续性，空间是与物质无关的大容器，二者都是可以脱离物质运动的独立实体。牛顿说："绝对的空间，就其本性而言，是与外界任何事物

① ［苏］列宁：《唯物主义和经验批判主义》，《列宁选集》第 2 卷，人民出版社，1995 年，第 137 页。

无关而永远是相同的和不动的”，“绝对的、真正的和数学的时间自身在流逝着，而且由于其本性而在均匀地、与任何其他外界事物无关地流逝着”。牛顿的观点割裂了时间、空间与物质运动的关系，同唯心主义一样，应当受到批判。

时间和空间是绝对的，也是相对的。绝对性即无条件性，相对性即有条件性。时间和空间的绝对性是指任何时间和空间都与运动的物质一样，具有不以人的意志为转移的客观性；人们的时空观念只不过是对客观的时间、空间的反映。时间和空间的客观性是不变的、无条件的，因而是绝对的。时间和空间的相对性是指不同的事物的时间和空间的具体特性总是受到物质运动的具体特性的制约，即它们的具体特性是可变的、有条件的；人们的时空观念也是可变的、发展的，因而时间和空间具有相对性。爱因斯坦相对论和非欧几里得几何学对于揭示时间、空间与物质运动之间的关系，证明时间空间的相对性，具有特殊的重要意义。

时间和空间是无限性和有限性的辩证统一。时间的无限性是指时间一维性是不可穷尽的，宇宙运动在时间上是没有开端和终点的。无论是向前追溯还是向后推算，根本不可能找到时间的起点和终点。时间又是有限的，对于具体事物来说又是有开端和终点的。例如，任何一个生命从出生到死亡，时间都是有限的，不可能有长生不老、永远不死的生命体。

空间的无限性是指空间的三维性是不可穷尽的。宏观世界大而无限。现在的天文望远镜能观测到的恒星系已在10亿个以上，最远的距我们150亿光年。人们还观察到距我们大约200亿光年远的类星体，而这远不是空间的尽头，也不可能找到空间的尽头。微观世界小而无限。古人提出的“一尺之棰，日取其半，万世不竭”，是对物质在空间上无限可分的天才猜测。如前所述的现代科学关于物质结构的研究，尽管已经深入到层子（夸克），仍不能说已经是微观世界结构的最后层次。但是，每一个具体事物的存在和发展，在空间上又是有限的。例如，银河系的直径是10万光年，太阳系的直径是118亿千米，其具体的空间总是有限的。

时间、空间无限性原理是辩证唯物主义世界观的重要组成部分，对批判唯心主义、破除宗教迷信具有重要意义。如果否认时空的无限性，主张时空有限论，必然会引出一个超现实、超时空的神灵世界，给宗教神学、唯心主义留下地盘。

第二节　意识的起源、本质和作用

一、意识的起源

世界上有了人的实践和人类社会，就有了意识现象。意识是物质世界长期发展的产物和表现。意识不仅是自然界长期发展的产物，而且是社会的产物。意识的产生经历了一个长期的、复杂的物质运动过程。在这一过程中，有三个决定性的发展阶段：

第一，从无机物的反应特性进化为低等生物的刺激感应性。反应特性是一切物质都具有的。在漫长的历史发展中，在一定的条件下，产生出原始生命物质的刺激感应性。无生命物质的反应特性和生命物质的反应特性既有区别又有联系。二者的共同特征是：如果没有引起反应的东西，就不能有反应，而引起反应的东西是不依赖于产生反应的对象而存在的；在反应过程中，反应的物体只是反应了被反应对象的部分属性，而不是全部属性。二者的区别是：非生物的反应特性都是通过改变自身的形态或者转化为他事物表现出来的，生物的反应特性是为了维持自己的生存和发展，以新陈代谢、自我更新为特征；非生物的反应性没有选择性，生物的反应特性则是为了维持其生存而具有趋利避害的选择性。

第二，从低等生物的刺激感应性进化为高等动物的感觉和心理。随着生物自身的发展，它与周围环境的关系日益复杂化，经过漫长的自然选择过程，逐步产生了动物的感觉。动物感觉的物质基础是专门反映外界刺激的感觉器官和神经系统。如蜘蛛能感觉到落入蛛网里的苍蝇、小虫等引起的振动，蜜蜂能感觉到花儿的气味和颜色，响尾蛇能感受到红外线辐射等。随着低等动物发展到高等动物，高等动物的感觉器官和神经系统进一步复杂化，而且有了神经系统的指挥中心——大脑，于是其反应形式进一步由感觉发展为动物的心理。由哺乳动物进化到猿类，它们的大脑已经相当发达，动物的心理发展到了最高阶段。例如，黑猩猩能对水果进行归类，能以自己的器官对天然物进行简单加工以获取所需的食物，能通过姿势、面部表情和声音交流信息。这就是意识的萌芽。

第三，从动物的感觉和心理进化为人类的意识。随着从猿到人的转变，产生了复杂而完善的人脑，从而产生了以抽象思维为标志的人类意识。人类意识是生物的最高反应形式，它与动物的心理根本不同。人类意识是自觉的意识，是在察觉到自己意识的情况下进行的有意识的活动，只有人类才具有自我意识的能力。

意识不仅仅是自然界长期发展的产物，更重要的是社会的产物。意识与人类社会一起产生，并随着人类社会的发展而发展。要真正理解意识是社会的产物，必然追溯到劳动，因为劳动创造了人和人类社会。劳动在意识产生过程中起着决定性的作用。

首先，劳动为意识的产生和发展提供了客观的需要和可能。劳动与动物活动的根本区别在于制造和使用工具。制造和使用工具改造外部世界的劳动不仅要求人们认识事物的现象，而且要求人们把握事物的本质和规律。这是动物的感觉和心理所不能胜任的。要做到这一点，必须有抽象思维的能力，必须有人类意识这种反映形式。马克思指出："思想、观念、意识的生产最初是直接与人们的物质活动，与人们的物质交往，与现实生活的语言交织在一起的。"[①]它首先是人们的物质行动的"直接产物"，然后又成为物质生活的"必然升华物"。

其次，劳动产生了语言，为意识内容提供了物质外壳。劳动一开始就是社会性的活动，劳动者之间要交往，就需要相互传递信息、交流思想。如原始人集体狩猎就需要协调行动，捕获猎物之后又需要协商分配。这时人类已经达到了彼此有什么非说不可的地步，语言随之产生。语言是思维的工具，没有语言，就无法对事物的本质进行概括和抽象，就不能形成概念，也就不会有人类的思维和意识。在劳动和语言的推动下，猿脑变成人脑，并随着劳动和语言的发展而日趋完善，容量越来越大，结构越来越严密，从而为意识的产生和发展提供了物质基础。离开了劳动和社会，就不会有人的意识。

二、意识的本质

从本质来看，意识是人脑的机能，是人脑对客观存在的主观反映。

（一）意识是人脑的机能

意识是物质的产物，但又不是物质本身。意识是特殊的物质——人脑的机能。作为人脑的机能，意识是人脑在第一信号系统和第二信号系统的基础上进行的精神活动。现代物理学表明，动物与周围世界之间的相互作用是通过反射活动进行的。反射分为无条件反射和条件反射两大类。无条件反射是动物对外界环境作用的一种生而具有的反射，它是由遗传获得的本能；条件反射是在无条件反射的基础上由动物自身活动的经验建立起来的。条件反射使动物不仅能反映那些与生命有直接联系的事物和现象，而且可以反映那些与生命无直接联系的事物和现象，即反映那些与生命建立了暂时性联系的事物和现象。

① ［德］马克思，恩格斯：《德意志意识形态》，《马克思恩格斯选集》第 1 卷，人民出版社，1995 年，第 72 页。

现代物理学把这种接受外部具体刺激而引起的条件反射叫作第一信号系统，它是动物唯一的信号系统。人除具有第一信号系统外，还有第二信号系统。第二信号也就是信号的信号——语言和文字。作为引起条件反射的语言和文字，是许多同类刺激物的概括和标志，它使人的条件反射的深度和广度达到了动物不能比拟的状况。在第一信号系统基础上产生的反映是具体形象的感性反映；在第二信号系统基础上产生的反映是抽象概括的理性反映。第一信号系统是动物和人共有的，第二信号系统则是人特有的。人脑在第一信号系统和第二信号系统的基础上进行的精神活动就是意识。现代高级神经物理学已从反射过程深入到神经细胞的水平，并发现人脑是通过传递生物电、处理信息流来进行意识活动的，人脑意识活动就是神经细胞输入信息和输出信息的过程。

（二）意识是客观世界的主观映象，是人脑对客观世界的反映

意识是对客观存在的反映，人脑是产生意识的机能，但人脑不能自动产生意识。只有客观事物作用于大脑，使人脑对客观事物做出反应，才会产生意识。人脑只是一个加工厂，没有原材料，大脑就不能加工出任何产品，不能进行意识活动，不能产生意识。所以，意识来源于客观存在，其内容是客观的。

意识的形式是主观的。首先，意识只是客观事物反映到人脑中形成的主观映象，而不是客观事物本身。其次，意识是通过感觉、知觉、表象等感性形式，概念、判断、推理等理性形式，以及情感、意志等反映客观事物的，这些都是主观世界特有的。再次，个体意识之间有差异性。人们对外部事物的反映是受他们的主观状态影响的。由于人们的经验不同，知识结构不同，情感、兴趣不同，对同一客观事物进行反映，不同的人会产生不同的意识。最后，人的意识不仅能近似正确地反映客观世界上存在的东西，而且能够创造出客观世界中并不存在的事物的观念或形象。

意识的内容是客观的，首先，尽管意识是主观映象而不是客观事物本身，但它们都是对客观事物的反映，其内容来源于客观事物。其次，意识的感性形式、理性形式及情感、意志尽管是主观世界特有的，但都是反映着客观事物的。感性形式反映事物的现象，理性形式反映事物的本质，情感是对人的愿望与事物关系的态度反映，意志中的目的是对人的需要与客观可能的反映。再次，个体意识具有差异性，但产生差异的原因是客观的。人们的经验、知识结构、情感、兴趣不同，都是由客观原因造成的。最后，人的意识能够创造出客观世界中并不存在的事物的观念或形象，但这种创造是把客观世界中存在的事物的观念和形象加以改造而成的，它仍然来源于客观世界。即使是奇妙的神话故事，荒诞的迷信传说，都可以在现实物质世界中找到它们的客观“原型”。鲁迅说得

好："天才们无论怎样说大话，归根结蒂，还是不能凭空创造。描神画鬼，毫无对证，本可以专靠了神思，所谓'天马行空'似的挥写了，然而他们写出来的，也不过是三只眼，长颈子，就是在常见的人体上，增加了眼睛一只，增长了颈子二三尺而已。"[①]人的意识不管主观色彩多么浓厚，不管披上什么样的神秘外衣，归根结底有着自己的客观"原型"。

意识是主观形式和客观内容的统一。如果抹杀意识的主观特征，把意识等同于物质，把意识说成人脑的分泌物，就是一种庸俗唯物主义观点。如果抹杀意识内容的客观性，把意识说成主观自生的，就是一种唯心主义观点。

（三）意识是社会的产物

首先，从起源来说，意识是社会性的劳动创造的。其次，一个人只有在一定的社会关系中生活，学习一定社会群体的语言，接受这一群体的意识的影响，才能形成自己的意识。有些从小就离开社会群体的狼孩、熊孩，尽管有人脑，也对客观事物进行反映，但由于脱离了社会群体，也不能产生意识。所以，马克思说："意识一开始就是社会的产物，而且只要人们存在着，它就仍然是这种产物。"[②]

从意识的起源和本质可以看出，意识依赖于物质，物质是第一性的，意识是第二性的。这就进一步证实了世界的物质统一性。

三、意识的结构和对物质的能动的反作用

意识的起源和本质说明了物质决定意识，意识依赖于物质。辩证唯物主义在肯定物质对意识的决定作用的前提下，又承认意识在认识世界和改造世界中具有巨大的能动作用。物质与意识的辩证关系是：物质决定意识，物质第一性，意识第二性；意识对物质又具有能动的反作用。

意识一经产生、形成，它自身又有着相对独立的结构，并能动地反作用于物质。意识是人类特有的精神活动，这一精神活动是多方面、多层次的，这些诸多方面和层次的有机统一使意识本身具有一定结构的复杂体系。

从总体来看，意识包含着知、情、意三个方面的内容，是三者的统一。"知"指关于世界的知识，是对世界本来面目及其内在本质和规律性的认识。"情"指情感，是人类对客观事物的态度和体验，表现为积极肯定的愉快、喜爱、满意，

① 鲁迅：《叶紫作〈丰收〉序》，《鲁迅全集》第6卷，人民文学出版社，1981年，第219页。

② ［德］马克思，恩格斯：《德意志意识形态》，《马克思恩格斯选集》第1卷，人民出版社，1995年，第81页。

或消极否定的憎恨、愤怒、嫌恶等。“意”指意志，是人自觉地克服困难来实现预定目的的心理过程，表现为自我克制、毅力、信心和恒心等精神状态。作为知、情、意的统一，意识形成理性化和理想化的心理，这就与动物的心理有着本质的区别。人类作为一种有意识的高等生物，不仅追求对客观世界的真理性的认识，而且追求人类自身的全面发展，追求着美好的理想，以及人与世界的和谐。

从意识自觉程度来看，意识又区分为潜意识和显意识。潜意识又叫“无意识”或“下意识”，它是深藏着的、未被唤起或不自觉地反映的意识，也可以说是一种没有意识的意识。显意识是人们自觉认识到并有一定目的控制的意识。弗洛伊德曾把人的精神世界比喻为海洋中的一座冰山。在他看来，显意识只不过是露出海面的冰山之巅，而淹没在水中看不见的大部分山体就是潜意识。显意识在人的精神活动中起着重要的作用。人类与其他动物相互区别的最重要的因素之一就是人是理性的动物。马克思曾经说过：“人和绵羊不同的地方只是在于：他的意识代替了他的本能，或者说他的本能是被意识到了的本能。”[①]还有大量不随意的行为是由潜意识自发控制的。很多事实表明，潜意识不仅是客观存在的心理现象，而且它对人的活动的影响也是不容忽视的。人们有时意识不到自己某些行为的真正动机。例如对探讨知识的选择性，对情感的需求和审美判断的价值标准，以及个体意志的控制和调节等方面，潜意识都有着一定的影响。在人的精神活动中，潜意识和显意识因素总是相互交织在一起，相互作用、相互制约、相互渗透和相互转化的。片面夸大潜意识的作用，否定显意识的作用，把潜意识当成人的活动的决定者，实质上就把人与动物混为一谈了；而只强调显意识，否定潜意识的存在及其作用，就会把人的丰富多彩的精神世界简单化，无法科学地解释人的大量不随意行为。

从意识的继承和发展来看，人的意识又区分为传统意识、现代意识和未来意识。传统意识是人类从整个历史发展、民族发展中继承下来的意识。它已经自然而然地渗透于人们习惯的行为方式、生活方式、情感方式之中，具有强大的惯性作用。现代意识是人们在现实的实践和交往活动中形成的意识，它是对当前社会存在的主流的反映。未来意识是人们依据社会和实践的发展趋势形成的面向将来的意识。传统意识、现代意识、未来意识是每一代人生活中必然遇到的三种意识。正确对待这三种意识，处理好三者之间的关系，对于有效地指导人们的实践活动具有重要意义。

除上述几种划分外，我们还可以根据意识活动主体的不同，将意识区分为

---

① ［德］马克思，恩格斯：《德意志意识形态》，《马克思恩格斯选集》第 1 卷，人民出版社，1995 年，第 82 页。

社会意识、群体意识和个人意识。社会意识是社会整体的共同意识，它是对社会存在的总体反映。群体意识是一定的人群结成的社会共同体（家庭、单位、团体、行业、阶级、民族等）的共同意识，它是由该群体的特定地位和立场决定的、具有个性特征的对社会存在的反映。根据意识活动的现实过程，又可区分为对象意识和自我意识。对象意识指向客观世界的各种事物、现象、关系和过程，它形成对客体的"物的尺度"的认识。自我意识指向人类自身内部的各种关系、体验及人在世界中的地位，它形成主体的"内在尺度"的认识。它们之间存在相互联系、相互转化的关系。

总之，人类意识是极为复杂的有机统一的系统。但不论意识的结构多么复杂，它归根结底是人们在实践活动中历史地形成的，是在人与世界、主体与客体的关系中生成的。人类在实践中形成、发展和完善意识及其结构，这本身说明了意识可以满足人类实践的一定需要，在人们改造世界中具有能动作用。

意识的能动作用是指意识能够能动地反映客观事物，形成主观观念，并且能动地反作用于客观事物。也就是说，意识具有能动地反映客观世界和改造客观世界的能力与作用。意识的能动作用具体表现在：其一，意识活动具有主动创造性。意识对客观物质世界的反映是主动的，是根据主体的需要有选择地进行的。并且，意识不仅能够反映事物的外部现象，而且能够通过思维揭示事物的本质和规律；不仅能够反映、"复制"当前的对象，而且能够追溯过去，预见未来，创造一个理想的或幻想的世界。其二，意识活动具有目的性和计划性。人的活动总是受意识支配的。人们在改造客观世界时，总是根据实践主体的意愿和需要，持一定的目的和动机来进行。实践主体在实践活动开始之前制定的蓝图、目标、实践手段和实践步骤等都是意识活动的目的性和计划性的表现。其三，意识能通过指导实践改造客观世界。这是意识能动作用的最重要的表现。世界不会自然而然地满足人的需要，人们可以用自己的行动来改造客观世界，使客观世界发生变化，把观念的东西变成现实，使主观意识对象化。意识的这种作用是一种伟大的力量，在人们活动所及范围内到处可以看到"人的意志的印记"，自然界不断在"人化"。随着科学技术的日益进步，意识对客观世界的改造作用将更突出地表现出来。其四，意识对于人的生理活动具有一定的影响作用。人体是一个心理和生理相互作用、相互影响的系统，意识活动依赖于神经系统的生理过程，意识（特别是其中的情感）又能对人体的生理过程产生重要影响。心胸开阔、情绪乐观有益于身体健康，心胸狭窄、心情郁闷有害于身体健康。

实现意识能动作用的根本途径是人的社会实践。意识是一种精神力量。把精神力量变为物质力量的唯一途径就是主观见之于客观的活动（即社会实践）。

意识通过社会实践反作用于物质世界的过程就是意识自身的物化过程。离开社会实践，纯粹的精神力量是任何东西也实现不了的。

意识的能动作用有两种不同的性质：正确的意识能够指导人们采取正确的行动，对实践活动起积极的推动作用，使实践取得成功；错误的意识会引导人们采取错误的行动，对实践活动起阻碍和破坏作用，使实践遭受挫折和失败。

正确发挥意识的能动作用是有条件的。这种条件性的根本点在于，要科学地把握物质与意识的辩证关系，把发挥意识的能动作用置于物质决定论的理论基础之上。具体说，有三点：其一，社会实践是发挥意识能动作用的唯一正确有效的途径。必须把意识付诸实践，使它变成强大的物质力量，否则就从根本上取消了意识能动性。“思想根本不能实现什么东西。为了实现思想，就要有使用实践力量的人。”[①]其二，发挥意识能动性，必须认识和遵循物质运动的客观规律。尊重客观规律是正确发挥意识能动作用的前提。只有从客观实际出发，正确认识和尊重客观规律，按照规律办事，才能正确地发挥意识能动地指导实践的作用，卓有成效地改造客观世界，实现人们的预期目的。如果无视物质世界运动的客观规律，意识的能动性愈是发挥，愈会遭受客观规律的无情惩罚。其三，发挥意识的能动性需要具备一定的物质技术条件。意识在“改造”和“创造”物质世界的过程中，不仅需要有可供改造和认识的物质对象，而且有赖于一定的工具、设备等技术手段。没有现实的物质材料，人的意识创造不出任何现实的物品。意识只有以物质条件为基础，凭借一定的物质手段才能使其转化为物质的东西。随着人类认识和实践的深入，人的能动性就更加依赖于物质手段。离开一定的物质条件，能动作用就只能停留于空想。

正确认识意识的能动作用具有非常重要的现实意义。在社会主义现代化建设和各项工作中，人们必须既要充分发挥意识的能动作用，又要自始至终尊重客观规律，把发挥人的主观能动性与尊重客观规律统一起来，把实践热情与实事求是的科学态度结合起来。坚决反对片面强调发挥人的主观能动性，无视规律，盲目蛮干。既要从实际出发，按规律办事，又要敢想敢干，勇于开拓创新，只有这样才能把建设中国特色社会主义的伟大实践不断推向前进。

四、意识与人工智能

在现时代，意识与人工智能的关系非常引人瞩目。20 世纪 40 年代，生物控制论的奠基人 W.R.艾什比曾提出“设计一个脑”的口号。自那时以来，人工设计、制造和不断改进的电脑已经成为现代人类不可缺少的思维工具。以智能

① ［德］马克思，恩格斯：《神圣家族》，《马克思恩格斯全集》第 2 卷，人民出版社，1957 年，第 152 页。

计算机为代表的人工智能的出现，更在科学技术史上和人类认识史上产生了划时代的意义。

人工智能是相对于人类智能而言的。智能是指人认识客观事物并运用已有知识解决实际问题的能力，它往往通过观察、记忆、想象、思考、判断等表现出来。人工智能就是把人脑的部分智能活动机械化，让机器具有应用知识解决问题的能力。现在有的计算机系统，能够诊断疾病，求解符号形式的微分方程，自动证明定理，自动程序设计等，这种计算机叫智能计算机。智能计算机与一般计算机不同，它具有推理和学习的功能，能够积累“经验”，提高解决问题的能力。当智能计算机遇到具体问题时，能自己编出解决问题的程序。一般计算机是按照编程序的人事先安排好的程序规定的步骤，一步步地执行。

人工智能具有广阔的发展远景，我们绝不可低估它的作用和意义，但也绝不能把“机器思维”与人脑思维等同起来。就其本质而言，人工智能是对人的思维的模拟。

对人的思维的模拟可以通过两条道路进行：一是结构模拟，仿照人脑的内在结构，制造出“类人脑”的机器；二是功能模拟，撇开人脑的内部结构，而从其功能过程进行模拟。由于人脑的极端复杂性，现代科学技术暂时还做不到从结构上模拟人脑，因而只能进行功能模拟。现代电子计算机的产生便是对人脑思维功能模拟的结果。它撇开了人脑的内在结构，撇开了意识的社会性，而仅仅把人脑思维作为一种信息处理过程，并形式化为五个部分：（1）信息的输入或接收；（2）信息的存储或记忆；（3）信息的运算或分析；（4）信息的控制；（5）信息的输出。现代科学技术用相应的部件来完成这五个过程，就构成了人工智能或电脑。

实际上，人工智能是用输入器模拟的眼、耳、鼻等感官，接受外界的信息；用存储器模拟人脑对信息的记忆功能，把信息积累起来，以供随时使用；用运算器模拟人脑对信息加工、分析、处理的过程；用控制器模拟人脑调节各方面信息，指挥其按照各项指令正常运行；用输出器代替人的反应器官，用以输出信息。电脑又以机器装置模拟人的神经细胞运动：人脑中的神经细胞对信息接收或不接收是由兴奋和抑制两种状态进行的，电脑相应具有接通或断开两种状态；人脑的信息传递利用神经脉冲，电脑则利用电脉冲；人脑的神经脉冲传递按照“有”和“无”的规律进行，电脑则采取“1”和“0”的二进制加以模拟。这些机制表明，人工智能并不等同于人本身的智能，更不会超过人本身的智能，只不过是类似于人的思维的“机器思维”，本质上是对人的思维的模拟。

思维模拟并非思维本身，人工智能不是本来意义上的人的智能。“机器思维”与人脑思维具有本质的区别：

第一，机器人毕竟是机器，电脑也不是人脑。它们只是人脑的模拟物，是由一些电子管、晶体管、集成电路等电子元件和线路组成的机械的、物理的装置。人工智能纯系无意识的机械的、物理的过程，而人类意识主要是生理的和心理的过程。人工智能永远也不可能具备由人类的感情、直觉、想象、猜测等心理活动构成的精神世界。

第二，人工智能没有社会性。电脑在解决问题时，并不探求任务本身的社会意义，它是执行指令而不计后果。人类意识具有社会性。人在行动时一般都会考虑到由此引起的社会效果。

第三，人工智能没有人类意识特有的能动的创造性。电脑可以储存巨大的“记忆”容量，但它不会自动地提出问题，而且它对任务的解决是机械的，只有在逐一查对了一切可能的途径之后，最后才找到正确的答案。人脑能够主动提出新问题，进行发明创造。人脑记忆有一个不同于机械装置的、按照意义去进行记忆的系统，无须回忆全部信息就可以找出所需的答案。

第四，电脑以它惊人的“记忆力”，敏捷的运算速度，精确的逻辑判断能力，可以代替甚至超过人类的部分思维能力。但是，它只能接受人脑的“指令”，必须由人预先把思维过程加以形式化和符号化，以一定的信息输入电脑后才能工作。二者的程序总是人脑的思维在前，电脑的功能在后。人脑思维随着社会实践的发展而日新月异，每当人类把新的知识输入电脑时，更新的思想又会在人脑中萌发。

总之，人工智能不可能超过被模拟的人类智能。人类把“聪明”给予智能机器，智能机器又使人类更加聪明。人类智能与人工智能的关系永远是制造与被制造、支配与被支配、使用与被使用的关系。人工智能可以模拟人类意识，但不可能等同或超过人类意识。在人类智能与人工智能的相互作用中，人工智能的发展前景广阔，而人脑和人类意识也会获得进一步的发展。

人工智能的出现和发展使马克思主义哲学关于意识本质的原理得到了更加充分的证明：思维、意识并不神秘，它不是寄寓在肉体之中的脱离人脑的灵魂，而是人脑的机能。

第三节 世界的物质统一性与人的实践活动

一、对物质世界的实践把握

实践是人改造物质世界的活动，是人的存在方式。从人类生存的前提来看，人类生存的第一个前提就是必须能够生活，所以人类的第一个历史活动，也是每日每时必须进行的基本活动，就是“生产物质生活本身”。正是这种实践活动不断地创造着人类生存和发展的根本条件。实践因此成为人的生命之根和立命之本。从人与动物的重要区别来看，有意识的生命活动把人同动物的生命活动直接区别开来。从人的本质来看，人的本质在其现实性上是一切社会关系的总和，而现实的社会关系是在人的实践活动中生成的。“以一定的方式进行生产活动的一定的个人，发生一定的社会关系和政治关系。”[①]正是在改造自然的实践过程中，人们之间结成一定的社会关系。这种社会关系反过来又制约和规定着人的本质。换言之，人在实践活动中“创造、生产人的社会联系、社会本质”，从而使自己成为“社会存在物”。实践构成了人类的特殊生命形式，即构成人类的存在形式。

作为人的存在方式的实践，就是人为了满足自己的需要而进行的能动地改造和探索物质世界的活动。实践活动具有三个突出的特点：

第一，客观现实性。有意识、有目的的实践活动不是唯心主义理解的纯精神活动，它包含精神活动但不归结为精神活动。这是因为，构成实践的诸要素，如主体、客体、手段（工具等）都是可感知的客观实在；实践过程及其遵循的规律也是客观的；实践的结果是实践目的的物化形态，具有不同于主观目的的直接现实性。

第二，自觉能动性。人的实践不同于动物的活动。动物没有自己的主观世界，它们的活动是本能的活动。人有自己的主观世界，人的活动都是在一定意识、目的指导下的活动。实践是主观见之于客观的能动的活动。自觉能动性为人类所特有。只有人的自觉能动活动才具有真正的实践意义。

第三，社会历史性。实践具有社会历史性。人总是社会的人，并在一定社会关系中在一定社会历史条件下进行实践活动，这就决定了实践的社会制约性；实践的主体、对象、范围、规模、方式均受社会的制约；不存在孤立于社会之外的抽象的个人活动。实践是随着社会条件的发展而发展的，绝不会永远处于同一水平上，因此实践具有历史性。

作为人的存在方式的实践，通常具有两大社会功能，即创造客体价值和优化主体的功能。

第一，实践具有改造客观世界、创造客体价值的功能。人的需要是多方面的，这多种多样需要的满足要通过实践改造客观世界、创造客体价值来实现。价值表示的是客体满足主体需要而主体被满足的一种效用关系，即客体对主体的意义。价值是人们社会实践的产物，实践是创造客体价值的基础。人只有以

① ［德］马克思，恩格斯：《德意志意识形态》，《马克思恩格斯选集》第1卷，人民出版社，1995年，第71页。

主体的实践活动，改造对象世界，满足人的自身需要，才能使客体对象对人产生一定的意义和价值。一般来说，世界上一切有益于人的生存和发展的价值成果都是由人的实践活动创造出来的，本质上是人的社会实践活动的产物。例如，人类在改造自然界的活动中，造成的人化自然，在人类创造活动中，工人制造出的工业产品，农民生产出的粮食，作家写出的作品，科学家研究出的科学成果，革命者变革社会制度等，这些成果都是有价值的，是人按照客观规律和自身需要在实践中创造出来的。就连自然界的阳光、空气和水，在社会生产高度发展的今天，也都打上了人类活动的烙印，作为活动对象和产品，对人显示出积极意义和价值来。饮水需要净化，这已为人所熟知；加工出售新鲜空气，这在许多国家也不算什么新闻；而消弭紫外线对人体伤害的防晒剂，是人对阳光过滤的一种手段。

即使一些事物本身固有的对人有益的方面，它也不会自动显露出来，自荐于人。当事物尚未与人的实践活动发生功能联系时，它的那些自然属性并不是现实价值。只有通过人的实践活动，才能发现和确定客体及其特定方面对人的某种意义。像地下深藏的石油、煤炭和天然气等，本身都是人类的重要能源。然而，在人类还没有认识它们或没有能力开发它们时，其价值属性只是潜在的，并无现实意义。只有随着人类实践水平的提高，在勘探、开发、提炼和使用它们的活动中，才逐步发现它们对人类具有的积极意义，才使价值由潜在的转化为现实的。

第二，实践具有优化主体的功能。人的实践活动，既改造了客体，也改造了主体，既创造客体价值，也提高了主体素质，促进人的全面发展。因为实践活动是主体和客体的相互作用，是一个双方互动的过程。它不仅指向外部对象世界，而且同时又内在地指向主体自身。在这种相互作用过程中，人类为了主体自身的发展和需要，总要选择那些原先物化在客观对象中的人的活动成果，并把它吸收、消化，转化为人的知识、能力等内在因素，转化为主体本质力量的一部分，使主体自身得到优化，从而不断丰富和发展人的本质力量，不断巩固和提高主体改造客体的能力。

作为人的存在方式的实践，其形式是多种多样的。实践的基本形式有三种：生产实践、处理社会关系的实践和科学实验。

生产实践是人类谋取物质生活资料的实践活动。生产实践活动是人类生存、发展的物质前提。它是人类社会最基本的实践活动，是人们从事政治、科学、艺术等其他一切实践活动的基础和前提。处理社会关系的实践，即改造社会的实践活动。人类在物质生产的基础上还必须建立和处理人与人之间的社会关系，协调、解决多种社会矛盾。在阶级社会中，阶级斗争是实现社会变革的基本实践方式。科学实验是一种尝试性、探索性的活动，在人类的实践活动中占据的地位越来越高。科学实验是用实践手段，把认识对象放在理想的环境中，暂时撇开它的复杂联系，排除各种偶然因素的干扰，以便得出准确的科学知识。科学实验的目的不是直接改造世界，而是认识世界，为成功地改造世界提供必要的知识。随着社会实践的发展，科学实验的作用越来越大。在现代社会，离开科学实验，科学技术和生产力就不可能迅速发展。

生产实践、处理社会关系的实践和科学实验既各自独立，又相互联系、相互促进、共同发展。同时，实践的形式多种多样，社会各个领域、各个行业的实践都是社会实践总体中不可缺少的组成部分，它们受基本社会实践的制约，又对基本社会实践产生不同程度的影响。

二、人把握物质世界的实践环节

人在实践活动中，不仅反映客观世界及其规律，而且要依据自己的目的利用客观规律去改变客观世界的现存状态，使之成为符合人的目的要求的新的状态，即成为属人世界。因此，在主观世界和客观世界分化与统一的过程中，又同时形成了自在世界和人类世界的分化与统一。

自在世界又称天然自然。从时间来看，自在世界是人类世界产生之前的自然界，是人类世界产生前的先在世界；从空间来看，自在世界又是人类活动尚未深入到的自然界，即尚未被人化的自然界。人类世界又称属人世界，它是在人类实践基础上形成的人化自然和人类社会的统一体。所谓人化自然就是指被人的实践改造过并打上了人的目的和意志烙印的自然。

自在世界和人类世界都属客观实在。人们并不是在自在世界之外创造人类世界，而是在自在世界提供的材料的基础上建造人类世界。人的实践可以改变天然自然的外部形态、内部结构乃至其规律起作用的方式，但它不可能消除天然自然的客观实在性。相反，天然自然的客观实在性通过实践延伸到人化自然、人类社会、人类世界之中，并构成了人类世界客观实在性的自然基础。

自在世界与人类世界的区别在于，自在世界是独立于人的活动或尚未被纳入到人的活动范围的自然界，其运动变化完全是自发的，一切都处在盲目的相互作用之中。人类世界与人的活动不可分离。人化自然是被人的活动改造过的自然，它体现了人的需要、目的、意志和本质力量；人的社会关系则是人的活动的对象化。人类世界的独特性就是它的主体性及其对主体实践活动的依赖性。人类世界是人的实践活动的对象化，是人的对象世界。

实践是自在世界和人类世界分化与统一的基础。生产实践不仅使天然自然发生形态的改变，而且把人的目的性因素注入其中，从而改变物质的自在存在形式，使天然自然这个“自在之物”转化为体现人的目的、满足人的需要的“为我之物”，这就是自然“人化”的过程。人们在从事生产实践改造自然的同时，又形成、改造和创造着自己的社会联系和社会关系。没有人与人之间的社会关系，也就不可能有人与自然的现实关系。因此，自然的“人化”过程同时就是人类社会形成和发展的过程。在人的实践活动中生成的人化自然和人类社会及其统一构成了人类世界。

自在世界与人类世界的联系是，人通过自己的实践活动在自在世界的基础上建造了属人的世界，从而使世界二重化为自在世界和人类世界。自在世界和人类世界又具有内在联系。这种内在联系体现在两个方面：首先，自在世界构成了人类世界存在和发展的自然基础，人类世界形成之后又反过来制约天然自然，不断地改变自在世界的界限。在实践中，自在世界和人类世界“这两方面是不可分割的；只要有人存在，自然史和人类史就彼此相互制约”[①]。其次，天然自然通过人的实践活动转化为人化自然，人化自然又不可避免地要参与到整个大自然的运动过程中，这会出现两种情况：一是自在世界的运动以其强大的力量强行铲除人化自然的痕迹，使人的活动成果趋于淡化和消失；二是人化自然改变了自然规律起作用的范围和结果，改变了各种自然过程，特别是生物圈内物质、能量的流通与变换，出现生态失衡、全球危机。

从表面来看，生态平衡、全球危机是自然系统内平衡关系的严重破坏，实际上它是人与世界关系的严重失衡，是以“天灾”形式表现出来的“人祸”。恩格斯早就提出了自然界“对人进行报复”和“人类同自然的和解”问题。马克思也认为，应当合理地调节人和自然之间的物质变换，在最无愧于和最适合人类本性的条件下进行这种物质变换。

总之，人的实践活动是一种不断分化世界，不断使世界二重化，又不断统一世界的活动。对人来说，世界既是本原性的存在，又是对象性的存在。所以，马克思认为，不仅要从客体方面，而且要从主体方面，从“感性的人的活动”即实践方面去理解“对象、现实、感性”并把“感性世界理解为构成这一世界的个人的全部活生生的感性活动”。马克思主义哲学关注的是自己时代的现实世界及其同自在世界的关系，关注人的实践活动对“现存世界革命化”的意义。

物质世界由于人类的出现而划分为自在世界和人类世界，人对物质世界的把握是一个能动的创造过程。这一过程形成了体现人的能动性特点的实践环节。它主要包括：实践决策，实践目标的制定，实践的组织和管理，实践结果的检验。人们正是通过这些主要环节实现了主体对客体的实际改造和把握。

第一，实践决策。实践决策是直接关系到实践活动成败的关键。为了保证

---

① ［德］马克思，恩格斯：《德意志意识形态》，《马克思恩格斯选集》第 1 卷，人民出版社，1995 年，第 66 页。

实践活动的成功，一个首要的前提就是实践决策必须坚持合目的性和合规律性这一双重尺度。决策的合目的性是指决策要反映实践主体的需要和意愿，有利于主体的生存和发展。对于规模宏大、事关重大的实践活动，决策者要有整体的、战略的眼光，充分考虑、权衡实践活动的结果和影响。既要关注实践活动的经济效益，又要充分估计到实践活动的社会效益，以及对自然界可能造成的后果；不仅要看到眼前利益，也要顾及长远利益；不仅要看到局部利益，还要着眼于整体和全局利益。决策的合规律性是指决策要正确反映、尽量符合事物的本质和发展规律，这是科学决策的前提。这就要求在进行实践决策时，充分估计到实践客体的各种属性、特征及其可能产生的影响，认真分析各种事物之间的相互作用和相互影响。

第二，实践目标的制定。实践目标是实践主体对实践结果的预设。制定实践目标要以对客观事物及其规律的正确反映为前提，要切合实际。同时，实践目标总是与人的意愿、需要相联系。因此，在制定实践目标时还要对人的意愿、需要进行科学的分析，只有那些经过努力、在现实中能够获得满足的意愿和需要，才能作为制定实践目标的依据。在现实实践中，一些实践目标未能实现，其原因固然很多，但根本的原因是主体制定的目标脱离实际，导致实践目标偏离实践的现实发展进程，最终使实践遭受挫折甚至失败。

第三，实践的组织和管理。实践目标制定之后，实践的实际运行便成为一个现实问题。除了优化实践手段和实践主体之外，科学的组织和管理就成为实践活动持续、健康、高效运转的基本保证。实践的组织是为了最有效地达到一定的实践目标，对实践主体和其他资源进行合理配置。实践的管理是为使实践主体更有效地实现实践目标而进行的协调和控制等一系列活动。在现代社会中，实践的管理包括人员管理、物资管理、资金管理、施工管理、信息管理、时间管理等。这些管理能使实践活动朝着既定的实践目标有序和高效地运行。

第四，实践结果的检验。实践结果是实践过程中各种要素相互作用的产物，是实践目标的对象化。实践结果的检验分为事实检验和价值检验。实践结果与预期目标相一致，证明实践是成功的；反之，并不与预期实践目标吻合，但也不失为一种好的结果，所谓“歪打正着”；有些实践结果起初似乎符合预期目标，但是随着实践的发展，这种结果被证明背离了实践主体的根本利益，等等。这些都是我们在进行实践结果的检验时应特别予以关注的问题。当然，实践结果不论是成功还是失败，对于实践主体而言，都是一笔宝贵的财富，需要总结经验教训，并将之贯注到实践主体的素质之中。同时，实践结果的检验是一个过程，实践结果需要在实践过程中不断接受检验。

总之，实践是人改造客观物质世界的活动。具体来说，它是由实践主体借助于实践手段，通过一系列实践环节，作用于实践客体形成的现实活动。实践活动使观念形态的存在转化为客观实在，实现了人对物质世界的实践把握。因此，我们每一个人都应该树立马克思主义的实践观，坚持实践，勇于实践，善于实践，更好地去构建人与物质世界关系的新图景。马克思主义实践观的意义就在于：实践创造了不同于自在世界的人类世界，并且推动人类世界不断发展。人类世界是人类实践活动的对象世界，人类直接面对并直接生活在其中。人类世界实际存在着主观与客观、主体与客体、人与自然、社会和自然以及人与人的诸多矛盾及其运动，所有这些矛盾不断产生和不断解决的基础就是主体的实践活动。人类世界是一个不断生成、不断形成更大规模和层次的开放体系，它"决不是某种开天辟地以来就直接存在的、始终如一的东西，而是工业和社会状况的产物，是历史的产物，是世世代代活动的结果，其中每一代都立足于前一代所达到的基础上，继续发展前一代的工业和交往，并随着需要的改变而改变它的社会制度"①。同时，现实世界的发展也不断确证和扩大主体的能力，使人类世界蕴含着无限远大的未来。

确认实践的世界观意义并不否认自然界的本原性及其对人类社会的先在性。实践唯物主义认为，人是在自在自然的基础上建造人类世界，而且实践本身就是一种感性的物质活动，必须经常借助于自然的力量；人类世界既有人为的主体规定性，又有天然存在物的基础，人并没有创造物质本身，甚至创造的这种或那种生产能力也只是在物质本身预先存在的条件下才能进行。因此，马克思主义哲学是实践的唯物主义，而不是脱离唯物主义的实践哲学。

三、世界的统一性在于世界的物质性

马克思主义的物质观、运动观、时空观及对自然与社会、物质与意识关系的认识相互联系、相互补充，从各个不同方面揭示了世界的物质性，构成了马克思主义哲学的基本原理——世界物质统一性的基本内容。

世界上纷繁复杂、千姿百态的万事万物有没有共同的本质或本原的问题，是世界的统一性问题。对这一问题，不同的哲学派别给予了不同的回答。承认世界的统一性，认为世界上的事物和现象有一个共同的本质或本原，就是哲学上的一元论，其中又分为唯物主义一元论和唯心主义一元论。唯物主义一元论主张世界统一于物质，认为世界上形形色色的事物和现象都是物质的不同形态，意识、精神是物质的机能。唯心主义一元论主张世界统一于意识、精神，认为一切事物和现象都是意识、精神的产物。唯物主义一元论和唯心主义一元论是

① ［德］马克思，恩格斯：《德意志意识形态》，《马克思恩格斯选集》第1卷，人民出版社，1995年，第76页。

两种根本对立的世界观。

否认世界的统一性，认为世界的万事万物有物质和精神这两种相互平行、各自独立的本原，就是哲学上的二元论。二元论虽然肯定了物质本原的存在，包含着一定唯物主义的成分，但它把精神说成不依赖于物质的独立存在的本原，认为精神本原是唯一能动的力量，物质本原是消极被动的、被精神本原支配的东西，神（上帝）是把物质和精神这两个独立的本原结合起来的最终力量。

唯心主义一元论的世界观主张世界统一于精神。二元论哲学否认世界的统一性，把物质与意识绝对对立起来，认为它们是两个相互并行的实体，是世界的两个各自独立的本原。为了把物质和精神两个独立“本原”结合起来，二元论最终往往倒向神学。马克思主义哲学和旧唯物主义都坚持物质一元论，但马克思主义哲学一元论和旧唯物主义一元论也有原则区别。旧唯物主义把世界的本原归结为某种具体的物质形态和结构层次，并在此基础上描绘世界的物质统一性，这就必须把世界的统一性看作机械的同一。马克思主义哲学认为，世界的物质统一性包括一切具体物质形态，但不能归结为其中的某一形态或某一层次，世界的物质统一性是在客观现实基础上的统一。

按照马克思主义哲学的观点，世界的物质统一性以具体物质形态的差异性、多样性为基础；物质形态的差异性、多样性又以它们的客观实在性为基础。从微观世界的基本粒子到宏观世界的星系云团，从无生命的物质形态到有生命的生物形态，从自然界到人类社会，都是物质世界的不同形态。离开多样性的物质统一性，是空洞的抽象；离开客观实在性的多样性，是纯粹的虚无。只有坚持物质的多样性统一才是对世界本来面目的真实反映。

马克思主义哲学关于世界物质统一性的原理是人类认识史长期发展的结晶。正如恩格斯所说：“世界的真正的统一性在于它的物质性，而这种物质性不是由魔术师的三两句话所证明的，而是由哲学和自然科学的长期的和持续的发展所证明的。”[①]科学发展提供的系统的事实，特别是天体演化和物质结构的理论、生命的起源和生物进化的理论、人类的起源和社会发展的理论，以及能量守恒和转化定律等，从广度和深度上不断证明着世界的统一性在于世界的物质性（即客观实在性）。

自然科学发展证明，地球和金星、水星、火星、土星、木星等其他天体一样，都是围绕太阳运行的行星；金星、水星等其他天体与地球一样属于统一的物质世界，都是由同样的化学元素构成的，有着一致的物理运动规律，来自遥远天体的宇宙射线带来了与高能加速器产生的同样的基本粒子。生物科学发现，

① ［德］恩格斯：《反杜林论》，《马克思恩格斯选集》第3卷，人民出版社，1995年，第383页。

生命现象的基础并不是非物质的神秘的“生命力”，而是包括蛋白质和核酸等生物大分子在内的蛋白体。生物物种由简单到复杂、由低级到高级的进化，从根本上说，都是一种物质形态向另一种物质形态的转变。人类学证明，人类社会和自然界也存在着物质统一性，人本身由类人猿进化而来，社会存在和发展的现实基础是物质生产，如此等等。

作为哲学命题的世界物质统一性原理是科学观点和成果的概括与总结。必须指出，旧唯物主义虽然提出世界物质统一性的观点，但又未做出充分可靠的论证。古代唯物主义由于具有直观性和缺乏科学根据，不可能在科学的基础上对世界物质统一性的观点进行充分的哲学论证。近代唯物主义利用了当时的科学成就，在论证世界的物质统一性上大大前进了一步。然而，由于不懂辩证法，近代唯物主义把世界的物质统一性归结为某一特定的物质层次，把自然科学达到的特定结论（近代原子论）当作哲学命题。马克思主义哲学对世界物质统一性的论证牢固地建立在科学的基础上，紧紧依靠科学，但又不局限于科学材料、科学事实本身，而是对它们进行辩证的思考和哲学的概括，从局部看到整体，从特殊得出一般，从有限推出无限。每门具体科学只考察物质世界的某一局部、侧面和层次，从各自的角度证明世界的物质性，但它们毕竟是在特殊的、有限的领域内的证明，仍然是对有限事物的认识。因此，要论证整个世界的物质统一性，就要对各门具体科学的成果进行连贯起来的思索，这就不能不进入辩证思维的领域。

所以，恩格斯认为，对世界的物质统一性不仅需要科学的长期的和持续的证明，而且需要哲学的长期的和持续的证明，如对时空的客观实在性和无限性、意识是客观存在的主观映象、社会生活的客观实在性等的论证，同时就是对世界物质统一性的证明。

当然，马克思主义哲学没有也不可能穷尽对世界的物质统一性的论证。恰恰相反，它认为物质世界本身是发展的，对世界的物质统一性的认识也是不断发展、不断深化的，因而对世界的物质统一性的证明也是一个长期的持续的过程。随着现代科学的发展，人们对于世界的统一性的哲学论证必然有其新的内容和新的形式。

四、坚持一切从实际出发

世界的统一性在于它的物质性，这是辩证唯物主义一元论的基本观点。坚持这一基本观点，就要求我们在实践过程中坚持一切从实际出发，解放思想，实事求是，与时俱进。既然世界是一个统一的物质世界，是不依赖于人的意识的客观存在，这就要求我们在认识世界和改造世界的过程中，必须从客观存在的实际出发，实事求是，使主观与客观相符合，认识与实际相一致。

物质世界是在一定的时空中运动着和发展着的世界，这就要求我们不断解放思想，与时俱进，一切以时间、地点、条件为转移，实现主观与客观、认识与实际的具体的历史的统一。

既然物质世界的运动不是杂乱无章的而是有规律的，这就要求我们要认识客观规律，尊重客观规律，使实践活动符合客观规律。坚持辩证唯物主义一元论，具有重要的实践意义，它是中国共产党实事求是的思想路线的哲学依据。

既然万事万物归根结底都统一于物质，那么，我们无论在任何时候、任何地方和任何条件下，也无论是从事任何工作和遇到任何复杂的问题，都要按照世界的本来面貌，从物质世界及其运动规律出发去认识世界。所以，我们党的思想路线是，一切从实际出发，理论联系实际，实事求是，在实践中检验真理和发展真理。一切从实际出发，实事求是，是从世界的物质统一性原理中得出的最重要的结论。

“实事求是”一词源于东汉史学家班固撰写的《汉书·河间献王传》。文中称赞西汉景帝第三子河间献王刘德“修学好古，实事求是”。唐代颜师古注“实事求是”四字，谓“务得事实，每求真是也”。“务得事实”，指务必得到客观事物的事实情况；“每求真是”，指不断追求事物内在的本质和特点。因此，实事求是的本义是指严谨好学、务求真谛的一种认真的治学态度。

对“实事求是”做出全新的马克思主义解释，使其内涵得到升华，并用它来概括辩证唯物主义、历史唯物主义的根本观点和中国共产党的思想路线的人是毛泽东。毛泽东指出：“‘实事’就是客观存在着的一切事物，‘是’就是客观事物的内部联系，即规律性，‘求’就是我们去研究。我们要从国内外、省内外、县内外、区内外的实际情况出发，从其中引出其固有的而不是臆造的规律性，即找出周围事变的内部联系，作为我们行动的向导。”[①]经过毛泽东改造之后，“实事求是”上升为马克思主义哲学的基本范畴。邓小平由此认为：“马克思、恩格斯创立了辩证唯物主义和历史唯物主义的思想路线，毛泽东同志用中国语言概括为‘实事求是’四个大字。”[②]

“实事求是”之所以能够概括辩证唯物主义和历史唯物主义的思想路线，是因为实事求是源于马克思主义的唯物论、反映论和辩证法。恩格斯指出：“人们决心在理解现实世界（自然界和历史）时按照它本身在每一个不以先入为主

① 毛泽东：《改造我们的学习》，《毛泽东选集》第3卷，人民出版社，1991年，第801页。

② 邓小平：《坚持党的路线，改进工作方法》，《邓小平文选》第2卷，人民出版社，1994年，第278页。

的唯心主义思想来对待它的人面前所呈现的那样来理解；他们决心毫不怜惜地抛弃一切同事实（从事实本身的联系而不是从幻想的联系来把握的事实）不相符合的唯心主义怪想。除此之外，唯物主义并没有别的意义。不过在这里第一次对唯物主义世界观采取了真正严肃的态度，把这个世界观彻底地（至少在主要方面）运用到所研究的一切知识领域里去了。①”因此，人们在认识和把握自然、社会、世界时，就要按照它们本身呈现的样子来理解世界，通过事实本身的联系来把握事物。当然，这一过程是由感性认识到理性认识，以及实践、认识、再实践、再认识这一循环往复以至无穷的过程。认识、理论应随着客观事物的发展而不断改变自己的形式。

实事求是又是与辩证法有机结合在一起的。辩证法本质上具有革命的、批判的精神，即“辩证法在对现存事物的肯定的理解中同时包含对现存事物的否定的理解，即对现存事物的必然灭亡的理解；辩证法对每一种既成的形式都是从不断的运动中，因而也是从它的暂时性方面去理解；辩证法不崇拜任何东西，按其本质来说，它是批判的和革命的”②。以实事求是为核心的彻底的唯物主义正是这种合理形态辩证法的贯彻。正如邓小平所说：“我们共产党人是彻底的唯物主义者，只能实事求是地肯定应当肯定的东西，否定应当否定的东西。”③这就是说，“实事求是”体现的世界物质统一性原理是和肯定与否定的辩证法相结合的，是唯物辩证的世界物质统一性原理。

贯彻实事求是需要求真务实的精神。求“真”本质上就是求“是”，客观存在的规律从它自身的角度来看是“是”，从人的认识的表现形式来看是“真”，求真就是对客观规律的认识过程，无求真之心不可能做到求是，而不求是永远不可能达到真；务实就是党的各项决策和工作都必须立足实际，办实事，求实效，重实践。所以，离开求真务实就不可能真正贯彻实事求是。

一切从实际出发，实事求是，是我们党的思想路线的重要组成部分。党的十一届三中全会以来，随着“一切从实际出发，理论联系实际，实事求是，在实践中检验真理和发展真理”这一党的思想路线的恢复，不仅以往的错误的路线、方针、政策得到了纠正，而且逐步形成了一套新的正确的路线、方针、政策，因而使改革开放和社会主义现代化建设取得了伟大成就。我们党长期的历史经验也证明，什么时候坚持从实际出发，我们的革命、建设和改革事业就取

① ［德］恩格斯：《路德维希·费尔巴哈和德国古典哲学的终结》，《马克思恩格斯选集》第 4 卷，人民出版社，1995 年，第 242 页。

② ［德］马克思：《〈资本论〉第 1 卷 1872 年第 2 版跋》，《马克思恩格斯选集》第 2 卷，人民出版社，1995 年，第 112 页。

③ 邓小平：《党和国家领导制度的改革》，《邓小平文选》第 2 卷，人民出版社，1994 年，第 333—334 页。

得胜利；反之，革命、建设和改革事业就会遭受挫折或失败。

一切从实际出发，实事求是，求真务实，并不是否定主观能动性，相反，它要求正确理解和把握客观规律性与主观能动性的辩证关系。尊重客观规律是正确发挥主观能动性的前提。主观能动性能否得到正确发挥，是以能否遵从物质运动的客观规律为前提的。人们如果根本无视客观存在及其规律，不仅不能正确地发挥自己的主观能动性，而且注定要遭到客观规律的无情惩罚。

同时，要认识客观规律和按客观规律办事，又必须充分发挥主观能动性。只有充分发挥主观能动性，从感性认识上升到理性认识，才能深刻认识和把握客观规律，并以此作为我们行动的向导。充分发挥主观能动性，发挥意识对物质反作用的基本途径是人们的社会实践。人的意识是一种精神的力量，要使它得到实现，必须通过社会实践。人们正是通过实践而能动地认识世界，又通过实践而能动地改造世界，从而实现人对物质世界的实践把握。

第三章　物质世界的普遍联系和永恒发展

马克思主义哲学是唯物论和辩证法的高度统一。全面完整地把握辩证唯物主义世界观，不仅要理解世界是发展着的世界，而且必须深入研究物质世界为什么会发展、如何发展、发展的规律是什么。唯物辩证法深刻地揭示了自然、社会和人类思维发展最一般的规律，特别是揭示了客观事物发展的内在动力和基本趋势。要理解和把握唯物辩证法的科学体系，首先必须懂得物质世界的普遍联系和永恒发展，联系的观点和发展的观点是唯物辩证法的基本观点。

第一节　物质世界的普遍联系

一、联系的客观性和普遍性

世界上的万事万物是纷繁复杂的，同时又是普遍联系的。普遍联系的观点是唯物辩证法的第一个总特征。恩格斯说：“当我们深思熟虑地考察自然界或人类历史或我们自己的精神活动的时候，首先呈现在我们眼前的，是一幅由种种联系和相互作用无穷无尽地交织起来的画面。”①

联系是指事物之间及事物内部诸要素之间的相互影响、相互制约和相互作用。

唯物辩证法认为，联系是相互区别的事物、现象或要素之间的联系，事物的相互联系与相互区别是互为前提的。任何事物都有它不同于其他事物的特殊本质，都有相对独立性，因而是与其他事物相区别的。同时，任何事物都不是孤立存在的，总是同其他事物联系在一起的。事物之间既相互区别又相互联系，这是事物的本来面貌。如果只见区别不见联系，就会把本来有联系的事物孤立起来，孤立地看世界，这是形而上学的观点。瑞典生物分类学家林奈在生物分类上做出了很大贡献，但他只看到各生物物种的区别，看不到各物种之间的联系，结果得出了上帝创造多少物种世界上就有多少物种的错误结论。与林奈相

① ［德］恩格斯：《反杜林论》，《马克思恩格斯选集》第3卷，人民出版社，1995年，第359页。

反，达尔文通过文昌鱼看到无脊椎动物与脊椎动物之间的联系，通过总鳍鱼看到鱼类与两栖类之间的联系，通过始祖鸟看到爬行类与鸟类之间的联系，等等，创立了生物进化论。当然，如果只见联系不见区别，就会抹杀事物之间质的界限，把世界看成不分彼此的混沌状态，这是相对主义的观点。中国古代思想家庄子所说“是亦彼也，彼亦是也”就是一种相对主义的观点。这种观点不可能正确说明事物之间的联系。因此，形而上学和相对主义都是错误的。

事物之间的联系是客观的。联系的客观性是指联系是客观事物本身所固有的，是不以人的主观意志为转移的。不仅自然界事物之间的联系是客观的，人类实践活动创造的社会生活各个领域之间、各种事物之间的联系也是客观的，因为只有客观的联系才是真实的联系。

坚持联系的客观性，就要反对那种只承认主观联系而否认客观联系的唯心主义观点。如德国哲学家康德认为，外部世界是杂乱无章的，是人的感性直观形式给外部世界以时间和空间的联系。英国哲学家罗素等人的新实在论认为，事物是彼此独立的，只是人借助于逻辑思维才把它们联系起来。这种观点是错误的。事物之间本来就存在着各种各样的联系，这些联系并不是人们臆想出来强加于它们的。我们在思想中把事物联系起来，这只是我们对于事物之间客观联系的反映。如果只凭主观意愿，把鞋刷子与哺乳动物联系在一起，鞋刷子也绝不会长出乳腺来。坚持联系的客观性，就要反对用主观臆想的联系代替客观的真实联系，坚持从实际出发，如实地反映事物之间的各种联系。辩证法是建立在唯物主义基础之上的。坚持联系的客观性就是在联系的观点上坚持了唯物主义和辩证法的统一。

联系是普遍的。联系的普遍性是指，世界上的任何事物都不能孤立地存在，都与周围的其他事物联系着；每一事物内部的各个要素也不能孤立地存在，都与其他要素联系着；整个世界是一个万事万物相互联系的统一整体，而不是各种孤立的事物的机械堆积、凑合。在自然界中，从宏观世界的星系到微观世界的基本粒子，从无机界到有机界，无不处在普遍联系之中。在人类社会中，从物质生活到政治生活、精神生活的各个领域、各个方面、各种现象都是紧密地联系在一起的。

联系的客观性和普遍性要求我们用联系的观点看世界。在了解个别事物时，要注意把握它与周围有关事物的相互影响和相互作用。在分析事物的某一要素时，要注意把握它与其他要素的相互影响和相互制约，不要孤立地看问题，只见树木，不见森林，只见部分，不见整体。

二、联系的多样性

事物的联系是普遍的，又是复杂多样的。大体来说，有内部联系和外部联系、本质联系和非本质联系、必然联系和偶然联系、主要联系和次要联系、直接联系和间接联系等。不同的联系对事物的存在和发展所起的作用是各不相同的。内部的、本质的、必然的和主要的联系决定事物的根本性质及其发展的基本趋势，对事物的存在和发展具有决定性的作用；外部的、非本质的、偶然的和次要的联系只能在一定程度上影响事物发展的进程。我们必须对事物多种多样的复杂联系进行具体分析，抓住那些内部的、本质的、必然的和主要的联系，从而深刻地认识事物和有效地改造事物。

把握联系的复杂多样性，还要特别注意避免只看到直接联系而忽视间接联系的片面性观点。间接联系就是经过中间环节的联系。联系的中间环节就是中介。世界万物正是通过一系列中介普遍联系在一起的。中介具有之间性、沟通性和过渡性，使一事物和其他事物联系起来。列宁说："一切事物都是经过中介，连成一体，通过过渡而联系的。"①这表明，每一事物都是作为个体事物而存在的，它经过一系列中介又与其他事物联系在一起，同时它又成为其他事物之间联系的中介。看不到联系的中介就无法理解联系的普遍性，而且还会忽视间接联系，使人们在认识上陷入片面性和表面性，并在实践中遭受挫折。

人们为了追求眼前的经济利益，从事的一些破坏生态环境的活动，就是因为只看到直接联系，忽视了间接联系。例如，1958 年，我们只看到麻雀吃粮食，没有看到麻雀大量捕食害虫而保护庄稼和树木，于是大规模地捕杀麻雀，造成一些地方虫灾泛滥。人们为了获得经济利益，掠夺性地滥挖草原上的甘草，结果造成植被被破坏，土地荒漠化，一遇到大风，沙尘暴就铺天盖地而至。人们为了获得经济利益，或为了保护自己的家禽家畜，大量捕杀蛇、鹰、黄鼠狼等，这些动物被消灭殆尽，结果鼠患成灾。这种只见直接联系不见间接联系的急功近利的狭隘功利主义给人类带来了巨大的灾难，应当引起我们的警觉。

把握联系的复杂多样性是与把握条件的复杂多样性紧密相关的。条件是指与某一事物相关联的、对它的存在和发展发生作用的诸要素的总和。每一事物的存在和发展都依赖周围的其他事物，这些事物就是这一事物存在和发展的条件。

马克思主义哲学在条件问题上坚持唯物主义和辩证法的统一。在条件问题上坚持唯物主义，就是承认条件的客观性，承认人的一切活动都是受各种条件制约的。任何事物只有在一定条件下才能产生、存在和发展，也只有在一定条

① ［苏］列宁：《黑格尔〈逻辑学〉一书摘要》，《列宁全集》第 55 卷，人民出版社，1990 年，第 85 页。

件下才会灭亡。因此，条件是十分重要的。我们必须承认条件，一切以时间、地点、条件为转移。这里的时间、地点也是条件，是事物存在和发展的时间条件和空间条件。我们要做那种具备了一定条件、经过努力可以成功的事情，而不要想入非非，去做那些不具备条件、经过努力也不可能成功的事情。在条件问题上坚持辩证法，就是承认条件的复杂性和可变性。条件是复杂多样的，有必要条件和非必要条件、有利条件和不利条件、客观条件和主观条件。不要把条件简单化，要全面地、具体地分析各种不同的条件。条件也是可变的。客观条件本身会随着时间的推移、情况的变化而变化，有些条件消失了，有些条件出现了。人们经过主观努力，可以变不利条件为无害条件或有利条件，创造出原来不具备的条件。人类的历史就是不断为自己创造新的生存和发展条件的历史。所以，当人们处于不利条件时，不应当灰心丧气，畏缩不前；当必要条件尚不具备时，也不应当消极等待，而应当发挥主观能动性，去改变不利条件，创造必要的有利条件，实现自己的目标。唯物辩证法承认条件的可变性，但并不认为人们可以随心所欲地改变和创造条件。改变和创造条件必须遵循事物本身发展变化的规律，并且也要依赖一定的条件。

三、世界的普遍联系与系统

科学的发展不断地证实和丰富唯物辩证法的普遍联系的观点。现代科学的发展出现了整体化的趋势，这说明人类对客观世界普遍联系的认识越来越深刻和具体。尤其是现代系统论，对于深化辩证法普遍联系的观点具有十分重要的意义。

系统的观念在古代就产生了。古希腊的亚里士多德就提出了“整体大于部分的总和”这一系统论的基本命题。中国战国时期李冰父子修建的都江堰水利工程就是应用系统方法的结果。古代萌芽的系统观念在近代特别是现代趋于成熟，诸如康德、黑格尔等哲学家都为之做出了贡献。马克思虽未专门研究过系统理论，但是他研究了世界上最复杂的系统——人类社会。一些西方学者认为，马克思第一次将系统方法应用于社会历史研究，是“社会科学中现代系统方法的始祖”[①]。20 世纪 30 年代，美籍奥地利生物学家贝塔朗菲在现代科学的基础上提出了一般系统论。贝塔朗菲曾强调指出，在系统论的创立过程中，马克思和黑格尔的辩证法起过重大的作用。

所谓系统，是指相互联系的若干要素按照一定方式组成的统一整体。有人把系统规定为“有组织的和被组织化的全体”，或“以规则的相互作用又相互依

① D. 麦奎里：《马克思和现代系统论》，《国外社会科学》，1979 年第 6 期。

存的形式结合着的对象的集合”，就是这个意思。系统的规模大小是不同的，并且是有层次的。大至宇宙太空，有总星系、银河系、太阳系等不同的系统；小至微观世界，有原子核和电子组成的原子系统，原子核又是由中子和质子组成的系统。生物界是一个系统。在生物界这个大系统中，又有许许多多门类种属，它们是生物大系统中的各个子系统。每个生物有机体都是一个系统，每一个单细胞生物也是一个系统，它是由细胞核、细胞质、细胞膜等组成的系统。人类社会是一个复杂的大系统，其中又有生产系统、政法系统、文教系统、财贸系统等子系统。

系统具有以下主要特征：第一，整体性。这是系统的最本质的特性。整体性是指，系统作为整体，具有它的各个要素都不单独具有的性质和功能。也就是说，系统的性质和功能不是各个要素的性质和功能的简单相加，也不能把系统的性质和功能还原为各个要素的性质和功能。系统中的各个要素是作为相互联系的整体而起作用的。如人体的各个器官都不能单独对外部刺激做出反应，只有各个器官联系为一个有机整体的人，才能对外部刺激做出适当的反应。第二，是层次性。层次性是指系统中包含的有差别的等级。系统由要素组成，要素是系统以下的第一层次，就是子系统。在更小的范围内，要素又自成系统，包含着更小的系统。系统的层次具有无限性，每一层次就是由若干小系统组成的层面系统，这些层面系统相互制约，相互作用，形成多维立体的层次网络。不同层次的系统既有其运动的共同规律，也有各自运动的特殊规律。第三，结构性。系统的结构是由构成该系统的各要素按照一定的秩序、方式或比例组合而成的，是各要素之间比较稳定的结合方式。任何系统都有自身的结构，结构是系统存在和发展的必要条件，蕴含并规定着系统的性质和功能。结构稳定，系统就相对稳定；结构变化，系统的性质和功能就发生相应变化。结构合理会促使系统的发展；结构不合理则阻碍系统的发展。因此，要促使系统发展，就要不断调整、完善和优化系统的结构。第四，开放性。系统的开放性是指系统与周围环境相互联系和相互作用，进行物质、能量和信息的交换的状态。任何系统都必然地要与其他系统相互联系，成为开放性系统，这是系统存在和发展不可缺少的外部条件。

基于系统的以上特点，形成了系统的方法。整体性原则是系统方法的基本出发点，最优化是系统方法的目的。系统方法就是对系统的各要素及其相互关系进行综合考察，并在动态中协调各要素之间的关系，使要素的功能和目标服从系统整体的最优目标。

系统论的观点深化了辩证法关于整体与部分关系的观点。整体与部分的关系是：第一，整体和部分相互依存。一方面，整体是由部分组成的，离开部分就不存在整体。没有人的各种器官就没有人；没有一个个的人，也就没有人类整体。另一方面，部分离不开整体，离开整体的部分就失去原来的意义。黑格尔说："割下来的手就失去了它的独立的存在，就不像原来长在身体上时那样，它的灵活性、运动、形状、颜色等等都改变了，而且它就腐烂起来了，丧失它的整个存在了。只有作为有机体的一部分，手才能获得它的地位。"[①]人是社会整体的一部分，人离开了社会就不成其为人了。第二，整体不是各个部分的简单相加，而是按照一定联系或关系结合在一起的，整体不等于部分的总和，优化的系统整体大于部分的总和。第三，整体和部分相互作用。一方面，整体对部分起支配、决定作用，协调各部分朝着统一的方向发展。另一方面，各个部分也有其相对的独立性，反作用于整体，部分的变化也会影响整体的变化。

正确处理整体与部分的关系，就必须在分析和解决问题时着眼于整体，要求局部服从整体，反对片面强调局部、以局部利益损害整体利益的分散主义和个体主义。同时还要考虑和照顾到局部，承认局部的相对独立性和一定的重要作用，反对片面强调整体利益，抹杀局部利益的绝对的整体主义。在社会主义现代化建设中，我们只有把整体利益与局部利益结合起来，立足整体，统筹兼顾，才能使社会主义现代化建设不断取得胜利。

系统论证实和丰富了唯物辩证法关于普遍联系的原理，但它不能代替普遍联系的原理。一是因为系统论虽然具有跨学科的性质，但并不是哲学的世界观和方法论，而是属于具体科学。二是因为系统论只是深入研究了各种复杂联系中的一大类联系——系统整体与其各个部分的联系，世界并不是所有联系都是系统联系。系统论不能取代辩证法，辩证法也不能取代系统论。我们应当把两者联系起来，使它们相互补充、相互促进、共同发展。

第二节　物质世界的永恒发展

一、世界处于永恒发展之中

事物的联系与事物的发展不可分割。事物之间及其内部诸要素之间相互影响、相互制约和相互作用的关系中，必然出现影响和反影响、制约和反制约、作用和反作用等不同的运动状态。有运动就有变化，有变化就有发展。因此，事物的普遍联系构成运动、变化和发展。正如恩格斯所说："这些物体处于某种联系之中，这就包含了这样的意思：它们是相互作用着的，而这种相互作用就

① ［德］黑格尔：《美学》第1卷，商务印书馆，1981年，第156页。

是运动。”[①]事物内部诸要素之间的相互联系构成事物运动、变化和发展的内部动因，事物之间的相互联系构成事物运动、变化和发展的外部原因。事物的相互联系构成运动、变化和发展，有两层含义：一是说任何运动都存在于事物的相互联系、相互作用之中，事物的相互联系是构成运动的真正原因，离开事物的相互联系、相互作用，就无从考察事物的运动、变化和发展，当然也更谈不上把握其实质；二是说任何相互联系、相互作用本身的现实表现就是一个运动过程。把普遍联系与运动、变化和发展结合起来，体现了唯物辩证法的全面性特点。

需要说明的是，唯物辩证法中的运动、变化和发展三个范畴，含义相近，但有所区别。“运动”侧重于表述物质的固有属性和存在方式，它包括宇宙中发生的一切变化和过程，从事物的位移到性质的变化，外延最为宽泛；“变化”侧重于强调事物内部和外部联系的演变，事物状态的改变即一事物成为他事物；发展则在运动、变化的基础上，进一步揭示物质世界运动变化过程中前进上升的整体趋势和总的方向，它强调的是由简单到复杂的显著运动，由旧质到新质的飞跃，是新事物的产生和旧事物的灭亡。

中国传统哲学中充满着丰富的朴素的发展观。古老的《易经》中按照“龙”所处地位的不同，生动地描述出由低到高的发展变化过程。老子面对剧烈的社会变动提出“反者道之动”的观点。一切事物都要向它的反面变化：“祸兮福所倚，福兮祸所伏……正复为奇，善复为妖。”[②]他看到了人的贵贱、祸福、奇妖的相互依存和相互渗透中相互转化的变化发展趋势。《易传》直接把“易”解释为“变”，认为“日新之谓盛德，生生之谓易”，“易，穷则变，变则通，通则久”，揭示出事物不断发生、不断日新，易到尽头就要变化，变化了就通畅，通畅了才能长久保持的道理。北宋张载在气是万物本原思想的基础上，认为气是经常运动和永恒变化的，运动变化正是气的本性。他还进一步揭示变化的两种形式：一种是显著的变化，另一种是逐渐的变化，这两种变化形式是相互转化的。

明末清初的王夫之全面地总结和弘扬了古代朴素发展观。他指出：“太极动而生阳，动之动也；静而生阴，动之静也。”“天地之德不易，而天地之化日新。”运动是永恒的，静止只是运动过程中的一种状态。广大的自然充满不息不滞的运动，天地万物时刻都处在变化更新之中。他还试图从对立面的相互作用来揭示事物变化发展的原因，认为单纯的阴或单纯的阳就没有变化，变化的根源在于对立面相互推移，相互摩荡，指出：“易者，互相推移以摩荡之谓。”中

① ［德］恩格斯：《自然辩证法》，《马克思恩格斯选集》第4卷，人民出版社，1995年，第347页。

② 《老子·五十八章》。

国哲学史上还有其他许多关于运动、变化和发展的观念，为我们今天坚持辩证唯物主义发展观提供可资借鉴的丰富的思想资料。

发展的观点是唯物辩证法的又一个基本观点，必须坚持唯物辩证法的发展的观点，用发展的观点来看问题。首先，我们要高度重视坚持发展观点的重要性。只有坚持发展的观点，才能防止思想僵化，才能开拓进取，不断创新。只有运用发展的观点分析问题，才能指导我们搞好各项工作，加快我国的社会主义现代化建设。发展是硬道理，发展是中国共产党执政兴国的第一要务，体现党的先进性和社会主义制度的优越性要靠发展，解决社会主义社会的主要矛盾，推动中国社会前进要靠发展，解决当今中国的所有问题，关键在于发展。其次，我们要学会把事物当作一个发展过程来考察，不仅要研究事物的现状，还要了解它的过去，预测它的未来，要使自己的思想和行动符合事物的客观发展过程，做到与时俱进。

二、新事物的产生和旧事物的灭亡是发展的实质

辩证的发展是一个过程，世界是种种过程的集合体。所谓过程，是指事物发展在时间上的持续性和空间上的伸展性。每一事物的存在本身就是一个特定的运动过程，都经历一定时间并占有一定空间，而且每一事物都有它生成和灭亡的过程，可以说，任何事物的存在发展都是一个过程，整个世界的发展就是各种过程的集合体。

整个世界的发展过程是有限性与无限性的统一：就每一具体事物而言，它们的发展过程是有始有终的，整个世界的发展过程却是无始无终的。整个世界的发展过程又是稳定性与变动性的统一：在某一具体过程尚未结束时，事物保持质的稳定性，呈现出相对静止状态；该过程向另一过程过渡时，则呈现出显著变动状态，事物发生质的根本改变。稳定是相对的，变动是绝对的。整个世界的发展过程也是阶段性与连续性的统一：过程的不同阶段，事物发展的内容相互区别，但又相互联结，使事物发展一个阶段接着一个阶段，一个过程接着一个过程，如此循环往复，构成整个世界连续不断的无限发展。辩证的发展，就是在有限中展示其无限性，在稳定性中显示其变动性，在阶段性中呈现其连续性的过程。

辩证的发展是一个前进上升的过程。事物变化的方向可以是多向度的，如单一水平方向、下降倒退方向、前进上升方向等。辩证的发展不是单一水平方向的变化，而是由低级到高级、由无序到有序、由简单到复杂的前进上升的变化。在事物前进上升的历程中，可能有时出现单一水平的变化，也可能出现暂时的倒退或下降，但主流和本质是前进的、上升的。总体上的前进和上升往往

以暂时的、局部的下降甚至后退作为自己的基础。没有单一水平的、下降的方向的运动，也就不可能有前进的、上升的运动。整个世界辩证发展的基本趋势和总的方向是前进的、上升的。

辩证的发展是量变基础上的质变，是旧质向新质的飞跃，是新旧事物的不断更替。辩证发展的实质是新事物的不断产生和旧事物的不断灭亡，即新陈代谢。在认识和实践中，辩证的发展就是要不断地解放思想，冲破旧观念的束缚，提出新思路、新办法、新方案，实现观念创新；就是要在实践中创造新事物，促使新陈代谢，实现实践创新。创新就是实现新陈代谢，就是发展。

新生事物是指合乎历史发展方向的具有远大前途的事物，旧事物是指违背历史发展规律的逐渐丧失其存在必然性的事物。划分新旧事物，不能以事物出现的时间先后顺序为依据，不能以形式上是否新奇为依据，也不能以事物一时的力量强弱和是否完善为依据，更不能靠人们主观上的任意判断。区别新旧事物的根本标志在于：它们是否与历史发展的必然趋势相符合，符合历史发展趋势的就是新事物，违背历史发展趋势的就是旧事物。

唯物辩证法认为，新事物必然战胜旧事物。首先，新事物是旧事物本身包含的否定性因素，是在旧事物内部孕育成熟的促使旧事物灭亡的因素，是旧事物自身无法消除的异己力量。具有否定性、批判性的新事物一定能战胜具有肯定性、保守性的旧事物，这是事物自我否定和自我发展的辩证本性，是事物发展的必然趋势。其次，新事物的本质特点决定了新事物必然战胜旧事物，新事物在旧事物的基础上产生，它否定了旧事物中消极的、过时的东西，同时吸收旧事物中尚有积极意义的、合理的因素，还增添了许多旧事物不可能容纳的新因素，在内容上比旧事物更丰富，在形式上比旧事物更高级，在本质上比旧事物更优越、更有力量，因此，新事物必然战胜旧事物。再次，新事物代表事物的发展方向，有着自己生存和发展的根据，能够适应当前和未来的条件与环境，符合事物发展的规律，符合广大人民群众的利益、愿望和要求，能够得到广大人民群众的拥护和支持，具有强大的生命力和远大的发展前途，所以新事物一定能够战胜旧事物。

新事物战胜旧事物是一个艰难曲折的过程。新事物在开始出现时总是比较弱小的，难免有这样那样的缺点，有不完善之处，必须经历一个由小到大、由弱到强、由不完善到比较完善的过程，这个过程不可能一蹴而就，中间难免出现曲折。旧事物在一段时期内比较强大，它不会自动退出历史舞台，总是千方百计地阻挠新事物的成长，甚至扼杀新事物，这就使新事物的成长及最终战胜旧事物必须经过艰难曲折。特别是在社会历史领域，新事物被人们普遍认识和接受，需要一个过程。人们尚未认识和接受新事物时，必然会给新事物的成长造成人为的障碍，导致新事物在成长过程中会遭遇曲折。在社会主义现代化建设过程中，我们要用长远的发展的眼光，从主流和本质上看待新事物，要以解放思想、实事求是、与时俱进的科学精神，开拓进取，不断创新，积极培育和扶植新事物，促进新事物的成长和发展。

三、联系和发展的规律性

物质世界的普遍联系和永恒发展具有自身的客观规律。

规律是事物发展过程中本身固有的本质的必然的联系，是事物运动发展的必然趋势和基本秩序。事物的联系多种多样，并非所有的联系都能称为规律，只有那些本质联系才称得上规律。规律和本质是同等程度的范畴，是本质的关系或本质之间的关系。事物内部各要素之间体现事物根本性质的那些联系，是本质联系，是事物发展的规律。同时，规律和必然性也是同等程度的范畴，它代表事物必定如此、确定不移的必然趋势。规律作为本质的必然的联系，构成事物运动、变化和发展的基本秩序，是比联系和发展更为深刻的规定性。

规律具有自身的一系列特点。第一，规律具有客观性，客观性是规律的最根本的特点。规律的客观性是指规律是客观事物本身固有的，不以人的意志为转移的，不管人们是否认识它，它都存在着并起作用。人们不能改变规律，不能创造或消灭规律，也不能违背规律，只能认识和利用规律。一般来说，人们的行为遵循了客观规律，就能达到预期目的，取得实践的成功；反之，违背规律必然会遭到规律的惩罚。第二，规律具有稳定性和重复性。规律是一种稳定性的本质联系，只要事物的根本性质没有改变，只要具备一定的条件，规律就会重复起作用，某种合乎规律的现象就会重复出现。第三，规律具有一定的普遍性。规律的稳定性和重复性表明规律具有在一定范围内的普遍性。

同时，规律具有不同的层次和类型，不同的事物有不同的规律，共同的事物有共同的规律。规律及其载体按层次的不同，可分为三种类型：一是具体事物包含的个别规律，如生物个体的生长发育规律；二是某一领域的事物包含的特殊规律，如化学运动领域内元素的化合与分解的规律，整个世界可划分为自然界、人类社会和人的思维三大领域，这三大领域分别包含自然规律、社会规律和思维规律三种特殊规律；三是整个世界一切事物、现象和过程共有的规律，即一般规律或普遍规律，它存在于一切事物产生、发展、灭亡的过程之中，如唯物辩证法的基本规律。具体事物的个别规律，以及某一领域的特殊规律是各门具体科学研究的对象；各种具体事物之间交叉起作用的规律，各个领域间的边缘性规律，是交叉科学、边缘科学和综合性科学研究的对象；整个世界发展的普遍规律是哲学的研究对象。

第三节　唯物辩证法是关于普遍联系和永恒发展的学说

一、两种根本对立的发展观

哲学既要回答世界的本质是什么，又要回答世界的状况怎么样。关于世界状况怎么样的观点，通常在哲学上称为发展观。在人类认识史上存在着辩证法和形而上学两种根本对立的发展观。辩证法一词源于古希腊的“对话”“论战”，它的字面含义是进行谈话和辩论的艺术，原指在辩论中用来揭露对方的矛盾并克服矛盾的方法，后来，人们运用这种方法研究世界发展的一般规律，揭示世界的矛盾运动，成为认识世界的辩证方法。马克思主义哲学的辩证法是唯物辩证法，它是用联系的观点和发展的观点看待世界的发展观。

形而上学也是一个古老的哲学名称。其字面意思是“物理学之后”，通常被理解为研究超经验东西的学问，后来黑格尔用它专指“并非辩证的思维方法”。形而上学是用孤立的观点和静止的观点看待世界的发展观。

唯物辩证法和形而上学两种发展观的对立主要表现在以下三方面：

第一，辩证法用联系的观点看世界，形而上学则用孤立的观点看世界。唯物辩证法把整个世界看成一个相互联系、相互作用、相互制约的统一整体，认为世界上的一切事物都是相互依赖、相互制约的，没有脱离其他事物或现象而孤立存在的事物现象。在认识和实践中按照一定需要把个别事物从普遍联系中抽取出来，分别进行单独的研究，是完全必要的。但是，唯物辩证法强调在研究个别事物时，一定要将该事物放在总体的联系中进行考察，一切以该事物所处的时间、地点、条件为转移，必须注意该事物与整体的关系的研究，从整体中去考察个别事物，而且还要注意研究个别事物本身先后演变转化的纵向联系。这就要求用联系的观点全面看问题。

与此相反，形而上学认为世界上的一切事物或现象都是彼此隔离，互不相干的，任何事物的性质和状况都不受周围环境和条件的制约。形而上学习惯于把事物或现象看成一个个单独而孤立存在的个体，脱离特定的历史条件和周围环境去考察事物现象，结果只能是“只见树木，不见森林”，过分夸大此与彼的界限，陷入“非此即彼”，看不到亦此亦彼和此与彼的相互过渡，实际上是用孤立的观点片面地看问题。

第二，辩证法用发展变化的观点看世界，形而上学用静止不变的观点看世界。唯物辩证法认为，世界上没有一成不变的东西，任何事物都经历发生、发展和灭亡的过程，事物的发展不只是数量的增减和场所的变更，不只是简单的循环和机械的循环，而是不断地由简单到复杂、由低级到高级的前进上升的运动过程，是量变基础上的质变，是旧质向新质的飞跃，是新陈代谢。因此，唯物辩证法主张用发展的观点看待一切。与此相反，形而上学认为自然界的事物、社会现象和人的思维都是静止不动的，如果说有变化，也只是场所的变更、数量的增减等量的变化，没有质的飞跃，事物永远是事物本身，不会转化为他物。因此，形而上学习惯于用静止不变的观点看问题。

第三，辩证法主张矛盾是事物发展的动力，形而上学否认矛盾的存在。唯物辩证法认为一切事物内部都存在着矛盾，事物之间也存在着矛盾。矛盾双方既对立又统一，不断推动事物的变化发展，矛盾是事物发展的动力。因此，唯物辩证法主张用矛盾的观点看问题。形而上学根本否认矛盾的存在，认为事物位置的移动或数量的增减只是外力作用的结果。形而上学试图用外力的作用解释一切，片面夸大外力的作用，决定了它不可能看到事物的联系和发展，不可能看到事物质的飞跃，不可能看到新事物的产生和旧事物的灭亡。是否承认矛盾是事物发展的动力是辩证法与形而上学的根本对立。

辩证法学说的历史发展经历了三种基本形态：古代朴素辩证法、近代唯心主义辩证法和现代唯物主义辩证法。古希腊的赫拉克利特就提出“世界是一团永恒燃烧着的活火”的著名辩证法命题。中国古代的《易经》看到了宇宙万物是相互依存和变化发展的状况，并以爻辞的形式阐述这一思想。老子的《道德经》以“道”为核心，生动地展示了宇宙万物变化发展的图景。古代朴素辩证法从生活和经验中看到了世界运动、变化和发展的状况，看到了事物的普遍联系，但缺乏科学依据，带有直观性、猜测性和朴素性。近代唯心主义辩证法的著名代表是德国的黑格尔。黑格尔以“绝对精神”为核心，从唯心主义的角度全面地揭示了世界的普遍联系和永恒发展，阐述了世界联系与发展的一系列规律和一系列范畴的重要内容。现代唯物主义辩证法是由马克思和恩格斯创立的，它批判地继承了人类认识史上发展观的杰出成就，特别是批判和抛弃了黑格尔辩证法学说中的唯心主义，将辩证法建立在唯物主义的基础之上，并将二者有机结合起来，使之成为真正科学的发展观。

二、唯物辩证法的科学体系及其核心

唯物辩证法通过一系列基本范畴和基本规律从诸多方面揭示事物的联系和发展。从理论形态来看，唯物辩证法就是一系列基本规律和基本范畴的科学体系。

范畴是最基本的概念，是人们对客观事物共同本质的概括和反映。每门具体科学都有自己特有的一整套范畴，如数学中有正数和负数、奇数和偶数、整数和分数、微分和积分等，化学中有元素、分子、原子、化合、分解等，经济学中有商品、市场、价值、价格、利润等。各门具体科学的范畴只适用于本学科的研究领域，适用面较窄。哲学范畴是对整个世界普遍本质的概括和反映，概括程度最高，普遍适用于各个领域，如物质、意识、时间、空间等，就是对世界普遍本质的概括和反映，适用于自然界、社会和思维等一切领域。唯物辩证法的范畴是对整个世界普遍的辩证关系的概括和反映，是辩证思维的逻辑形式，如对立和统一、量变和质变、肯定和否定、原因和结果、必然性和偶然性、形式和内容等。

范畴和规律既相区别又紧密联系。范畴和规律的区别主要在于：范畴是最基本的概念，反映的是事物的本质，是思维的细胞；规律通过判断的形式表现出来，反映的是事物的本质关系和必然关系，是思维的细胞的展开。二者的联系主要在于：范畴蕴含着规律的因素和成分，是规律的组成部分；规律要通过范畴来表达，规律体现范畴与范畴之间的本质的必然的联系，是范畴内在矛盾的展开，是范畴内涵的深化和发展；规律离不开范畴，包含范畴，而范畴有待展开为规律。二者相互依赖、相互制约、相互渗透，分别从不同的角度反映世界联系与发展的基本状况。

唯物辩证法的科学体系主要由两个基本观点、三条基本规律和若干对基本范畴构成。前面已经介绍过的普遍联系的观点和永恒发展的观点就是唯物辩证法的基本观点。唯物辩证法的基本规律包括对立统一规律、质量互变规律和否定之否定规律。唯物辩证法的基本范畴主要有原因和结果、必然性和偶然性、可能性和现实性、内容和形式、现象和本质、系统和要素、结构和功能等。

唯物辩证法的三条基本规律分别揭示世界发展的源泉和动力、形式和状态、方向和道路。对立统一规律着重揭示事物内部矛盾双方的统一和斗争是事物普遍联系的根本内容，是事物运动、变化、发展的源泉和内在动力，这一规律是唯物辩证法最根本的规律。质量互变规律揭示出一切事物变化发展过程中的两种最基本的形式——量变和质变及其辩证关系，这一规律表明事物的发展是由量变到质变，又从质变到新的量变的无限过程，呈现出连续性与间断性的统一。否定之否定规律揭示事物的发展是由肯定到否定，再到否定之否定的无限过程，这一规律表明事物发展的总方向、总趋势是前进的、上升的，发展的道路又是曲折的，发展是前进性与曲折性的统一。在世界普遍联系和永恒发展的规律中，这三条规律是普遍起作用的基本规律。

唯物辩证法的基本范畴分别从不同的侧面揭示整个世界普遍联系和永恒发展的辩证状况。原因和结果从先后相继、彼此制约的角度揭示联系与发展的辩证状况。必然性和偶然性从两种不同趋势及其关系的角度揭示联系和发展的辩证状况。可能性和现实性揭示可能的事物与现实的事物的本质联系和转化过程。内容和形式揭示事物内在要素及其结合方式之间的辩证关系。现象和本质揭示事物的内在本质和外在表现的辩证联系。系统和要素从整体与部分的相互关系的角度考察事物的联系与发展。结构与功能揭示事物内部的构成方式和事物同环境相互作用的动态过程，要求从结构和功能的相互关系考察事物。此外，唯物辩证法还有其他一些范畴，如有限与无限、普遍与特殊、一般与个别、共性与个性、绝对与相对等。

在唯物辩证法的一系列基本规律和基本范畴中，对立统一规律处于核心地位。列宁曾经指出："统一物之分为两个部分以及对它的矛盾着的部分的认识……是辩证法的实质。"[①]他还指出："可以把辩证法简要地规定为关于对立面的统一的学说。这样就会抓住辩证法的核心，可是这需要说明和发挥。"[②]对立统一规律之所以是唯物辩证法的实质和核心，是因为：

第一，对立统一规律的内容是关于普遍联系的根本内容和变化发展的动力与源泉。联系是多种多样的，其中，事物之间及事物内部既对立又统一的联系即矛盾联系是最根本的联系，它决定和影响事物的其他联系，规定和体现事物的根本性质和发展的基本方向，是联系的根本内容和本质所在。事物内部既对立又统一的矛盾联系构成事物运动、变化和发展的内在动力，是事物发展的根据与源泉，事物之间的矛盾联系是事物发展的外部原因与条件，事物的内部矛盾与外部矛盾相结合，推动事物的变化发展。因此，只有把握了对立统一规律，才能从复杂的联系中抓住事物的本质，才能理解事物发展的动因，才能真正懂得唯物辩证法的发展观。

第二，对立统一规律是贯穿唯物辩证法其他规律和范畴的中心线索。其他规律和范畴都是从不同侧面具体展开对立统一规律的，其他规律及成对范畴的辩证关系中都渗透着既对立又统一的关系，如质量互变规律中的质与量、质变与量变之间的对立统一关系，否定之否定规律中肯定与否定、前进性与曲折性之间的对立统一关系，其他每一对基本范畴之间的核心关系也都是既对立又统一的矛盾关系。因此，对立统一规律是理解唯物辩证法其他规律和范畴的钥匙。

第三，对立统一规律为人们认识和实践活动提供最根本的方法，为人们认识事物、处理问题提供最根本的方法，即矛盾分析法。一切事物都包含矛盾，没有矛盾就没有世界，认识事物就是分析矛盾，处理问题就是解决矛盾。掌握

① ［苏］列宁：《谈谈辩证法问题》，《列宁选集》第 2 卷，人民出版社，1995 年，第 556 页。

② ［苏］列宁：《辩证法的要素》，《列宁选集》第 2 卷，人民出版社，1995 年，第 412 页。

了对立统一规律也就掌握了认识和实践最根本的科学方法。

第四，是否承认对立统一规律是唯物辩证法与形而上学斗争的焦点。形而上学否认事物的矛盾及其在事物发展过程中的作用；唯物辩证法坚持矛盾的观点，认为一切事物都包含着矛盾，矛盾是事物发展的源泉和动力。这一分歧规定和制约着其他分歧，成为两种发展观的根本分歧。由此也可以看出对立统一规律在唯物辩证法中的核心地位。

需要注意的是，对立统一规律尽管是唯物辩证法科学体系的核心，但不是唯物辩证法的全部。不能把内容极其丰富的唯物辩证法学说仅仅归结为对立统一规律，唯物辩证法的其他规律或范畴各自都有对立统一规律无法代替的独特内容。突出对立统一规律的实质和核心的地位，绝不是用它去包括或代替一切，恰恰是为了完整准确地把握唯物辩证法的科学体系。

第四章 联系和发展的基本规律与基本环节

唯物辩证法的理论体系包括有关世界联系和发展的极其丰富的内容，具体表现为联系和发展的一系列基本规律和基本环节。唯物辩证法的基本规律和基本范畴是事物本身固有的，是客观的，而且在包括自然、社会和思维的整个世界具有普遍意义。学习与掌握联系和发展的基本规律与基本环节，有助于我们掌握科学的思维方法，从根本上提高我们的认识和实践水平。

第一节 对立统一规律

一、矛盾及其基本属性

对立统一规律又叫矛盾规律。其基本内容是：任何事物都包含着矛盾，矛盾双方既统一又斗争，由此推动事物运动发展。

矛盾是指事物内部两方面之间既对立又统一的关系，也就是事物内部两方面之间既相互排斥又相互联系的关系。简言之，矛盾就是对立统一。正确理解矛盾的含义，就必须把辩证矛盾与逻辑矛盾严格区别开来。逻辑矛盾是指思维中前后不一致，自相冲突。它是主观的，是人的思维违反逻辑规则造成的，是应当从思维中加以排除的。辩证矛盾是对立统一关系，它是客观的、普遍的，是不能否认和排除的。辩证矛盾与逻辑矛盾是不同的，如果把二者混淆起来，就会导致否认辩证矛盾。例如，杜林曾说过："在事物中没有任何矛盾，或者换句话说，真实地产生的矛盾甚至是背理的顶点。"在杜林看来，只有在主观上发生错误即"背理"时才有矛盾，客观事物本身没有矛盾。这种观点是错误的。

同一性和斗争性是矛盾的两个基本属性。

矛盾的同一性是指矛盾双方互相联系的性质，它包括两方面的含义：第一，矛盾双方相互依存，就是矛盾双方互为存在的前提，一方的存在以另一方的存在为条件，双方共处于一个统一体中。例如，正和负、化合和分解、同化和异化、正确和错误、剥削和被剥削，双方都是依赖对方的存在而存在的。第二，矛盾双方相互贯通，是指矛盾双方存在着由此及彼的桥梁。它主要表现为以下两种情形：其一是矛盾双方相互渗透，就是矛盾双方中都包含着对方的因素。例如：生产中包含着消费，消费中包含着生产；感性认识中包含着理性认识，理性认识中包含着感性认识的因素。其二是矛盾双方向自己的对立面转化的趋势，如好事与坏事、胜利与失败、先进与落后等，无不在一定条件下相互转化。

矛盾的斗争性是指矛盾双方相互排斥、相互对立的性质。矛盾的斗争性是一个具有广泛含义的哲学范畴，具有无限多样的表现形式，既包括矛盾双方的激烈冲突，也包括矛盾双方的区别和差异。物理现象中的吸引与排斥的对立，生物体内同化与异化的区别，生物之间的弱肉强食的生存竞争，敌对阶级的阶级斗争，人民内部不同意见的争论，都是矛盾斗争性的表现。不能把矛盾的斗争性只理解为激烈的冲突和对抗。

矛盾的同一性和斗争性是既相互区别又相互联系的。

第一，同一性和斗争性是有区别的，是矛盾的两种相反的基本属性。它们在事物矛盾运动中所处的地位是不同的，矛盾的同一性是有条件的、相对的，矛盾的斗争性是无条件的、绝对的。矛盾的同一性之所以是有条件的、相对的，是因为只有在一定条件下，矛盾双方才能相互依存，共处于一个统一体中，保持质的稳定性；也只有在一定条件下，矛盾双方才能互相转化。然而，条件都是可变的，矛盾的同一性及其体现的事物的静止和稳定，也是暂时的、可变的，因而是相对的。矛盾的斗争性之所以是无条件的、绝对的，是因为无论在任何条件下矛盾双方都会有斗争。矛盾的斗争性既存在于事物的相对稳定状态中，也存在于事物的显著变动状态中。矛盾的斗争性及其体现的事物的运动变化都是无条件的、绝对的。

第二，矛盾的同一性和斗争性又是相互联结、不可分离的。一方面，同一性是包含斗争性的同一性，没有斗争性就没有同一性。矛盾双方的同一性，是包含差别和对立的具体的同一性，而不是绝对的自身等同。脱离对立的同一是绝对的同一或抽象的同一。如果事物永远与自身绝对等同，自身中不包含它的对立面，也就没有矛盾，也不会有事物的发展。这是一种形而上学观点。恩格斯指出：“旧形而上学意义上的同一律是旧的观点的基本原理：a=a，每一事物都与自身同一。一切都是永恒的，太阳系、星体、有机体都是如此。”[①]另一方面，斗争性寓于同一性之中，没有同一性也就没有斗争性。矛盾的斗争性是互相联系着的矛盾双方的差别、对立和排斥。如果两个方面毫无联系，就不能构成矛盾，双方的斗争就无从发生。脱离同一的对立就是绝对的对立。绝对对立与绝对统一一样，都是形而上学的观点。

① ［德］恩格斯：《自然辩证法》，《马克思恩格斯选集》第 4 卷，人民出版社，1995 年，第 321 页。

既然矛盾的同一性和斗争性是互相联结的，任何矛盾都是既具有同一性，又具有斗争性，失去其中任何一种属性就不成其为矛盾，那么，我们在认识和实践中，就要把矛盾的同一性与斗争性结合起来，学会在对立中把握同一，在同一中把握对立,反对只见同一不见对立或只见对立不见同一的形而上学观点。

二、矛盾是事物发展的动力

事物发展的动力是事物的内部矛盾，矛盾的同一性和斗争性在事物发展中都起着重要作用。

矛盾的同一性在事物发展中的作用主要表现在：第一，矛盾双方相互依存，使事物保持相对稳定性，为事物的存在和发展提供必要的前提。只有矛盾双方上下相互依存，共处于一个统一体中，事物才有相对稳定性，才能存在，在此基础上，事物才能发展。如果没有矛盾双方的相互依存，事物就不能存在，也就根本不可能发展。例如，在资本主义社会，无产阶级和资产阶级的根本利益是对立的，但二者也是相互依存的，如果二者之间没有相互依存，只是相互排斥，这两个阶级及资本主义社会就连一天也不能存在下去，更谈不上无产阶级力量的壮大和社会主义社会的诞生。第二，矛盾双方互相吸取有利于自身的因素而得到发展。矛盾双方是相互渗透的，矛盾双方都从对方吸收和利用有利于自身的因素，促进自身的发展，从而推动整个事物的发展。第三，矛盾的同一性规定了事物向着对立面转化的基本趋势。发展就是一物转化为他物，但这种转化不是任意的，而是向自己的对立面转化。这一转化的基本趋势是由矛盾的同一性规定的。

矛盾的斗争性在事物发展中也起着十分重要的作用。它的作用主要表现在：第一，在事物量变过程中，斗争推动矛盾双方的力量对比和相互关系发生变化，为质变做准备。在矛盾双方相互排斥、相互斗争的过程中，双方的力量此消彼长，造成矛盾双方发展的不平衡，使力量对比和相互关系发生变化，从而使事物发生量变，为质变创造条件。第二，在事物质变过程中，斗争突破事物存在的限度，促成矛盾的转化，实现事物的质变。当矛盾双方的力量消长达到某一限度时，只有通过矛盾斗争才能突破这个限度，使旧的矛盾统一体分解，新的矛盾统一体产生，才有事物的质变。在阶级社会中，只有靠革命阶级对反动统治阶级的坚决彻底的斗争，才能推翻反动阶级的统治，实现社会形态的飞跃。

矛盾的同一性和斗争性在事物发展中都具有重要作用，但都不能孤立地起作用，只有二者结合在一起才能成为事物发展的动力。毛泽东指出："有条件的相对的同一性和无条件的绝对的斗争性相结合，构成了一切事物的矛盾运动。”[①]矛盾着的对立面既统一又斗争，由此推动事物运动发展。

事物的内部矛盾是推动事物发展的动力，同时事物的外部条件对事物的发展也产生重要的影响。因此，必须正确认识事物发展的内因、外因及其相互关系。

内因是事物的内部矛盾。外因是一事物与他事物之间的相互影响和相互作用，即外部矛盾。内因与外因的关系是：第一，内因是事物发展变化的根据。事物发展的根本原因不在事物外部，而在事物内部。第二，外因是事物发展变化的条件。任何事物都不是孤立的，都与周围的事物相互影响、相互作用，外因是事物发展变化不可缺少的条件，不具备一定的外部条件，事物也不会发展变化。在一定的情况下，外因对事物的发展甚至起决定性的作用。第三，外因通过内因起作用。外因对事物发展所起作用表现在对事物内部矛盾的影响上，也就是通过使矛盾双方的状况发生变化，推动事物的发展变化。无论外因的作用多大，外因都必须通过内因起作用。

唯物辩证法关于事物发展的内因与外因辩证关系的原理是我国坚持独立自主、自力更生和对外开放方针的理论基础。我国的社会主义现代化建设，必须首先依靠本国人民独立自主、自力更生、艰苦奋斗，只有这样才能建立起繁荣昌盛的社会主义强国。中国的发展离不开世界，对外开放是建设中国特色社会主义的一项基本国策。现代的世界是开放的世界，各国的经济技术联系非常密切，在这种情况下闭关自守只能导致愚昧、落后，不可能实现现代化。邓小平指出：“现在任何国家要发达起来，闭关自守都不可能。我们吃过这个苦头，我们的老祖宗吃过这个苦头。……长期闭关自守，把中国搞得贫穷落后，愚昧无知。”[②]我国的对外开放是以独立自主、自力更生为基础的。我们必须从我国的实际出发，积极地借鉴和吸收世界各国一切文明成果为我所用，增强我国自力更生的能力，加快我国的社会主义现代化建设步伐。

三、矛盾的普遍性和特殊性

矛盾是普遍存在的。矛盾的普遍性是指，矛盾存在于一切事物的发展过程之中，存在于一切事物发展过程的始终。简言之，矛盾无处不在，无时不有。

承认矛盾的普遍性是坚持辩证法的前提。我们在任何时候，对任何事物，都要实事求是地承认矛盾、分析矛盾，并采取恰当的方法解决矛盾。我们要坚持用矛盾分析的方法去认识事物，从矛盾的两个方面看问题，即坚持“两点论”，

① 毛泽东：《矛盾论》，《毛泽东选集》第1卷，人民出版社，1991年，第333页。

② 邓小平：《在中央顾问委员会第三次全体会议上的讲话》，《邓小平文选》第3卷，人民出版社，1993年，第90页。

全面地看问题，反对形而上学的“一点论”，防止片面地看问题。

事事有矛盾，时时有矛盾，但不同事物的矛盾又各不相同。矛盾的特殊性是指具体事物的矛盾及每一矛盾的各个方面都有其特点。世界上万事万物之所以各不相同，就是由于它们包含的矛盾各有其特殊性。

矛盾特殊性的原理具有重要的实际意义。分析矛盾的特殊性，就是坚持具体问题具体分析。一方面，分析矛盾的特殊性是正确认识事物的基础。只有分析矛盾的特殊性，才能把不同事物区别开来，正确地认识事物。另一方面，分析矛盾的特殊性是正确解决矛盾的关键。不同的矛盾只能用不同的方法解决。只有具体地分析矛盾的特殊性，才能找到正确解决某一特殊矛盾的特殊方法，即“一把钥匙开一把锁”，从而取得成功。如果千篇一律地用一种方法解决各种不同矛盾，那就必然失败。因此，具体问题具体分析是马克思主义的本质和活的灵魂。

矛盾的普遍性和特殊性的关系也就是共性和个性、一般和个别的关系，它们是辩证统一的。

第一，矛盾的普遍性和特殊性是相互联结的。一方面，普遍性存在于特殊性之中，一般只能在个别中存在，只能通过个别而存在。普遍性是许许多多不同的特殊事物共同具有的，它只能存在于各种特殊事物之中，不能脱离各种特殊事物而独立存在。水果只能存在于苹果、梨、桃等之中，不存在离开苹果、梨、桃等的“水果”。另一方面，特殊性中包含着普遍性，特殊性与普遍性相联系而存在。世界上的事物无论怎样特殊，它总与同类中的其他事物有共同之处，总要服从这类事物的一般规律，不包含普遍性的特殊性也是不存在的。如果割裂了特殊性与普遍性的联系，就会导致“白马非马”的诡辩命题。

第二，矛盾的普遍性和特殊性是相互区别的。二者的区别在于，共性只是包括个性中共同的、本质的东西，个性总有许多自己独有的特点，这是共性包括不了的。例如作为共性的人，总是包括了所有具体个人的共性，而不能把每一个具体个人的特性都包括进去。列宁说：“任何一般都是个别的（一部分，或一方面，或本质）。任何一般只是大致地包括一切个别事物。任何个别都不能完全地包括在一般之中。”[①]所以，二者不能互相替代，尤其不能用普遍性代替特殊性，因为特殊事物的性质比普遍性丰富得多。

第三，矛盾的普遍性和特殊性在一定条件下可以相互转化。矛盾的特殊性和普遍性不是固定不变的。由于事物范围的极其广大和发展过程的无限性，在这个场合为普遍性的东西，在另一场合下则可能变成了特殊性，反过来也是一样。

---

① ［苏］列宁：《谈谈辩证法问题》，《列宁选集》第 2 卷，人民出版社，1995 年，第 558 页。

矛盾的普遍性和特殊性关系的问题是非常重要的问题。毛泽东把这一问题称为矛盾问题的“精髓”。他说：“这一共性个性、绝对相对的道理，是关于事物矛盾的问题的精髓，不懂得它，就等于抛弃了辩证法。”①

矛盾的普遍性和特殊性辩证统一的原理是坚持马克思主义普遍真理与中国具体实际相结合这一基本思想原则的理论基础。邓小平在党的十二大上指出：“把马克思主义的普遍真理同我国的实际结合起来，走自己的路，建设有中国特色的社会主义，这就是我们总结长期历史经验得出的基本结论。”一方面，我们必须坚持社会主义的根本制度和基本原则。另一方面，我们又必须从中国的国情出发，注意中国的特点。当时，中国是一个社会主义大国，又是一个穷国，人口多，底子薄，生产力水平低，正处于并将长期处于社会主义初级阶段。邓小平把社会主义基本原则与中国的实际结合起来，制定了党在社会主义初级阶段的基本路线与一整套改革开放和现代化建设的方针政策，极大地促进了我国社会主义建设事业的发展。

四、矛盾发展的不平衡性

要坚持矛盾的普遍性与特殊性相统一的原理，必须十分重视研究矛盾的特殊性。矛盾发展的不平衡性是矛盾特殊性的重要表现。它主要表现为两种情形：一种是主要矛盾和次要矛盾的不平衡，另一种是矛盾的主要方面和次要方面的不平衡。

第一，主要矛盾和次要矛盾的不平衡。在复杂事物的发展过程中，有许多矛盾存在，这些矛盾的发展是不平衡的，其中有一种居于支配地位、起着决定作用的矛盾，这就是主要矛盾，其他处于服从地位的矛盾是次要矛盾。主要矛盾和次要矛盾相互影响、相互作用并在一定条件下相互转化。首先，主要矛盾规定和影响着次要矛盾的存在和发展，对事物的发展起决定作用，主要矛盾解决得好，次要矛盾就可以比较顺利地得到解决；次要矛盾解决得如何，反过来又影响主要矛盾的解决。其次，主要矛盾和次要矛盾的地位不是一成不变的，在一定条件下它们可以相互转化，即主要矛盾转化为次要矛盾，次要矛盾上升为主要矛盾。基于主要矛盾与次要矛盾这种关系，我们在观察和处理复杂问题的时候，要首先抓住和解决主要矛盾，同时又不忽略次要矛盾，要做到统筹兼顾，并且还要注意主要矛盾和次要矛盾的转化，不失时机地转移工作重点。

主要矛盾和次要矛盾关系的原理对于社会主义现代化建设具有重要的指导意义。我国现在处于社会主义初级阶段，主要矛盾是人民日益增长的物质文化需要与落后的社会生产之间的矛盾。阶级斗争虽将在一定范围内长期存在，在某种条件下还有可能激化，但已经不是我国社会的主要矛盾。为了解决我国

① 毛泽东：《矛盾论》，《毛泽东选集》第1卷，人民出版社，1991年，第320页。

现阶段的主要矛盾，必须坚持以经济建设为中心，集中力量发展生产力。邓小平指出："我们的生产力发展水平很低，远远不能满足人民和国家的需要，这就是我们目前时期的主要矛盾，解决这个主要矛盾就是我们的中心任务。"[①]只有大力发展生产力，才能不断提高人民的生产水平，增强我国的综合国力，巩固社会主义制度，为其他各种社会矛盾的顺利解决创造有利条件。我们在集中力量抓经济建设的同时，还要注意解决好其他社会矛盾，坚持一系列"两手抓"：一手抓物质文明建设，一手抓精神文明建设；一手抓经济建设，一手抓民主法制建设；等等。只有这样才能推动社会主义现代化建设事业全面进步。

第二，矛盾的主要方面和次要方面的不平衡。不仅同一事物中的各个矛盾是不平衡的，而且同一矛盾双方的力量也是不平衡的，其中居于支配地位、起着主导作用的方面是矛盾的主要方面，处于被支配地位的方面是矛盾的次要方面。矛盾的主要方面和次要方面是相互影响、相互制约的，并在一定条件下相互转化。首先，矛盾的主要方面支配次要方面，事物的性质主要是由取得支配地位的矛盾的主要方面决定的；矛盾的次要方面也制约和影响矛盾的主要方面。其次，矛盾的主要方面和次要方面的地位不是固定不变的，在一定条件下可以相互转化，随着矛盾双方主次地位的转化，事物的性质也就发生了变化。基于矛盾的主要方面和次要方面的这种关系，我们在分析问题时，要分清主流和支流，抓住主流，正确认识事物的性质，同时也不能忽视支流，还要注意主流和支流的转化。

矛盾的主要方面和次要方面关系的原理对于指导我们正确认识我国社会主义现代化建设的形势具有重要意义。党的十一届三中全会以来，我国的改革开放和社会主义现代化建设事业取得了巨大成就，我国的综合国力显著增强，广大人民的物质文化生活水平有了明显的提高，社会经济以较快速度持续发展，社会政治稳定。我们取得的成绩是主要的，是主流。尽管在前进中也出现了一些困难和问题，但那是次要的，是支流。只有这样才能认清形势，坚定信心，坚定不移地走中国特色社会主义道路。我们绝不能只看到存在的一些问题而否定大好形势，迷失前进的方向。同时，我们必须承认并认真解决存在的问题，发展大好形势。绝不能因为主流是好的就忽视支流。如果对存在的问题不认真解决，它就会愈演愈烈，最后必将影响发展的大好形势。

主要矛盾和次要矛盾、矛盾的主要方面和次要方面关系的原理要求我们在实际工作中坚持"两点论"和"重点论"的统一。

"两点论"就是认识复杂事物的发展过程时，既要看到主要矛盾，又不能

① 邓小平：《坚持四项基本原则》，《邓小平文选》第2卷，人民出版社，1994年，第182页。

忽视次要矛盾；在认识某一矛盾时，既要看到矛盾的主要方面，又不能忽略矛盾的次要方面。如果只看到主要矛盾和矛盾的主要方面，忽视了次要矛盾和矛盾的次要方面，就会陷入片面性，犯“一点论”的错误。“重点论”就是认识复杂事物的发展过程时，要着重抓住它的主要矛盾；在认识某一矛盾时，要着重把握矛盾的主要方面。如果不分主次轻重、不抓重点，就会犯“均衡论”的错误。“两点论”和“重点论”是相互包含、辩证统一的。坚持“两点论”和“重点论”的统一，就是看问题、办事情既要全面，又要善于抓住重点。我国坚持以经济建设为中心和一系列“两手抓”的方针，认识社会主义现代化建设的形势，要分清主流和支流，既要看到主流、坚定信心，又不忽视支流、提高警惕的方法，都是坚持“两点论”和“重点论”统一的具体表现。

第二节 质量互变规律

一、质、量、度

世界上的一切事物都有一定的质。质是指一事物区别于他事物的内在规定性。这种规定性使这一事物是它自身，并同其他事物区别开来。也就是说，质一方面表明了事物自身的同一性，“是此”，另一方面表明了与他物的区别性，“非彼”，因而规定了事物为确定的存在。世界上的事物之所以千差万别，就是因为每个事物都有其自身质的规定性。

事物的质与事物的存在是直接同一的。这就是说，事物总是一定质的事物，不存在没有一定质的事物；质总是一定事物的质，也不存在同事物相脱离的抽象的质。

质是事物的内在规定性，属性是质的外在表现。事物的属性就是一事物和他事物联系过程中的表现。如铜的导电性是它与电源联系中的表现，导热性是它与热源联系中的表现，延展性是它与锤子等较硬的东西相碰撞过程中的表现，等等。属性是事物本身固有的，只有在与其他事物的联系中表现出来。事物的属性是质的表现，人们正是通过认识事物的属性去认识事物的质。把握事物的质是认识事物的起点和基础。只有认识了事物的质，才能正确区分事物，划清不同事物之间的界限。

事物的质是多方面的。确定事物的质，一方面根据事物的客观属性，另一方面根据人们社会实际的需要。事物的质主要是通过它的本质属性表现出来的。要确定事物的质，必须把握其本质属性。区分事物的本质属性和非本质属性，要把人的社会实践的需要作为实际的确定者。人们应当力求全面地把握事物的质和属性，但是没有必要也不可能在任何情况下都把握事物的所有属性。在一定时期内，人们只需要把握与人的实践密切相关的某个或某些方面的质和属性。例如，医生对病人，主要是把握其生理的质，病人的一些社会属性就不是主要的了；党组织对于入党申请人的考察，主要是把握其社会的质，了解他的思想状况和政治表现，其生理方面的属性就不是主要的了。事物的质是多方面的，不要把事物的质看成僵死的，而应当与人的实践活动联系起来把握事物的质。

事物不仅有质的规定性，而且有量的规定性。量是指事物存在和发展的规模、程度、速度等可以用数量来表示的规定性，以及它的构成成分在空间上的排列组合。物体的大小、运动的快慢、温度的高度、分子中原子的多少及排列次序等都是事物量的规定性。

量与事物的存在不是直接同一的。同一事物可以有不同的量。在一定范围内，事物的量的增加和减少不会改变事物的质。尽管量与事物的存在不是直接同一的，但量与事物也是不能分开的。任何事物都具有一定的量，没有任何量的规定性的事物是不存在的；任何量都是一定事物的量，离开一定具体事物的所谓纯粹的量，在客观世界中也是不存在的。数学中离开一定具体事物的纯粹的数都是对客观事物的量以及量的关系的抽象的反映。事物的量也是多方面的，人们总是根据社会实践的需要，去考察事物一定方面的量。

区分事物的质是认识事物的开始，是认识量的前提；由质进到量，是人们对事物认识的深化和精确化。在科学研究中，确定事物及其运动状态的性质，称为定性研究；对事物进行数量分析，称为定量研究。定性是定量的基础，定量是定性的精确化。人们只有在认识质的基础上进一步把握事物的量，才能获得对事物较为清晰的认识，才能对实践进行较具体的指导。

质和量是事物两种不同的规定性，二者是相互依赖、相互制约的。一方面，质是量的基础，世界上没有无质之量，量总是一定质的量，质还规定着量的活动范围。另一方面，质总是一定量的质，没有一定的量，也就没有质，量制约着质。这种质与量的相互依赖、相互制约充分体现在“度”中。

度是事物保持自己质的数量限度（或范围、幅度），它体现着质和量的对立统一。事物的度的两端的界限叫关节点或临界点。关节点是一定质的事物所能容纳的量的活动范围的最高界限和最低界限。事物的量在度的范围内变化，事物不会发生质变，量变超出度的范围，事物就会发生质变。例如，在一个标准大气压下，水的度是 0℃。在这个温度范围内，水保持液态；如果温度的变化突破度的两个关节点（0℃或者 100℃），水就会变成冰或水蒸气。

掌握事物的度对于认识和实践具有重要意义。首先，只有认识了事物的度，才能准确把握事物的质。当人们的认识还停留在质的阶段时，对事物的认识还是模糊的、笼统的。由质进到量，对事物的认识就更清晰一些。只有把握了事物的度，才能对事物有清晰准确的认识。其次，只有准确把握事物的度，才能提出指导实践活动的正确准则，坚持适度原则，防止“过”或“不及”。当需要保持事物的相对稳定性时，人的自觉活动要设法使其量变不超出度的范围。通常说的“注意分寸”“掌握火候”“适可而止”“过犹不及”都是要求在实践中坚持适度原则。

二、量变和质变的辩证关系

量变和量变是事物运动发展的两种状态。量变是指事物量的规定性的变化，即事物数量的增减和场所的变更。它是事物在原有质的基础上、在度的范围内的变化。在量变过程中，事物处于相对静止、相对稳定状态。量变一般是不显著的、逐渐的、连续性变化，因而也叫渐变、渐进或进化。质变是指事物质的规定性的变化，即事物由一种质态到另一种质态的飞跃。它是突破了事物的度的变化。在质变过程中，事物处于显著变动状态。质变一般是明显的、突发的、非连续性的，因而也叫飞跃、渐进过程的中断或革命。

量变与质变尽管在表现上有许多不同，但是区分量变和质变的根本标志在于事物的变化是否超出度的范围。

量变和质变是辩证统一的。第一，量变是质变的前提和必要准备。一切事物的运动发展都从量变开始，量变积累到一定程度才能突破度的界限，引起事物的质变。没有一定量变的积累，质变是不会发生的。《老子》中说：“九层之台，起于垒土；千里之行，始于足下。”《荀子》中说：“不积跬步，无以至千里；不积小流，无以成江海。”这些都说明量变是质变的必要准备，量变的积累是质变的前提。第二，质变是量变的必然结果。任何事物的量变都不会永远持续下去，量变积累到一定的程度，必然会突破事物的度，引起事物的质变。第三，质变体现和巩固量变的成果，并为新的量变开拓道路。只有质变才能把量变的成果体现出来，巩固下来。只有质变才有新事物的产生和旧事物的灭亡，才能有事物的发展。如果没有质变，量变本身最终也会为旧质的框框所局限而陷于停滞。只有质变才能打破这种限制，结束在旧质基础上的量变，为在新质基础上的量变开辟道路。

总之，世界上的任何事物的运动、发展都是量变和质变的统一。事物的运动、发展是在一定质变的基础上进行的，是从量变开始的，量变的积累达到一定程度引起质变，质变又引起新的量变。事物的运动发展就是量变和质变相互转化的过程。事物的量变过程表现了事物运动发展的连续性，质变过程表现了事物运动发展的非连续性。量变和质变相互转化的过程体现了事物运动发展是连续性和非连续性的统一。

量变和质变是辩证统一的，割裂二者的统一，就会导致庸俗进化论或激变论，以及社会政治生活中的改良主义和冒险主义。庸俗进化论只承认量变，不承认质变。庸俗进化论在社会政治上表现为改良主义，主张社会的发展只能通过一点一滴地改良，使社会不断进化，反对通过社会革命对旧的社会制度进行根本的变革。激变论只承认质变，否认量变，认为质变是没有量变的积累而突然发生的。近代法国自然科学家居维叶是激变论的典型代表。他认为古今生物物种的不同，不是它们本身由量变到质变长期进化的结果，而是地球偶然地发生多次突变的结果。每经过一次突变，地球上的一切生物被毁灭殆尽，之后上帝再创造出一批新的物种来。激变论在社会政治上表现为冒险主义。我们党历史上的“左”倾冒险主义者认为，进行社会革命无须经过积蓄革命力量的准备阶段，幻想通过突然的冒险活动取得革命的胜利。庸俗进化论和激变论都是错误的。

量变与质变辩证关系的原理对于社会主义建设和个人成长都有重要指导意义。

把我国建设成为一个繁荣昌盛的社会主义现代化强国，也是一个从量变到质变的过程。改革开放三十多年的发展让我国的经济文化水平有了很大提高，但与发达国家相比，仍存在较大差距。当前，我国正处于全面建成小康社会的关键时期，只能脚踏实地地埋头苦干、稳步前进，进行长期的、艰苦的努力，在生产力、物质财富和精神财富等方面进行量的积累，才能把我国建设成为高度文明、高度民主的社会主义强国。如果急躁冒进，片面追求高速增长，幻想一朝一夕就实现现代化，则会欲速则不达，得到事与愿违的结果。

个人的成长也是从量变到质变的过程。古今中外著名的科学家、思想家及其他对社会做出较大贡献的人，他们的成就都是在长期艰苦学习、刻苦钻研和反复实践的基础上创造出来的。如果在学习、研究和实践中不努力做量的积累，想一下子脱颖而出并有巨大的创造，那只是一种幻想。我们应该树立远大的目标，同时必须有一步一个脚印的实干精神。

三、量变、质变的复杂性

质量互变规律是自然界、人类社会和人类思维领域普遍起作用的客观规律，并已被人类的社会实践和科学研究的发展所证实。质量互变规律的具体表现又是特殊的和复杂的。量变和质变的复杂性主要表现为量变和质变形式的多样性与量变和质变的相互渗透。

事物的量是多方面的，量变的形式也是多种多样的。但从引起质变的角度来看，量变的基本形式可以分为两种：一种是事物数量的增减；另一种是事物的构成成分的排列组合和结构形式上的变化。数量的增加或减少这种量变会引起质变。在化学中，两个氧原子结合在一起就是氧气（O_2），三个氧原子结合在一起就是臭氧（O_3）；一个碳原子与一个氧原子结合就是二氧化碳（CO_2），是灭火剂。事物构成成分排列组合与结构形式上的变化这种量变也可以引起质变，如化学中的同分异构体就属于这种情形。如同是由碳原子构成，只是由于原子之间的排列结构不同，就形成金刚石、石墨和碳三种不同的物质。在社会生产中，同样数量和素质的劳动力、劳动组合不同，就会造成有质的不同的生产效率和经济效果。

事物的质是各不相同的，质变的形式也是多种多样的。但从质变过程是否发生对抗即外部冲突的角度来看，质变的基本形式可以分为两种：爆发式飞跃和非爆发式飞跃。所谓爆发式飞跃，是指通过对抗的形式来实现的质变，如自然界中的火山爆发、地震等。阶级社会中的军事冲突、暴力革命等。对抗性矛盾通常都是通过这种质变形式来解决。所谓非爆发式飞跃，是指不通过对抗的形式，通过新质要素的逐渐积累和旧质要素的逐渐消亡来实现的质变，如由旧物种发展为新物种、由猿转变为人、科技革命等。非对抗性矛盾通常都是通过这种质变形式来解决。采取什么样的质变形式是由事物本身的性质决定的，同时也与其外部条件有关。在特定条件下，某些对抗性矛盾也可以采用非对抗的形式加以解决，某些非对抗性矛盾激化也可能转化为对抗性矛盾。

量变和质变的相互渗透表现为总的量变过程中包含着部分质变，质变过程中有量变，这也是量变和质变复杂性的表现。

总的量变过程中的部分质变有阶段性部分质变和局部性部分质变两种情形。阶段性部分质变是事物的根本属性未变，而比较次要的性质发生了变化，使事物的发展呈现出阶段性。如资本主义社会从自由竞争的资本主义阶段到垄断资本主义阶段即帝国主义阶段，就是同一社会制度下的阶段性部分质变。阶段性部分质变是事物的本质属性和非本质属性变化不平衡的一种表现。局部性部分质变是指事物全局性质未变，而某些局部的性质发生了变化。如我国新民主主义革命时期，一块块革命根据地的建立，相对于全国处于半封建半殖民地社会的情况而言，就是局部性的部分质变。局部性部分质变是事物各部分变化不平衡性的一种表现。

总的量变过程中的部分质变不同于单纯的量变，因为事物的某些属性和局部发生了质的变化；它也不同于根本质变，因为事物根本性质和全局未变，没有由一种质转变为另一种质。

质变过程中包含着量变，即包含着新质要素在量上的迅速扩张，旧质要素在量上的迅速消亡。事物的质变并不是一下子完成的，要经过一个或长或短的过程。当事物发生质变时，新质在旧质范围内首先突破一点或几点，然后在数量上迅速扩张，旧质在数量上迅速减少，最后新质完全代替旧质。质变过程中有量变的特征，属于质变而不属于量变。

总之，量变和质变是复杂的，我们在认识事物变化过程时，要坚持对具体事物具体分析，不可简单化。

第三节　否定之否定规律

一、辩证的否定

任何事物内部都包含着肯定和否定两个方面。肯定方面是事物中维持其存在的方面，即肯定事物为它自身而不是他物的方面。否定方面是指事物中促使其灭亡的方面，即破坏现存事物使它转化为他物的方面。如在生物有机体中，遗传就是维持其物种不变的肯定方面，变异则是促使其变为新物种的否定方面。正由于事物中都包含着肯定方面，所以它才能存在；由于事物中包含着否定方面，所以它又不是永恒不变的，它会被新事物取代。当肯定方面处于主导地位时，事物保持原有的性质而继续存在。当否定方面处于主导地位时，事物丧失其原有的性质而发生质的变化。

肯定和否定是辩证统一的。肯定和否定是事物内部两种相反的方面、趋势，它们是对立的。同时，肯定与否定又是统一的。一方面，肯定和否定相互依存。离开了肯定就没有否定，离开了否定也没有肯定。另一方面，肯定和否定相互渗透。肯定中包含着否定，对某一事物的肯定就包含着对与之相反的另一事物的否定，在一定意义上，肯定就是否定；否定中包含着肯定，对某一事物的否定就包含着对与之相反的另一事物的肯定，在一定意义上，否定就是肯定。唯物辩证法的否定观就是建立在对肯定和否定辩证统一的理解基础之上的。

唯物辩证法的否定观集中体现了马克思主义哲学批判的、革命的本质。马克思说："辩证法在对现存事物的肯定的理解中同时包含对现存事物的否定的理解，即对现存事物的必然灭亡的理解；辩证法对每一种既成的形式都是从不断的运动中，因而也是从它的暂时性方面去理解；辩证法不崇拜任何东西，按其本质来说，它是批判的和革命的。"[①]在辩证法看来，世界上的任何事物都不

① ［德］马克思：《〈资本论〉第 1 卷 1872 年第 2 版跋》，《马克思恩格斯选集》第 2 卷，人民出版社，1995 年，第 112 页。

是永恒的、绝对的，总是要被否定的。否定是事物发展的推动力量。

唯物辩证法否定观的内容是：

第一，辩证的否定是通过事物内部矛盾而进行的自我否定。一事物被否定是通过事物内部否定方面战胜肯定方面来实现的，而不是外力作用的结果。

第二，辩证的否定具有两个重要特点。其一，否定是发展的环节。事物的发展通过否定实现。没有新事物对旧事物的否定，就没有新事物的产生和旧事物的灭亡，就没有事物由低级向高级的发展。其二，否定是联系的环节。新事物是在旧事物中生长起来的，它对旧事物的否定不是把旧事物中的一切因素完全抛弃，而是否定其中过时的、消极的东西，保留其中合理的、积极的因素，经过改造加以吸收，使之成为新事物的有机组成部分。这样，辩证的否定又把新旧事物联系起来。

第三，作为发展环节与联系环节之统一的辩证的否定是扬弃，是既克服又保留。新事物既克服旧事物中消极的东西，又保留旧事物中的积极成果。克服是就发展的环节而言，它表明新旧事物之间有一条确定的界限，是发展中的非连续性；保留是就联系的环节而言，它表明新旧事物之间存在着继承关系，是发展中的连续性。辩证的否定包含着肯定的否定，是连续性和非连续性的统一。

形而上学的否定观与辩证法的否定观是根本对立的。它的主要错误在于：第一，它认为否定不是事物的自我否定而是外力强加于事物的。这样，否定就成为偶然的甚至是主观任意的否定。第二，它把否定看成对事物的消灭，是发展的中断。第三，它把肯定和否定绝对地对立起来，认为肯定就是绝对的肯定，就是肯定一切；否定就是绝对的否定，就是否定一切，即全盘抛弃。

坚持辩证的否定观具有重要的意义。坚持辩证的否定观，就要对一切事物采取分析的态度。否定什么和肯定什么，批判什么和继承什么，都要从实际出发，进行具体分析，反对不加分析地肯定一切或否定一切。在对待历史文化遗产上，要采取批判地继承的态度。中华民族有着悠久的历史，创造了灿烂的文化，我们必须继承这份文化遗产，只有在这个基础上，才能创造出有中国特色的社会主义新文化。当然这种继承只能是有批判的继承，剔除其糟粕，吸取其精华，做到“推陈出新”，“古为今用”。既要反对全盘否定传统文化的历史虚无主义，又要反对全盘肯定传统文化的复古主义。对待外国文化，要采取有分析、有选择、有批判地借鉴和吸收的态度。在对外开放中，要积极吸收外国文明中的一切优秀成果。邓小平说：“社会主义要赢得与资本主义相比较的优势，就必须大胆吸收和借鉴人类社会创造的一切文明成果，吸收和借鉴当今世界各国包括资本主义发达国家的一切反映现代社会化生产规律的先进经营方式、管理方法。”[①]但是，决不能认为，外国的东西一切都是好的，不加分析鉴别，全盘肯定，照搬照抄。我们既要吸收世界文明的优秀成果，又要批判和抵制外国资产阶级腐朽的、没落的东西；既要反对闭关自守、盲目排外的狭隘民族主义，又要反对崇洋媚外、全盘西化的错误倾向。

二、否定之否定规律的实质及其表现形式

事物的发展都是通过否定实现的，辩证的否定不是一次完成的。事物的发展经过两次辩证的否定，由肯定阶段到否定阶段，再到否定之否定阶段，从而使事物的发展表现为螺旋式上升和波浪式前进的过程。这就是否定之否定规律。

任何事物内部都包含着肯定方面和否定方面。当肯定方面是矛盾的主要方面时，事物处于肯定阶段。由于肯定方面和否定方面的矛盾斗争，当否定方面上升为矛盾的主要方面时，便完成了第一次辩证的否定，事物处于否定阶段。新事物内部的否定方面经过斗争，对否定阶段再一次否定，使事物进入第三阶段，即否定之否定阶段。这就是事物发展由肯定到否定，再到否定之否定的三个阶段。

否定之否定规律揭示出事物发展的具体道路是曲折的。否定之否定阶段和肯定阶段都是与否定阶段相对立的，因而否定之否定阶段与肯定阶段必然有某些相似之处，重复肯定阶段的某些特征。这样，事物的发展又仿佛回到了原来的出发点，使事物发展过程呈现出近似圆圈的周期性。否定之否定阶段既是前一个周期的终点，又是下一个周期的起点。一个周期接着一个周期，循环往复，以至无穷。这样，事物的发展呈现为周期性的螺旋式上升或波浪式前进。

事物发展的具体道路是曲折的，还由于：第一，新事物战胜旧事物是一个反复斗争的过程。新事物在最初出现的时候总是比较弱小的、不完善的，这时的旧事物还是比较强大的，为了维护自身的地位，总是要竭力扼杀和摧残新事物，阻止新事物的成长壮大。新事物只有经过反复曲折的斗争，才能使自己不断成长壮大，最终战胜旧事物。这在社会历史领域表现得尤为明显。第二，由于某些偶然的原因，事物的发展会出现暂时的倒退，这也是曲折性的一种表现。如动物发展中的返祖现象，社会发展中出现的复辟现象，都属于这种情形。

总之，否定之否定规律揭示了事物的发展是前进性和曲折性的统一。事物发展的总方向、总趋势是前进的、上升的，事物发展的具体道路是迂回曲折的。

如果割裂了事物发展的前进性和曲折性的统一，就会导致循环论和直线论的错误。循环论只看到事物发展的曲折性，否认了事物发展的前进性，认为事

① 邓小平：《在武昌、深圳、珠海、上海等地的谈话要点》，《邓小平文选》第3卷，人民出版社，1993年，第373页。

物的发展是周而复始的循环。直线论只看到事物发展的前进性，否认了事物发展的曲折性，认为事物的发展道路是笔直的，没有任何曲折和倒退。这两种观点都是形而上学的错误观点。

把握否定之否定规律，坚持事物的发展是前进性和曲折性相统一的原理，对于正确认识我国社会主义现代化建设事业具有重要意义。首先要坚信前途是光明的，对我国社会主义现代化建设事业要充满必胜的信心。事物发展的总趋势是前进的、上升的，新事物必然战胜旧事物，社会主义必然最后战胜资本主义，我国的社会主义建设事业一定会取得成功。要坚定不移地走建设中国特色社会主义道路，任何时候都不要被一时的表面现象迷惑，不要因暂时的挫折而动摇。其次，要准备走曲折的道路，有克服各种困难的精神准备。事物发展的道路是曲折的，我国社会主义现代化建设事业的发展也不是一帆风顺的，会遇到各种困难，遭受各种挫折。我们要充分认识我国社会主义现代化建设事业的艰巨性和复杂性，要保持清醒的头脑，准备克服各种困难，走曲折的路。要反对看不到我们伟大事业的艰巨性和复杂性的盲目乐观态度。我们要在曲折斗争中开辟前进的道路。

三、否定之否定规律的普遍性和特殊性

否定之否定规律是在自然、社会和人类思维领域中普遍地起作用的基本规律。否定之否定规律的客观普遍性已为人类的社会实践和科学研究的发展所证实。例如，在自然界，随着化学元素的原子核心电荷数递增，化学元素就由碱金属变为非金属，再由非金属变为碱金属，形成一个肯定—否定—否定之否定的周期性变化过程。生物运动中的遗传—变异—遗传；社会发展中，体力劳动与脑力劳动的结合—体力劳动与脑力劳动的分离—体力劳动与脑力劳动的结合；认识过程中，实践—认识—实践；等等。这些发展过程都是否定之否定规律的体现。

否定之否定规律带有很大的总括性，它的作用要在一个较长的过程中，在事物的发展完成一个周期（即经过两次否定、三个阶段）时，才能比较完整、充分地显示出来。

否定之否定规律是普遍的，其具体表现形式又是特殊的，其特殊性主要表现在：第一，不同性质的事物具有不同的否定形式。第二，不同事物的发展过程有不同的曲折性。任何事物发展的道路都是曲折的，但其曲折性表现是大不相同的。大体有两种曲折：一种是前进过程中的“复归”，即仿佛向出发点的“回复”，这是事物正常的发展。这种“复归”的表现也各不相同：有些事物发展的否定之否定阶段对肯定阶段保留得多，回复性、重复性明显一些，如麦粒—麦

苗—麦穗。另一些事物在自身发展中，重复性就少一些，如原始公有制—私有制—社会主义公有制。另一种是前进中的“倒退”或“逆转”。这是由各种偶然事件的出现造成的，如植物在成长中被大风吹折，年轻人在意外事故中身亡，战乱造成的社会发展的停顿和暂时倒退。这些虽然是非常的，但也是在事物发展中经常出现的。

否定之否定规律的表现是特殊的，我们必须从实际出发，具体地分析事物的发展过程，千万不能把否定之否定规律当作单纯的证明工具，不能把它当作僵死的公式，形式主义地到处乱用。

第四节　联系和发展的基本环节

一、原因和结果

原因和结果是事物或现象之间引起和被引起的联系。引起一定现象的现象是原因，由原因引起的现象是结果。

因果联系有一个显著特点，就是原因在先，结果在后。例如物体受热在先，体积膨胀在后。但并不是所有时间先后相继的联系都是因果联系，“在此之后”不等于“由此之故”。例如春夏秋冬四季的更替，虽然在时间上先后相继，但它们之间并没有因果联系。白昼与黑夜也是时间上先后相继的，它们之间也没有因果联系。所以，因果联系是时间上先后相继的、一种现象引起另一种现象的联系。

原因与结果之间的关系是既对立又统一的。

首先，原因和结果是对立的。在具体的因果联系中，原因就是原因，结果就是结果，二者不能混淆和颠倒，这是原因和结果区别的确定性。如果倒因为果或倒果为因，就会得出荒谬的结论。

其次，原因和结果又是统一的，表现在：第一，原因和结果是相互依存的。原因之所以成其为原因，是相对于它引起的结果而言的；同样，结果只有相对于引起它的原因来说才称为结果。如果双方失去一方，另一方的存在就失去意义。第二，原因和结果在一定条件下相互转化。在具体的因果联系中，原因和结果的区别是确定的，但在世界的普遍联系和永恒发展中，原因和结果的区别又是不确定的。同一种现象在一种联系中是原因，在另一种联系中则是结果，反过来也是一样。如在摩擦生热，热引起燃烧，燃烧引起爆炸的一连串因果联系中，生热是摩擦的结果，又是燃烧的原因；燃烧是热引起的结果，又是爆炸的原因。第三，原因和结果是相互作用的。在原因与结果的关系中，不仅原因引起结果，结果也可以反过来作用于自己的原因，引起原因的进一步变化，这就是彼此之间互为因果。例如在社会生活中，经济的发展引起教育事业的发展，教育事业的发展大大提高了劳动者的素质，反过来推动经济不断增长。

原因与结果之间的联系是客观的、普遍的。因果联系的客观性是指，因果联系是客观事物本身固有的，是不以人的意志为转移的。人们头脑中的因果观念无非是客观的因果联系的反映。因果联系的普遍性是指，世界上的一切事物和现象无不处在一定的因果联系之中。任何事物或现象都是由一定的原因引起的，它们也都会引起一定的结果。

承认因果联系的客观普遍性和因果规律（必然性）的哲学是唯物主义决定论。坚持唯物主义决定论原则是科学地认识世界和有目的地改造世界的前提。与唯物主义决定论相对立的是唯心主义非决定论，它否认因果联系的客观普遍性和因果规律（必然性）。英国哲学家休谟认为，因果联系是人们多次看到两组现象先后相随而形成的心理习惯。德国哲学家康德认为，客观世界没有因果联系，原因和结果是人用来整理感觉经验的一种先天知性形式。奥地利哲学家马赫宣称，在自然界中，既无原因，又无结果，因果律的一切形式都是从主观意向中产生的。与唯物主义决定论相对立的还有神学目的论，它虽然承认因果联系，但是把万事万物变化的终极原因归于上帝或神的目的。唯心主义非决定论和神学目的论都是错误的。

因果联系的具体表现是复杂多样的。其中几种主要的类型是：一因多果，同因异果，一果多因，同果异因，多因多果，复合因果。在分析复杂的因果联系时，一定要进行具体的、全面的分析。

掌握原因与结果辩证关系的原理具有重要意义。首先，只有找出某一事物或现象产生的原因，才能认识其本质和规律，提出解决问题的有效方法。例如在医学上，只有找出某种疾病产生的原因，才算对这种疾病有了深刻的认识，才能找到预防和治疗这种疾病的方法。其次，只有正确把握因果联系才能很好地总结经验教训。我们在行动之后总结经验，就是从结果中找原因，认识获得成功的原因，从而继续强化这些原因，争取更大的成功；认识招致失败的原因，从而努力消除这些原因，避免失败，转败为胜。

二、必然性和偶然性

必然性和偶然性是事物联系和发展中两种不同的趋势。必然性是指事物联系和发展中一定要发生的、不可避免的趋势。必然性与本质和规律是同等程度的概念。规律就是事物运动发展过程中本质的、必然的、稳定的联系。如新事物取代旧事物，就是确定不移的必然性。偶然性则是事物联系和发展中不确定的趋向。偶然的东西可能出现，也可能不出现；可能这样出现，也可能那样出现。如新事物战胜旧事物经过怎样的曲折道路是偶然的。

必然性与和偶然性的关系之间的关系是对立统一关系。

首先，必然性和偶然性是事物发展的两种不同趋向，它们产生的原因及在事物发展中的地位和作用是不同的。必然性和偶然性都是由一定的原因引起的，但两者产生的原因各不相同。必然性导源于事物内部的根本矛盾，偶然性的产生主要是由事物的非根本矛盾或外部条件引起的。与此相应，必然性在事物发展过程中居于支配地位，是一定要贯彻下去的趋势，这决定着事物发展变化的方向、前途和命运。偶然性在事物发展过程中居于从属地位，它只能对事物的发展起影响作用，加速或延缓事物发展变化的进程，使事物发展过程的具体特点呈现出不同的面貌。

其次，必然性和偶然性又是统一的。这表现在：

第一，必然性总是通过大量的偶然现象表现出来，由此为自己开辟道路，没有脱离偶然性的纯粹必然性。事物的每一过程都是按照由其根本矛盾引起的必然规律发展的，但事物内部的非根本矛盾和种种外部条件等因素，对事物的发展都起着不同的影响作用。事物的发展不能排除各种偶然因素的影响，总是在大量的偶然性变动中贯彻自己发展的必然趋势。有些看来是纯粹必然的过程，也有大量的偶然因素包含在其中，并通过这些偶然性表现出来。例如宏观物体的机械运动，似乎是严格按照经典力学揭示的必然规律实现的。实际上，由于内部矛盾及外部复杂条件的作用，这个宏观物体的自身时刻处于不停的微观涨落之中，它的运行轨迹也经常出现偏差，所谓“必然的力学规律”是在大量的微观涨落和偏差中显示出其必然性的。在必然性表现得十分明显的机械运动中尚且如此，在复杂的运动形式中，特别是在社会运动中更不能排除偶然性的作用。如商品的价值决定价格这一必然性，就是通过在供求关系的影响下，商品价格围绕着价值上下波动表现出来的。商品是高于价值出售，还是低于价值出售，都是偶然的。社会发展的必然趋势正是通过大量偶然的历史人物、历史事件为自己开辟道路的。马克思说：“如果‘偶然性’不起任何作用的话，那末世界历史就会带有非常神秘的性质。这些偶然性本身自然纳入总的发展过程中，并且为其他偶然性所补偿。”①

第二，偶然性是必然性的表现形式和必要补充。偶然性背后隐藏着必然性并受其制约，没有脱离必然性的纯粹的偶然性。在高级的运动形式中，特别是在生物领域和社会领域，直接呈现出来的是大量的随机现象和偶然事件，几乎

---

① ［德］马克思：《致路·库格曼》，《马克思恩格斯选集》第 4 卷，人民出版社，1972 年，第 393 页。

看不到必然性。然而，生物的进化和社会历史的发展都是按照其内在矛盾规定的必然趋势从简单到复杂、从低级到高级进化和发展的。如在社会历史中，出现的各种各样的历史人物和历史事件，都带有偶然性。偶然的历史人物和历史事件是由社会基本矛盾决定的历史必然性支配的，是历史发展必然规律的表现和补充。恩格斯说："历史事件似乎总的说来同样是由偶然性支配着的。但是，在表面上是偶然性在起作用的地方，这种偶然性始终是受内部的隐藏着的规律支配的，而问题只是在于发现这些规律。"①

第三，必然性和偶然性在一定条件下可以相互转化。必然性与偶然性的区别是相对的，二者在一定条件下可以相互转化。这主要是指以下两种情形：第一种情形是，在前一个过程中具有必然性的东西，对于后一过程来说可以转化为偶然性，反过来也是一样。例如，远古的人浑身长满体毛是必然现象，现代人浑身长满体毛则是偶然的返祖现象。在自然经济社会中，商品交换是偶然的，但发展到商品经济和市场经济社会以后，商品交换则成为必然的了。另一种情况是，在小范围是必然的东西，对于大范围来说可以变为偶然的，反过来也是一样。例如，在一个充满气体的容器中，由于气体分子间杂乱碰撞，每一个个别分子产生的对容器壁的压力的方向和大小都是偶然的，但实验表明，这群分子的总体对容器壁的压力呈现出一种规律性，那就是总的压力几乎是一个确定的值。

必然性和偶然性是辩证统一的，把二者割裂开来，就会导致形而上学的机械决定论和唯心主义的非决定论两种错误观点。

机械决定论把世界上的一切现象都看成必然的，否认偶然性的存在。机械决定论者把因果联系与必然联系混为一谈。他们认为世界上的一切现象都是有原因的，因而一切都是必然的，偶然性是不存在的。如法国的霍尔巴赫认为，在大风扬起的尘土旋涡中，没有任何一个尘土分子的分布是偶然的。这样，他们就把偶然性也当成了必然性。这从表面上看是抬高了必然性，实际上是把必然性降低为偶然性。同时，如果在社会生活中，把一切都说成必然的，就会导致"命运"决定一切的唯心主义宿命论，取消人的积极活动，使人完全服从"命运"的摆布。

唯心主义非决定论把一切现象看成纯粹偶然的，否认事物发展的必然性和规律性。如英国哲学家毕尔生认为，必然性只属于概念世界，现实世界本身是没有必然性的。法国分子生物学家莫诺认为，偶然性是生命的起源和发展的基础。他说，生物进化的"根是绝对自由的，但又是盲目的纯粹偶然性"。唯心主

① ［德］恩格斯：《路德维希·费尔巴哈和德国古典哲学的终结》，《马克思恩格斯选集》第 4 卷，人民出版社，1995 年，第 247 页。

义非决定论否认了客观世界发展的必然性和规律性，也就取消了人们认识世界的可能性，从而使人或者消极无为，或者盲目冒险。

掌握必然性和偶然性辩证关系的原理具有重要的意义。第一，必然性决定着事物发展的方向和前途，我们必须努力发现必然性，按照必然规律办事。只有这样，才能使我们在实践中避免盲目性，提高行动的自觉性，取得预期的效果。决不能离开必然规律，不按规律办事，把希望寄托在侥幸的偶然事件上，否则就会犯类似"守株待兔"的错误。第二，偶然性对事物的发展起着重要的影响作用，我们决不能忽视偶然性。在实践中，我们必须善于分析各种偶然性，正确预测它们可能给事物发展带来的各种影响，充分利用有利的偶然因素推动事物的发展，尽量避免不利的偶然因素的影响，还要对可能出现的突发事件有所准备，以便处变不乱、应付自如。此外，在科学研究中，应该抓住偶然现象提供的机遇，揭示其背后隐藏的必然规律，抓住机遇往往是在科学研究上做出重大发现的关键环节。如电流磁效应的发现、青霉素作用的发现、X 射线的发现，都是通过抓住和分析偶然现象取得的重大科学发现。反之，如果排斥偶然性，否认机遇的作用，就会错过科学发现的时机，不利于科学的发展。如苏联的李森科曾宣称"偶然性是科学的敌人"，反对分析偶然现象。结果，被这种形而上学思想控制的苏联生物学领域长期处于落后状态。这一事例说明，重视偶然性对科学发展是有重要意义的。

三、可能性和现实性

在事物运动发展过程中，必然性通过偶然性为自己开辟道路时，都要经历由可能向现实转化的过程。

现实性（或现实）是指一切包含内在根据的、合乎必然性的存在，是事物和现象的种种联系的综合。现实与现存是有区别的。现实的东西不仅是现存的，而且是合乎必然性的。现存的东西未必都是现实的，那种丧失了存在必然性的现存的东西就不是现实的。例如由于历史的和当代的种种原因，我国仍然存在着一些封建残余的因素。它们虽然是现存的，但早已丧失了其存在的必然依据，因此绝不是现实的，而是应当消除的东西。现实不仅指客观存在的各种事物和现象，而且包括事物的种种联系。可能性是指包含在现实事物之中的、预示着事物发展前途的种种趋势。可能性是潜在的、尚未实现的东西。

为了全面理解可能性这一范畴，必须区分以下几种情况：

第一，要分清可能性和不可能性。可能性是指在现实事物中有内在的根据，在一定条件下能够变成现实的趋势。不可能性是指在现实事物中没有任何根据，在任何条件下都不会变成现实的事情。例如，运用当代科技成果使人的寿命延长是可能的，而使人返老还童或长生不老则是不可能的。我们要做那些可能实现的事情，而不要去做那些不可能实现的事情。

第二，要分清现实的可能性和抽象的可能性。现实的可能性是指具备了充分的根据和必要的条件，目前就可以实现的可能性。抽象的可能性是指虽有一定根据，但根据还不充分，尚不具备必要条件，当前无法实现的可能性。抽象的可能性虽然当前无法实现，但随着现实的发展和条件的成熟，它可以转化为现实的可能性。尽管如此，我们还是要做那些具有现实可能性的事情，而不要去做只具有抽象可能性的事情。

第三，要分清两种相反的现实可能性——好的可能性和坏的可能性。在事物发展的具体过程中，由于必然性和偶然性都会起作用，存在多种现实的可能性。这些可能性从对人有利还是不利的角度来看，基本上可以分为两种：好的可能性和坏的可能性。例如：种地有丰收的可能性，也有歉收的可能性；打仗有胜利的可能性，也有失败的可能性。在这两种相反的可能性竞争中，一种可能性的实现意味着另一种可能性的消失。究竟哪一种可能性能变成现实，通常取决于事物内部的矛盾斗争和各种外部条件。我们要努力促使好的可能性变成现实，防止坏的可能性变成现实。

第四，要分清可能性的大小。或然率（也叫“概率”“几率”）是对可能性大小的一种科学说明和测定。或然率是所要测定的偶然事件的数目与全部可能发生的偶然事件总数之间的比率。把握可能性的大小，可以正确地规定自己行动的目的和任务，并创造条件，使有利可能性的或然率增长，使不利可能性的或然率减小。

可能性与现实性之间的关系是对立统一关系，主要表现在：

首先，可能性与现实性之间有着明显的区别和对立。现实性是业已实现了的当下的客观实在，可能性则是目前尚不存在，以后才会出现（或并不一定能出现）的东西。可能性还不是现实性，现实性已不再是可能性，绝不能将二者混淆。

其次，可能性和现实性又是统一的。一方面，二者相互依赖，不可分离。现实性不能离开可能性，这是由可能性转化而来的，不可能的东西永远不会成为现实；可能性也不能离开现实性，它的内在根据存在于现实之中。另一方面，可能性和现实性在一定条件下相互转化。现实性是由可能性发展和转化而来的，同时它又包含着新的可能性，这种新的可能又将转化为新的现实。客观事物的发展就是在可能性和现实性的相互转化过程中实现的。

掌握可能性和现实性辩证关系原理具有重要的意义。

首先，可能性不等于现实性，一切工作都要从现实出发，而不是从可能出发。马克思主义的政策是以现实的东西而不是以可能的东西为依据的。可能的东西是可能出现而未必一定出现的东西，以这样的东西为依据是不牢靠的。正确估计事物发展的各种可能性是必要的，但要把自己活动的依据建立在现实性这个可靠的基础上。

其次，为了使好的可能性转化为现实，我们必须在尊重客观规律的基础上，自觉地发挥主观能动性。现实的可能性有多种，基本上有好的可能性和坏的可能性两种。可能性向现实性转化的过程，就是两种相反的现实可能性互争实现的过程。在有人参与的事物的发展过程中，哪种可能性会转化为现实，除了一定的客观条件起作用外，人的主观能动性起着巨大作用。人通过发挥主观能动性，可以创造有利条件，改变不利条件，争取使好的可能性变为现实，避免坏的可能性实现。即使在坏的可能性变为现实性的过程中，只要发挥人的主观能动性，也可以做到有备无患，减少不必要的损失。这就是所谓“做最坏的打算，力争最好的结果”。

四、内容和形式

世界上的任何事物都是内容和形式的统一体。内容是指构成事物的一切要素的总和，也就是事物的各种内在矛盾，以及由它们规定的事物的特性、成分、运动过程和发展趋势的总和。形式是指把内容诸要素统一起来的结构或表现内容的方式。

内容与形式的关系是对立统一的。内容和形式是现实事物的内在要素和结构方式这两个不同方面，二者是对立的。对于特定事物来说，内容就是内容，形式就是形式，二者不能混淆和颠倒。同时，内容和形式又是相互依存的。任何内容都具有某种形式，离开了形式，内容就不能存在；任何形式都是一定内容的形式，离开了内容就没有形式。另外，内容与形式的区别和对立是相对的，只是对特定的事物和确定的关系才有意义，在一定条件下，内容和形式可以相互转化。在某一种联系中是形式的东西，在另一种联系中可以成为内容，反过来也是一样。例如，思想是人们反映客观世界的主观形式，同时又是语言的内容；语言是思想的形式，同时又是语言学的内容，等等。

内容和形式又是相互作用的。这表现在：

第一，内容决定形式。有什么样的内容就要求有什么样的形式与之相适应；内容发生了变化，形式迟早要发生相应的变化。例如文学作品的题材决定体裁。如果题材是描写重大的历史事件，就决定了不能用短诗或散文的形式，只能用小说、电影、电视连续剧等形式。如果题材只是一个感想，就决定了只能用短诗或散文等形式。在社会生产中，生产力的性质决定生产关系的性质，生产力的发展决定生产关系的变革，也是内容决定形式的具体表现。

第二，形式对内容有重大的反作用。被一定内容决定的形式并不是消极被动的，它能反过来积极影响内容。当形式适合于内容时，对内容的发展起积极的促进作用；当形式不适合于内容时，对内容的发展起消极的阻碍作用。例如文学作品如果体裁运用恰当，塑造的人物形象是活生生的，具有典型性，情节曲折，语言生动，就有利于表现题材。如果体裁运用不当，塑造的人物形象概念化，情节公式化，语言枯燥，就不利于表现题材。在社会生产中，生产关系适合生产力的状况时，能推动生产力的发展；生产关系不适合生产力的状况时，就阻碍生产力的发展。这也是形式对内容具有反作用的表现。

第三，内容和形式的相互作用构成二者的矛盾运动。事物的内容和形式这两个方面，内容是活跃易变的，形式则是相对稳定的。活跃易变的内容与稳定少变的形式之间自始至终存在着矛盾。在事物发展的初期，形式与内容是基本适合的，这时形式对内容的发展起促进作用。经过一段时间，内容有了较大的变化，形式落后于内容，逐渐成为内容进一步发展的障碍，形式与内容基本不适应。这时就产生了变革旧形式以适应新内容进一步发展的客观要求。经过变革，打破旧形式，代之以适应内容发展要求的新形式，形式与内容又基本适合。形式与内容的矛盾运动就是这样从基本适合到基本不适合再到新的基本适合的无限发展过程。

在内容与形式的相互作用和矛盾运动中，二者的关系是错综复杂的。首先，内容决定形式是归根结底意义上的决定，而不是僵死的决定。内容与形式之间并不存在僵死的一一对应关系。在一定条件下，同一内容可以采取多种形式，同一形式也可以表现不同的内容。例如，同一题材可以采用小说、电影、戏剧等多种形式来表现。同样是小说，既可以表现革命的内容，也可以表现反革命的内容。其次，在一定条件下，新内容可以用旧形式，旧内容也可以以新形式的面貌出现。例如，现代生活的内容可以用京剧等旧形式来表现；一些封建迷信的东西以“科学预测学”的形式招摇过市，骗钱害人。事物的内容是极其丰富的，事物的形式是无限多样的，它们之间的联系也是非常复杂的。只有坚持具体问题具体分析，才能全面、深刻地认识事物的内容和形式。

掌握内容和形式辩证关系的原理具有重要的意义。首先，内容决定形式。我们在观察处理问题时，必须首先注意事物的内容。注意内容，就是根据内容的需要保持或改变形式。当形式基本上适合于内容时，我们要使这种形式相对稳定，不能任意改变这种形式；当内容发生了较大变化，形式基本不适合于内容时，要及时地采取措施，抛弃旧形式，建立新形式，为内容的不断发展开辟道路。注意内容，就要反对脱离内容片面追求形式的形式主义。其次，形式对内容有反作用。我们不能忽视形式，选择、利用和创造适当的形式，促进内容的发展，把充实的内容与恰当的形式结合起来。不忽视形式，就要反对只强调内容而否认形式作用的形式虚无主义。

五、本质和现象

世界上的事物不仅是内容和形式的统一体，而且是本质和现象的统一体。任何事物既有我们的感官可以直接感知的表现于外的一面——现象，又有决定外在表现的深藏于内的一面——本质。

本质是指事物的根本性质，指组成事物的各个基本要素的内在联系。本质作为事物的根本性质，是一事物具有质的规定性的内在根据。本质是事物的内在联系，这种内在联系是由事物本身固有的特殊矛盾决定的。本质与必然性、规律性是同等程度的概念，不过本质的含义更广泛一些，它是事物内部包含的一系列必然性、规律性的综合。

现象是事物的外部联系和表面特征及这些特征的外部联系。事物的现象是纷繁复杂的。有些现象与本质是一致的，通常叫作真象；有些现象与本质不一致，一般称为假象。假象同真象一样具有客观性，它与人们在感知过程中产生的错觉不同。错觉是主观的，假象是客观的。例如，从地球上观察到的太阳每天东升西落绕着地球转，这是一种假象，它歪曲地表现着太阳系中地球的运动。这种假象是客观的。与此相对照，太阳初升时看起来显得较大，到中午时看起来显得较小，则是人们在背景不同的情况下主观上产生的错觉，其实太阳的大小并没有变化。

本质与现象之间的关系是对立统一关系。

首先，本质和现象是有区别的、对立的。主要表现在：第一，现象是事物的表面特征和外部联系，暴露于事物外部，可以为人们的感官直接感知；本质是事物的根本性质和内在联系，深藏于事物内部，是不能直接感知的，只有通过抽象思维才能把握。第二，现象是个别的、具体的，是多种多样的；本质则是同类现象中一般的、共同的东西。第三，现象是多变的、易逝的；本质则是相对平静、相对稳定的。

其次，本质和现象又是相互联系、相互依存的。列宁指出："本质在显现；现象是本质的。"[①]一方面，现象离不开本质，现象都是本质的现象。即使是假象也是本质的反映，没有不表现本质的纯粹现象。另一方面，本质也离不开现象，本质都是现象的本质。任何本质都要通过一定的现象表现出来，没有不表现为现象的赤裸裸的本质。此外，本质与现象之间并不是并列关系，本质决定现象，是现象存在的根据，现象的产生和变化归根结底是依赖于本质的。

例如，在社会生活中，人的思想品德是内在的和相对稳定的，人的言行则是外在的和多变的。一个人有好的思想品德，会通过言行表现出来；一个人有不好的思想品德，也会通过言行表现出来。他们的言行都从一定方面表现着其思想品德。有的人，尤其是思想品德不好的人，他有的言行是真象，如背着人的言行；有的言行是假象，如在众人面前的言行。假象也是本质的表现，在众人面前的言行表现了他狡猾或两面派的本质。一个人的思想品德是其言行的根据，决定其言行。

掌握本质和现象辩证关系的原理具有重要意义。首先，本质和现象的对立，说明科学研究的必要性；本质和现象的统一，说明了科学研究的可能性。本质和现象是有区别的、对立的，认识了现象不等于认识了本质，这就有必要通过科学研究揭示事物的本质。如果事物的现象和本质是直接合而为一的，一切科学就成为多余的了。本质和现象又是统一的，本质通过现象表现出来，现象表现着本质，人们就可以通过对现象的认识达到对本质的认识。其次，我们在认识和实践活动中要透过现象抓住本质。既然本质和现象之间是对立统一的关系，我们既不能使认识停留在表面现象的层次上，也不能脱离现象去凭空地构想事物的本质，而要在实践的基础上，通过大量现象的分析，去揭示事物的本质。毛泽东指出："我们看事情必须要看它的实质，而把它的现象只看作入门的向导，一进了门就要抓住它的实质，这才是可靠的科学的分析方法。"[②]

---

① ［苏］列宁：《黑格尔〈哲学史讲演录〉一书摘要》，《列宁全集》第55卷，人民出版社，1990年，第213页。

② 毛泽东：《星星之火，可以燎原》，《毛泽东选集》第1卷，人民出版社，1991年，第99页。

第五章　认识的本质和发展过程

实践的观点是辩证唯物主义认识论首要的和基本的观点。马克思主义哲学第一次全面科学地解决了认识的基础、本质和发展规律等一系列重大问题，从而为人们认识世界和改造世界提供了科学的思想武器。马克思主义哲学认识论是能动的反映论，关键就在于它把科学的实践观点引进了认识论，将实践作为全部认识论的基础，并将辩证法运用于反映论。

第一节　认识的基础和本质

实践是人类全部认识活动的基础和出发点。实践决定认识，认识依赖实践。我们只有从实践基础出发才能对认识的产生和发展做出科学的说明。

一、实践是认识的基础

（一）实践是认识的来源

首先，认识产生于实践的需要。人的认识活动不是无缘无故地发生的，而是适应实践的需要，为了解决实践提出的问题和任务而产生的。客观物质世界是人的认识对象，但并不是客观世界的一切事物都会成为人们实际的认识对象。哪些事物首先成为人们现实的认识对象，归根结底是由人们的实践需要和实践水平决定的，科学研究的任务一般来说也是围绕着人类实践需要这一中心来确定的。其次，实践为认识的形成提供了可能，并把这种可能变为现实。认识是主体对客体能动的反映，只有当主体同客体相接触时认识才能发生，而实践正是沟通主体和客体联系的桥梁，是唯一能够使二者联系起来的客观基础。

从认识发生和形成的实际过程来看，人们总是在变革客观事物的实践中反映客观事物的。人们正是在与客观事物的直接接触中，首先依靠自己的感官感知事物的现象，又在变革客观事物的实践中暴露和发现事物的内部联系，从而把握事物的本质和规律。即使对于人的实践活动无法直接进入或难以进入的某些领域，如遥远的天体、深部的地层等，人类也是通过探索性实践活动去认识的。

实践出真知。自然知识是生产实践和科学实验的结晶，社会知识是改造社会的经验总结，思维知识是人的实践活动方式的内化，哲学知识则是对自然知识、社会知识和思维知识的概括与总结。人们的一切知识归根结底都是在实践基础上产生和发展起来的。

“认识来源于实践”和“认识来源于客观世界”，这两个命题在马克思主义认识论里是统一的。“认识来源于客观世界”，只是说明认识的对象是什么，它还仅仅是一般唯物主义反映论的命题，必须进一步指出“认识来源于实践”，才能从一般唯物主义反映论前进到辩证唯物主义的能动反映论。坚持实践是认识的源泉，就是承认任何人的知识都只能在实践中获得也只能在实践中增长。人的大脑和感官在生理素质上是有一定差别的。所谓天才，不过是说他们在禀赋方面比一般人强一些，绝非“不学而知，不学而能”。生理素质的差别只是人们进行实践和认识的客观条件，并不是知识和才能本身。天才如果脱离了实践，就不会有任何知识和才能。

辩证唯物主义认识论坚持实践是认识的源泉，肯定实践出真知，但并不排斥学习间接经验的必要性和重要性。人的知识不外乎来自直接经验或间接经验。直接经验是自己亲身参加变革现实的实践获得的知识，间接经验是指从前人、他人那里或从书本上获得的知识。就一个人的知识来说，大多数来自间接经验，来自他人的传授或者阅读书籍。任何人都不可能也没有必要事事去亲身实践。所以，在强调参加实践的前提下，必须努力读书，虚心学习间接经验。贬低书本知识，轻视教育，拒绝学习前人和别人的知识，是完全错误的。

当然，肯定学习间接经验的必要性和重要性，与肯定实践是认识的源泉是一致的，这是因为：首先，间接经验也是前人或他人从实践中得来的，因此间接经验是知识的“流”而不是“源”，在我为间接经验，在前人或他人那里则为直接经验，所以，总体来说，一切知识都发源于实践。其次，要真正掌握间接经验，把书本上的知识变成自己的知识，还必须结合自身的实践，所谓“古人学问无遗力，少壮工夫老始成。纸上得来终觉浅，绝知此事要躬行”说的就是这一道理。

（二）实践是认识发展的动力

认识只有在实践中才能产生，也只有依赖于实践才能发展，实践是推动认识由低级向高级不断发展的动力。

首先，实践的发展不断给认识提出新课题，推动认识向前发展。人类认识发展史表明，社会的需要，实践的发展，不断提出新的课题要求解决，推动人们进行新的探索。同时人们也只有在总结新的实践经验的基础上，才能实现新突破，形成新理论。恩格斯说：“社会一旦有技术上的需要，这种需要就会比十所大学更能把科学推向前进。”[①]在古代，由于农业、水利、建筑等需要的推动，产生了古代天文学、几何学、力学等。近代自然科学的巨大发展有赖于资本主义的社会化大生产发展的需要。现代科学技术的突飞猛进同样也是由现代社会实践推动的。

其次，实践提供认识发展的可能性及其实现的必要条件。经验材料作为认识的前提是实践提供的，没有经验材料的积累，认识将成为没有具体内容的空洞形式。例如，如果没有人类长期观察天体的经验和知识的准备，尤其是如果没有 15—16 世纪工业、商业、航海业等实践活动的发展积累的经验材料，哥白尼的太阳中心说是不可能产生的。实践还为科学认识提供必要的认识工具和手段，延长和扩展主体的感官功能，使认识得以不断深化和提高。尤其在现代，如果没有先进的观察工具和实验手段，许多领域的重大认识课题都无法解决。例如，人们正是借助于射电望远镜、光谱分析仪、宇宙探测器，才能获得距地球 200 亿光年之远的星系的信息。

最后，实践改造了人的主观世界，促进了人类认识能力的发展。认识的发展与作为认识主体的人本身的发展是分不开的。如果人的主观世界没有得到相应的改造和发展，就不能驾驭各种经验材料，不能有效地运用各种认识手段。人的认识能力包括感觉能力和思维能力，都是在长期的实践中锻炼和提高的。

（三）实践是检验认识是否具有真理性的唯一标准

人们在实践中得到的认识是否正确，是否具有真理性，不能靠主观上觉得如何而定，只能靠实践来检验，只有实践才是检验认识是否具有真理性的唯一标准。

（四）实践是认识的最终目的

认识世界本身并不是目的，人们认识世界是为了改造世界，这才是认识的最终目的。任何一种理论归根结底都是为实践服务的。如果有了正确的理论，只是把它空谈一阵，束之高阁，并不实行，那么再好的理论也是没有意义的。实践是人类认识发展的最后归宿，是认识过程本身所要达到的最终目标。我们必须坚持认识世界和改造世界的统一，为了改造世界而认识世界，在改造世界中认识世界。

总之，社会实践是马克思主义哲学认识论的立足点和出发点，只有以此为基础才能对认识的来源、动力、标准和目的做出科学的说明。实践的观点是辩

---

① ［德］恩格斯：《致瓦·博尔吉乌斯》，《马克思恩格斯选集》第 4 卷，人民出版社，1995 年，第 732 页。

证唯物主义认识论之首要的和基本的观点。是否以科学的实践观点为基础去说明认识问题，是马克思主义哲学认识论区别于其他一切哲学认识论的根本标志。

二、认识对实践的相对独立性

实践是认识的基础，认识依赖于实践，这是必须始终坚持的马克思主义认识论的理论前提。同时，马克思主义哲学并不否认认识对实践的相对独立性，认识的发生和发展有其自身独特的规律，认识对实践具有能动的指导作用。

第一，从认识的发生来说，马克思主义哲学认为劳动活动在人类认识的发生过程中起着决定作用。劳动活动一方面内化为主体的认识结构、认识图式，另一方面又对象化出物质工具和文化的世界，人类的认识活动正是从生产劳动的实践开始的。但是，在实际的认识活动中，并非每一理论的发生都与实践直接联系着。在具体的科学研究活动中，认识的发生往往是以兴趣和问题为起点的，有的是在生产中发现问题，有的是从现有理论的矛盾中发现问题，也有的是在实验中发现问题，然后经过艰苦的逻辑和非逻辑的思考研究，由提出假说到实现理论创新和实践验证。

第二，从认识的发展来说，认识的发展具有自身特殊的规律。人的认识不仅存在于认识者即主体的大脑里，还可以通过文字、语言、书籍等形式加以对象化，成为同主体相脱离的观念的客体。随着人类认识的发展，认识成果的不断积淀，就形成一个庞大的知识理论体系，并具有相对独立、比较稳定的特征。

首先，认识与实践具有不完全同步性。实践决定认识，认识依赖于实践，但认识并不是亦步亦趋地跟随实践，在认识与实践的相互作用中，认识先于实践的情况是常有的。科学认识的超前发展是人类活动的一个重要特征，建立在实践基础之上的科学认识能够把握客观事物的变化规律和未来趋势，从而对未来实践活动做出预见和起指导作用。至于认识落后于实践的情况更是常见，由于种种因素的影响，主体的认识不能随着客观条件的变化而变化，思想没有随着实践的发展而发展，从而陷入认识落后、思想保守、观念陈旧的状态，就会阻碍实践的发展。

其次，认识的发展具有历史继承性。每一时代的认识固然受该时代实践水平的决定，同时又受前人认识的影响，任何人的认识都是在继承和吸取前人认识成果的基础上形成的。认识的创新必须以以往的认识成果为起点。人们通过学习研究某一理论知识体系，发现其中的矛盾，消除新旧理论之间的矛盾，填补知识体系的空白环节，简化或优化理论的结构等，这些都是科学发展与创新的惯常模式。

再次，各种认识形式之间还相互制约，相互影响。某一种认识的发生和发展往往是多方面因素起作用的结果，既与当时的实践相联系，也与其他思想认识形式的影响作用密切相关。例如，哲学理论对于其他各种形式的认识都具有指导作用，政治法律思想则对人们的认识具有特别强烈的影响作用。

最后，认识发展的相对独立性还表现在，基于同一实践过程的人们可能会形成完全不同的认识。由于认识主体的实际利益、观察角度、认知结构和思维方式等的不同，人们从同一实践中会得出不同的甚至截然相反的结论，有的正确反映客观事物及其规律，有的则对客观事物及其规律做出歪曲颠倒的反映。

第三，就认识的指导作用来说，认识是适应实践的需要产生的，它要服务于实践。认识以实践为基础，实践又必须以认识为指导。认识只有在指导实践中，才能充分显示其改造世界的伟大作用。实践如果离开了科学理论的指导，就会变成盲目的实践。认识对实践的指导作用是认识相对独立性的最突出的表现。科学理论对实践的指导作用主要表现在：

首先，实践目标的确立需要科学理论的指导。确立何种事物为变革的目标，通过变革客观事物的实践活动要达到什么目的，从根本上来说是由主体的需要和实践的客观条件决定的。在特定阶段，主体合理的需要是什么？有利的和不利的客观条件分别有哪些？怎样选择和利用有利的客观条件去实现主体的需要？这些问题的解决都必须由科学理论做指导。

其次，实践手段和方法的取舍与运用需要科学理论的指导。实践目标确立以后，还必须有相应的手段和方法才能实现。由各种工具、手段与方法构成的中介系统是实践活动的关键环节。它是不同时代实践水平的客观标志，对认识的发生、发展和结果有重要的影响。认识主体的知识结构、思想观念和思维方式等对实践手段和方法的选择与利用具有重要的指导作用。这就要求认识主体以科学理论为指导，对实践材料进行分析与取舍，对实践手段进行组织与安排，对实践过程进行计划与控制。

再次，实践结果的评价需要科学理论的指导。实践结果就是主体改造客体的活动造成的事实。这一事实无论是否合乎主体意愿与设想，都已经是一个客观存在。它体现主体对客体尺度把握得是否正确，也反映主体对自身尺度的把握是否合理。要准确、全面地评价实践的结果，就要运用价值标准对实践结果的效用进行评价，运用真理标准对实践结果进行是非评价，运用审美标准对实践结果的美丑做出判定，无论哪方面的评价都必须以一定的世界观、价值观和审美观为指导。

最后，实践过程的调控、激励需要科学理论的指导。实践活动实际上是一个动态过程，要使实践活动始终朝着主体的理想目标发展，主体就要不断分析各种反馈信息，并及时地根据反馈信息对自身的目的、行为和外在的手段、目标进行调整。这种自觉主动的信息反馈和调整当然离不开科学理论的指导。

总之，贯穿人类认识的运动过程始终并起决定作用的是实践。同时，认识对实践又具有相对的独立性和能动的指导作用。正因为如此，人类的实践才具有区别于一切动物活动的自觉能动性特点。忽视或者不承认认识的相对独立性，不研究认识独特的发展规律，轻视理论的指导作用，在理论上是错误的，在实际工作中是非常有害的。今天为了实现推进现代化建设、完成祖国统一大业、维护世界和平与促进共同发展这三大历史任务，在中国特色社会主义道路上实现中华民族的伟大复兴，特别需要强调科学理论对实践的指导作用，这就是高举中国特色社会主义伟大旗帜，坚持解放思想、实事求是、与时俱进，确保我们正在从事的伟大实践不断走向胜利。

三、认识的本质是在实践基础上主体对客体的能动反映

马克思主义认识论基于对实践在认识中的决定作用的分析，认为认识的本质在于：认识是以实践为基础的主体对客体的能动反映。这一观点体现了马克思主义认识论的基本立场，划清了马克思主义认识论与唯心主义先验论、不可知论和旧唯物主义认识论的界限。

（一）坚持唯物主义反映论，反对唯心主义先验论

唯物主义和唯心主义在认识论上是对立的。唯物主义反映论与唯心主义先验论是两条根本对立的认识路线。唯物主义反映论从物质第一性、意识第二性的基本前提出发，坚持认识是“从物到感觉和思想”的认识路线；唯心主义先验论从意识第一性、物质第二性的基本前提出发，坚持认识是“从感觉和思想到物”的认识路线。

唯物主义认为，认识是主体对客体的反映。这就是唯物主义反映论。所有的唯物主义在认识论上都坚持反映论。现代信息科学的发展进一步证明了唯物主义反映论是正确的。主体认识客体就是主体接受客体的信息，并对其筛选、存贮、加工的过程，也就是反映的过程。

唯心主义否认认识是主体对客体的反映，把认识看成先于物质、先于实践经验的东西。这就是唯心主义先验论。主观唯心主义把认识看成是人头脑中固有的，是主观自生的。客观唯心主义认为认识来源于某种“客观精神”。唯心主义先验论是错误的，它不符合人的认识的实际过程。

（二）坚持辩证唯物主义可知论，反对不可知论

在认识论上还有可知论与不可知论的对立。所谓可知论，就是主张世界是

可以认识的。唯物主义反映论都坚持可知论，肯定人能正确反映世界。彻底的唯心主义也坚持可知论，但与唯物主义可知论有着原则的区别。因为在这些唯心主义者看来，世界本质上是精神，精神认识世界，就是精神的自我认识。

所谓不可知论，就是认为世界是不可认识或不可完全认识的。不可知论并不直接否认主体之外的客观世界，但它回避世界就其本质而言是物质还是精神的问题。如英国哲学家休谟认为，人知道的只是自己的感觉，至于感觉之外是否存在客观世界和感觉能否正确反映客观世界等问题，都是不可能知道的。德国哲学家康德承认有客观世界即“自在之物”存在，它引起人们的感觉，他认为人只能认识“自在之物”引起的感觉，不能认识“自在之物”本身。

由于不可知论怀疑人类科学知识的客观性，怀疑人的认识能力，所以一直受到旧唯物主义者和彻底的唯心主义者的批判。他们对不可知论的批判都是不深刻的，没有对不可知论做出令人信服的驳斥。

只有马克思主义运用实践的观点才对不可知论进行了彻底的批判。恩格斯指出：“对这些以及其他一切哲学上的怪论的最令人信服的驳斥是实践，即实验和工业。既然我们自己能够制造出某一自然过程，按照它的条件把它生产出来，并使它为我们的目的服务，从而证明我们对这一过程的理解是正确的，那么康德的不可捉摸的‘自在之物’就完结了。”[①]实践之所以是驳斥不可知论最有力的论据，是因为实践的成功能证明我们对客体的认识是正确的。世界上只存在现在尚未被认识的事物，不存在永远不能认识的事物。

（三）坚持能动的革命的反映论，反对直观被动的反映论

马克思主义认识论与旧唯物主义认识论都坚持唯物主义反映论和可知论，这是它们的共同点。但在认识如何产生和发展的问题上，它们有原则的区别。二者的根本区别在于：

首先，旧唯物主义认识论缺乏实践的观点，而马克思主义认识论把科学的实践观引入认识论，并以之作为全部认识论的基础。旧唯物主义认识论离开实践考察认识问题，它把主体理解为单纯生物学意义上的、只是反映世界的人，而不懂得主体是积极从事实践活动的人；把客体仅仅理解为认识的对象，而没有看到客体还是实践的对象；只看到主体与客体之间的认识关系，看不到二者之间的实践关系，因而看不到主体对客体的能动作用，把认识看成照镜子似的、直观被动的反映。马克思主义认识论十分强调实践在认识中的作用，把主体理解为从事实践活动的人，把客体理解为既是认识对象又是实践对象，认为主体

① ［德］恩格斯：《路德维希·费尔巴哈和德国古典哲学的终结》，《马克思恩格斯选集》第4卷，人民出版社，1995年，第225—226页。

与客体之间的关系最重要的是实践关系，主体为了改造客体才去认识客体，而且只有在改造客体的实践中才能认识客体。这样，马克思主义认识论就揭示了认识是主体通过实践积极能动地反映客体的过程。

其次，旧唯物主义认识论缺乏辩证法的观点，马克思主义认识论把辩证法应用于反映论，揭示出认识是一个充满矛盾的辩证过程。旧唯物主义认识论不懂得认识过程的辩证法，把认识看成一个从客体到主体的单向过程，并且是一次完成的。马克思主义认识论坚持认识过程的辩证法，认为认识过程与实践过程是联系在一起的，不仅有从客体到主体的反映过程，而且有从主体到客体的实践过程。并且认识不是一次完成的，而是一个发展过程，是一个贯穿着主体与客体、认识与实践、感性与理性、真理与谬误、绝对与相对等一系列矛盾运动的发展过程。

总之，由于旧唯物主义认识论缺乏实践的观点和辩证法的观点，它是直观被动的反映论；由于马克思主义认识论强调实践的观点和辩证法的观点，它是能动的革命的反映论。马克思主义关于认识是以实践为基础的主体对客体的能动反映的观点，揭示了认识的本质，实现了认识论的伟大变革。

马克思主义认识论认为，能动的反映是摹写和创造的统一。反映具有摹写性，是指人的认识作为对某一事物的反映，必然是以这一事物为原型的。反映的摹写性决定了反映的客观性，就是说，人的认识的表现形式不论多么抽象和复杂，归根结底都来源于被反映的对象。反映具有创造性，是指人的认识不是对客观对象简单、直接的摹写，而是一种能动的创造性活动。人的认识活动的结果并不仅仅是与直观客体相对应的感性形象，而主要是以概念、命题、公式等抽象形式出现的理论体系。这些理论是在对感性材料加工过程中进行创造性思维活动的结果。只有经过创造性的思维活动，人们才能揭示事物的本质和规律。反映的创造性体现着主体的能动性。在人的实际认识过程中，摹写与创造是辩证统一的。摹写是创造性摹写，而不是直观的镜面式的摹写；创造是以摹写为基础的创造，而不是主观随意的编造。如果只讲反映的创造性，看不到其摹写性，就会陷入否认认识客观性的唯心主义先验论；如果把反映完全等于摹写，看不到其创造性，就会陷入否认认识能动性的旧唯物主义直观被动的反映论。

四、非理性因素在认识过程中的作用

人的认识过程是十分复杂的，并非只有理性因素起作用。所谓人是有理性的社会存在物，是说人就其主导的方面来说是理性的，在认识活动中理性因素起主要的作用，这并不意味着人的非理性因素不起作用。实际上，作为认识主体的人集意志、情感和认知能力于一身。人的任何心理要素、意识要素都会参与到认识活动之中，对认识的形成和发展发生作用。

所谓人的非理性因素，有狭义和广义两种理解。狭义上说，在人的知、情、意这三大类意识要素中，"知"包括主体的理性直观、理性思维等能力，属于人的理性因素；而"情"和"意"即情感和意志，同时也包括动机、欲望、信念、信仰、习惯、本能等，这些不以理性思维为特征的精神要素属于非理性因素。广义上说，除上述含义外，人们还常把人的认识能力中不能被逻辑思维概念包含的主体心理形式，如幻想、想象、猜测、直觉、灵感等，也包括在人的非理性因素中。因此，人的非理性因素具体地可分为两类：前一类不属于人的认识能力，而是作为一种精神力量渗透到主体的认识和实践活动中，并对其产生影响；后一类虽属于人的认识能力，但与逻辑的、自觉的理性思维相比，具有不自觉、非逻辑性等特点，因而在广义上也属于非理性的因素。

第一，情感、意志、欲望和需要等非理性因素，虽不属于人的认识能力，但对人的认识活动的发动与停止、对主体认识能力的发挥与抑制起着重要的控制和调节作用。

情感因素对人的认识进程具有重要的影响。人的活动总有情绪、情感的因素贯穿其中，并受到情绪、情感的激发或抑制，认识活动也不例外。积极的情感、情绪给认识活动注入了活力和生气，对认识的发展是一种推动的力量。人的求知欲、兴趣、好奇心都与人的情感和情绪有密切联系。当人的情感与其从事的认识活动发生共鸣时，认识就会受到激化，从而激发人的认识潜能，加速认识的进程；反之，当人对从事某种认识活动缺乏热情和情感，或情绪懈怠、消沉时，人的认识能力就受到抑制，认识进程就受到影响。激情可以打破思维的平静，使人爆发出智慧的火花，但过度的激情也有可能使人失去理智，造成思维的混乱或违反逻辑。因此，要发挥情感和情绪对认识进程的积极作用，就需要对情感和情绪进行适当的调节与控制。

与情感一样，意志对人的认识的进程也是一种激发和调控因素，是认识运动的支撑力量和推动力量。认识活动的进行不能缺少人的意志努力，特别是面对复杂的认识对象时或在科学研究的过程中，更需要人以百折不挠、坚忍不拔的意志去克服重重困难，实现某种目标、理想。马克思说过："在科学上没有平坦的大道，只有不畏劳苦沿着陡峭山路攀登的人，才有希望达到光辉的顶点。"[①]意志不仅是人为实现某种目的而克服障碍或困难的积极能动的主观条件，而且对调控人的情感情绪也起着重要的作用。在人的认识活动中，意志以目的性和自觉性的特

① ［德］马克思：《〈资本论〉第1卷法文版序言》，《马克思恩格斯全集》第23卷，人民出版社，1972年，第26页。

点把理智和情感、冷静和激情统一起来，用理智调控情感，又用情感激活理智，从而使主体能在极端困难的条件下，排除外在的和内在的干扰，甚至承受一定的痛苦和牺牲，去实现自己的目标和理想。

情感、意志等非理性因素，它们之间相互作用、相互影响，同时，这些非理性因素又与人的理性因素相互作用、相互影响。非理性因素对理性因素既起着动力调控的作用，又要受到理性因素的制约。情感、意志等非理性因素就是这样通过推动、激发、调控人的理智和智能而影响、作用于人的认识过程。

第二，幻想、想象、直觉、灵感等非理性因素，是人的认识能力的一部分。在人的认识过程中，它们和思维的逻辑形式相互作用、相互补充，对认识的发展和飞跃起着十分重要的作用。

在人的认识过程中，逻辑思维固然具有严格的程序性、规范性的优点，但它也有自身的缺陷。在科学研究中，人们往往不是在掌握了全部事实材料后再进行逻辑创造，而是运用大胆的想象、幻想或灵感，实现对某些复杂事物的本质、结构或规律的认识。幻想、想象和突如其来的灵感不仅可以把复杂的对象纯粹化、简单化，而且有助于进行创造性构思。科学史上许多发现和发明都是在实验和逻辑分析的基础上，借助创造性的大胆想象提出来的。当然，想象、直觉、幻想等非逻辑的思维活动不能脱离概念、判断、推理等理性思维形式和逻辑思维基础。科学史上的许多事实表明，灵感和直觉多属于那些以顽强毅力投入科学实验，并运用自己的全部知识、经验和思维进行艰苦探索的科学家。非理性因素不是凭空产生的，更不是什么神秘的力量，它要受理性思维、逻辑思维的制约。认识运动的辩证本性，就表现在它是逻辑的循序渐进过程和非逻辑的跳跃上升过程的有机统一。否认理性因素的主导地位，夸大非理性因素的作用是错误的；完全否认非理性因素的作用，只承认理性因素的作用，也不符合事实。

第二节　认识的辩证过程

实践对认识的决定作用充分地、具体地体现在认识的辩证运动中。列宁说：“从生动的直观到抽象的思维，并从抽象的思维到实践，这就是认识真理、认识客观实在的辩证途径。”[①]毛泽东进一步阐明了认识过程是在实践的基础上由感性认识能动地发展到理性认识，又由理性认识能动地回到实践，实践、认识、再实践、再认识，循环往复以至无穷的辩证运动过程。

---

① ［苏］列宁：《黑格尔〈逻辑学〉一书摘要》，《列宁全集》第 55 卷，人民出版社，1990 年，第 142 页。

一、从感性认识到理性认识

认识发展过程的第一次飞跃是从实践到认识的过程，也就是在实践基础上从感性认识上升到理性认识的过程。感性认识是人们在实践中通过感觉器官获得的关于事物外部联系和表面特征的认识形式，它是认识的初级阶段。

感性认识有感觉、知觉、表象三种形式。感觉是客观事物作用于人的感官引起的一种最简单的反映形式。人有眼、耳、鼻、舌、皮肤等感觉器官，这些器官是人与对象之间的桥梁和通道。当外界事物作用于人的这些感觉器官时，产生的刺激信号通过神经系统传到大脑，就产生了各种感觉。知觉是对事物表面现象和外部联系的综合反映。它是在感觉基础上形成的，每一感觉反映事物某一个方面的表面特性，而知觉是对事物各种感觉的综合，形成对事物的整体的形象。表象是在知觉的基础上形成的感性形象。表象与感觉和知觉不同，感觉和知觉是对当前事物的反映，是由当前的事物引起的；表象则是对曾经感知过的而此时不在眼前的事物的反映。从感觉、知觉到表象，已经显示出认识的发展。这一发展是从对事物表面的个别特性的反映到各种特性的综合反映，从对事物的当下反映到事后的回忆再现。在表象中，认识已经表现出了一定的选择性，即表象总是有选择地反映事物，它舍去了过去感觉和知觉事物的一些次要特性，留下对自己比较重要、比较有意义的特性。这说明表象已经开始有概括、抽象的萌芽。但是，表象并没有超出感性认识的范围。

感性认识是事物表面现象的反映。它的特点：一是直接性，就是感性认识与客观对象之间不存在中介，是人们的感觉器官对事物的直接感知；二是具体性，就是感性认识是以感觉、知觉、表象这样具体形象的形式，反映事物的表面现象。不断的实践活动使人们对事物的感性认识越来越多，积累到一定程度，就会从感性认识上升到理性认识。

理性认识是人们在感性认识的基础上，通过头脑的思维活动得到的关于事物本质和规律的认识，是认识的高级阶段。一切科学的定义、定理、定律、理论、观点等都属于理性认识。

理性认识有概念、判断、推理三种形式。概念是反映事物特有属性的思维形式。人们在实践中，对事物的感性认识多了，经过头脑的分析和综合，舍弃事物个别的、非本质的属性，抽象概括出同类事物共同的、本质的属性，并用词或词组的语言形式表达出来，这就是概念。判断是对物有所肯定和有所否定的思维形式。判断是从概念发展而来的，它总是表现为概念之间的一定联系，并以句子的语言形式表达出来。例如，“苹果是水果”就是一个判断，它肯定了苹果与水果之间的联系，即苹果是水果的一种。推理是根据事物之间的联系，由已有判断推出新判断的思维形式。判断组成推理，已有判断叫前提，推出的新判断叫结论，推理就是由前提推出结论的思维过程，是人类思维创造性的体现。在推理过程中，必须前提真实，逻辑正确，才能得出必然的结论。

理性认识这三种形式既有区别，又有联系，人的思维总是沿着从概念到判断再到推理这一过程进行的。理性认识的特点如下：一是间接性，即它不是人们在接触事物的过程中直接产生，而是在感性认识的基础上，经过头脑思维才产生的对事物的间接反映。二是抽象性，即它不是具体形象地反映事物的表面现象，而是以概念、判断、推理这样抽象的逻辑思维形式反映事物的本质和规律。

感性认识和理性认识是由实践到认识这一飞跃过程中的两个阶段，两者的形式、内容和特点都各不相同。感性认识反映事物的表面现象，是人们认识的初级阶段。理性认识反映事物的本质和规律，是人们认识的高级阶段。人们凭感觉器官不能把握到的东西，理性认识能够把握到。理性认识对事物的反映虽然不如感性认识具体形象，但它更深刻、更全面地反映了事物的本质和规律。感性认识和理性认识虽然有区别，但两者并不是互相隔绝的，而是在实践的基础上辩证统一起来的两种认识形式，或者整个认识过程中不同的环节。感性认识和理性认识的辩证统一表现在：

第一，感性认识和理性认识相互依赖。一方面，理性认识来源于感性认识。感性认识是认识的起点，理性认识必须以感性认识为前提，离开了感性认识，理性认识就成为无源之水、无本之木，整个认识运动就无法进行。另一方面，感性认识需要深化，有待发展为理性认识。这是因为感性认识是认识的低级阶段，有其局限性，它只反映事物的表面现象，不反映事物的本质和规律。

第二，感性认识和理性认识是相互渗透的。人的认识是一个复杂的过程。在这个过程中，既不存在纯粹的感性认识，也不存在纯粹的理性认识，感性认识和理性认识是相互渗透的。

第三，感性认识有待于发展到理性认识，这是认识论中的辩证法。感性认识只是对事物现象的反映，不能很好地指导人们的实践。只有反映事物本质的理性认识，才能很好地指导人们的实践。感性认识必须上升到理性认识。

割裂感性认识和理性认识的辩证统一会导致经验论和唯理论。经验论认为只有感性经验是可靠的，理性认识是不可靠的。唯理论认为只有理性认识是可靠的，感性认识是不可靠的。两者各执一端，都是错误的。实际工作中的经验主义和教条主义也犯了类似经验论和唯理论的错误。经验主义片面夸大感性经验作用，轻视科学理论，把局部经验当作普遍真理，到处搬用。教条主义片面夸大理论和书本知识的作用，轻视感性经验，一切从本本出发，把理论当成万古不变的教条，生搬硬套。这两种倾向都是主观主义的，都曾给中国的革命和建设带来巨大损失。我们要努力防止和纠正这两种片面性。

在实践的基础上由感性认识上升到理性认识是一次能动的飞跃。要正确地实现这次飞跃，必须具备两个条件：

第一，掌握丰富的、合乎实际的感性材料，这是感性认识上升到理性认识的基础。事物的本质和规律隐藏在现象后面，理性认识要反映事物的本质和规律，只有通过现象才能把握到。因此，必须掌握反映事物现象的十分丰富而不是零碎不全、合乎实际而不是虚假的感性材料。如果感性材料零碎不全，或者虚假不真，就无法通过它获得对事物本质和规律的认识。正如工厂原料不足，或者原料质量不好，不可能加工出合格产品一样。

第二，运用科学方法进行思考，对感性材料进行改造制作，这是感性认识上升到理性认识的途径。掌握丰富的、合乎实际的感性材料，是感性认识上升到理性认识的基础。但要把握事物的本质和规律，只掌握感性材料是不够的，认识主体还必须发挥自己的能动性，运用科学的思维方法，如归纳和演绎、分析和综合等，进行提炼、升华，上升为理性认识。把握事物的本质和规律，必须经过头脑的思考作用。这种思考作用正如毛泽东所说，"将丰富的感觉材料加以去粗取精、去伪存真、由此及彼、由表及里的改造制作工夫，造成概念和理论的系统"[①]。

二、从理性认识到实践

毛泽东说："认识的能动作用，不但表现于从感性的认识到理性的认识之能动的飞跃，更重要的还须表现于从理性的认识到革命的实践这一个飞跃。"[②]从理性认识到实践，是把人们的思想变成改造世界的实际行动，使主观思想转化为客观现实，因而这是质的变化，是认识过程中的又一次飞跃。

理性认识之所以要回到实践中去，是因为：第一，理性认识只有回到实践中去，才能得到检验和发展。在前一次飞跃中得到的理性认识，并不都是正确的。在这些认识中，究竟哪些理性认识是正确的，哪些理性认识又是错误的，在经过实践检验之前是不能确定的。因此，理性认识只有回到实践中去，用实践去检验获得的理性认识，正确的被证实，错误的被发现、纠正，不完全的得到充实，才能推动认识进一步发展。第二，理性认识只有回到实践中去，才能达到改造世界的目的。认识世界是为了改造世界，理论本身不能直接改造世界，只有回到实践中去，通过指导实践，才能发挥改造世界的作用，达到认识世界的目的。

① 毛泽东：《实践论》，《毛泽东选集》第1卷，人民出版社，1991年，第291页。
② 毛泽东：《实践论》，《毛泽东选集》第1卷，人民出版社，1991年，第292页。

正确实现从理性认识到实践的飞跃，必须具备三个条件：第一，理论要同具体实践有机结合起来，化为指导实践的具体观念。理论反映事物的本质和规律，是一般性的东西，而实践是具体的。因此，理论要从实际出发，与具体实践相结合，化为直接指导实践的具体观念，即一定的目的、计划、方案，才能发挥自己的指导作用。第二，理论付诸实践，要有一定的物质条件。如果没有一定的科学技术手段和社会物质力量，理论是不能转化为实际的。第三，理论要为群众所掌握。社会实践的主体是群众，一种新的理论开始总是个别人提出的，因而只有经过宣传教育，使理论为群众所接受，才能变为群众的实践。

三、认识运动的不断反复和无限发展

认识过程具有反复性。人们对于复杂事物的认识，由于受到各种主观条件和客观条件的限制，不是一次完成的，往往需要经过由实践到认识、由认识到实践的多次反复才能完成。从客观条件来看，事物是复杂的，事物本质的暴露有一个过程，并且人的认识受到社会历史条件和科学技术条件的限制。从主观条件来看，人的认识受到主体的知识水平、认识能力及其立场、观点、方法的限制。因此，认识过程中发生错误是难免的，一个正确的认识需要经过实践、认识、再实践、再认识的多次反复才能完成。

认识过程具有无限性，由于客观世界的发展是无限的，社会实践的发展也是无限的，因而人类认识的发展也是无限的、永无止境的。

人们对原子结构的认识就经历了一个曲折的过程。从 1808 年道尔顿提出原子的科学假说，到近年来对基本粒子研究的新进展，经历了 190 多年。这期间，科学家们经历了实验、认识、再实验、再认识的多次反复，才对原子结构形成了比较正确和深刻的认识，但这个认识还要无限继续下去。人们对社会的认识也是如此。新中国成立后，我们对社会主义的认识也经历了一个曲折发展的过程，积累了许多成功的经验，也付出了沉重的代价。1978 年党的十一届三中全会科学地分析了中国社会主义建设正反两方面经验，开始找到中国特色社会主义道路。

认识过程的两次飞跃和认识的反复性、无限性综合起来，就是认识辩证运动的全过程：实践、认识、再实践、再认识，这种形式，循环往复以至无穷，使认识由低级向高级发展。这就是认识发展的总规律。

认识辩证运动的过程体现了主观和客观、认识和实践之间具体的历史的统一。它们的统一是具体的，是指主观认识与客观实际相符合，是在一定具体历史条件下的符合，是在社会实践发展的一定历史阶段上的符合。它们的统一是

历史的，是指主观认识应随着社会实践的发展而发展，与不断发展着的社会实践相适应。

人们的认识落后于或超越于客观实践的发展阶段，都是割裂了主观和客观、认识和实践之间的具体的历史的统一。思想认识落后于社会实践是保守主义，是右的错误；超越社会实践，是冒险主义，是“左”的错误。毛泽东指出：“我们的结论是主观和客观、理论和实践、知和行的具体的历史的统一，反对一切离开具体历史的‘左’的或右的错误思想。”①

第三节　真理的属性和检验标准

一、真理及其客观性

认识产生和发展的过程就是在实践的基础上不断发现真理、证实真理和发展真理的过程。

真理是人们对客观事物及其规律的正确反映。真理是一种认识，它不是客观事物及其规律本身，而是对它们的正确反映。真理在形式上是主观的，但真理是有客观性的，因而称为“客观真理”。真理的客观性是指：第一，真理内容的客观性，即真理作为对客观事物及其规律的正确反映，本身包含着不以人的意志为转移的客观内容；第二，真理检验标准的客观性，即真理之所以是真理并不是因为某位天才人物的决断，而是实践检验的结果，实践本身就是一种客观的物质性活动。

真理是客观的，因而真理是没有阶级性的。尽管在阶级社会人们对真理的认识和运用总是受阶级立场制约，但真理本身是没有阶级性的。在真理面前人人平等，也就是说，在对真理的认识上人人平等，究竟谁能掌握真理，不在于他的权位高低，而取决于他有没有老老实实的科学态度；在真理标准面前人人平等，检验真理的标准是社会实践，对任何人都是一样的；在真理的作用上人人平等，任何人都要服从真理，一个人不管权位多高，如果违背真理，迟早会受到真理的惩罚，人人要服从真理，其实际内容是人人都要服从客观规律。

辩证唯物主义承认真理的客观性，是以坚持物质第一性，意识第二性，在实践的基础上主体能够正确反映客体为前提的。承认人们的认识内容来自客观世界，也就是承认了客观真理。列宁指出：“认为我们的感觉是外部世界的映象；

① 毛泽东：《实践论》，《毛泽东选集》第1卷，人民出版社，1991年，第296页。

承认客观真理；坚持唯物主义认识论的观点，——这都是一回事。”[①]坚持真理的客观性就是在真理观上坚持唯物主义。

与唯物主义相反，唯心主义从意识第一性、物质第二性的基本前提出发，否认认识是主体对客体的反映，否认真理的客观性，坚持主观真理论。主观真理论最典型的代表是实用主义真理观，其基本观点是“有用就是真理”，它只强调真理的有用性而否认真理的客观性。实际上，真理的客观性才是其根本属性，它的有用性是以客观性为前提的。如果离开了客观性，仅仅凭有用性来判断一种认识是否真理，就会把荒谬的东西也说成真理。

在认识过程中，既有真理，又有谬误。真理和谬误是对立的统一。真理与谬误是对立的，真理是对事物及其规律的正确反映，谬误是对事物本来面目的歪曲反映，二者在一定范围内的对立是绝对的，不能混淆。真理和谬误又是统一的，一方面，真理与谬误相比较而存在，相斗争而发展；另一方面，真理和谬误在一定条件下相互转化。真理向谬误转化主要表现为，真理是具体的，任何真理都有适用的条件和范围，如果超出了适用的条件和范围，真理就会变成谬误。例如，牛顿力学是适用于宏观低速运动范围的真理，如果把它用于微观高速运动就会变成谬误。此外，把真理性的认识从完整的科学体系中孤立出来，真理也会转化为谬误。谬误向真理的转化主要表现为，谬误是正确认识的先导，可以在纠正错误、批判谬误中引出真理性的认识。

二、真理的绝对性和相对性

真理具有客观性，同时又具有绝对性和相对性，因而认识是一个由相对真理走向绝对真理的过程，这是真理问题上的辩证法。

真理具有绝对性，因而称为“绝对真理”。真理的绝对性有两个方面的含义：第一，任何真理都是对客观事物及其规律的正确反映，都包含着不以人的意志为转移的客观内容，这是无条件的、绝对的。实际上，承认了真理的客观性也就是承认了真理的绝对性。第二，每一个真理性认识的获得都是向无限发展着的物质世界的接近，这也是无条件的、绝对的。人类认识按其本性来说，是能够正确认识无限发展的客观世界的。虽然人们不可能一下子完全认识世界，但可以一步一步地接近。在这个意义上，承认了世界的可知性，也就是承认了真理的绝对性。

真理又具有相对性，因而也称为“相对真理”。真理的相对性有两方面的含义：第一，从广度来看，任何真理只能是对无限发展的客观世界的某些部分、

① ［苏］列宁：《唯物主义和经验批判主义》，《列宁选集》第 2 卷，人民出版社，1995 年，第 89—90 页。

某些方面的正确反映，认识有待于扩展。任何真理在广度上都是有限的，无限发展着的物质世界总还有许多领域和事物没有被认识。承认世界上还有未被认识的东西，承认真理性的认识有待于扩展，也就是承认真理的相对性。第二，从深度来看，任何真理都是对世界的某些方面一定程度、一定层次的正确的反映，认识有待于深化。就是说，真理即使是对世界的某些方面、某些特定事物的正确认识，在深度上也是有限的。承认真理的近似性，承认真理性认识有待于深化，也就是承认真理的相对性。

绝对真理和相对真理是对立统一的辩证关系。它们并非两种不同的真理，而是同一真理的两种不同属性和方面，二者是辩证统一的。

首先，绝对真理和相对真理是相互联结、相互渗透的。一方面，相对之中有绝对，任何相对真理中都包含着绝对真理的颗粒。另一方面，绝对寓于相对之中，绝对真理通过相对真理表现出来，无数相对真理的总和构成绝对真理。

其次，相对真理是向绝对真理转化的，真理是一个由相对真理向绝对真理转化的发展过程，每一个真理都是这个转化过程中的一个环节。每一个真理都是相对真理，都是对事物及其规律的正确的反映，因而是需要不断发展的。每一个相对真理又包含着绝对真理的颗粒，因此，真理发展的过程就是不断接近无限发展着的客观世界的过程。这个过程就是真理由相对走向绝对的过程，每一个真理都是这个过程的一个环节。人们对真理的认识像登山运动员登山一样，每登高一步，就接近顶峰一步。但与登山不同的是，人们永远不可能达到真理的顶峰。因为客观世界的发展是无限的，人们认识的发展也是无限的，人们只能不断地接近无限发展的客观世界，永远不会穷尽它。

真理是绝对性和相对性的统一，如果割裂两方面的统一，就会陷入形而上学的绝对主义真理观或相对主义真理观。绝对主义真理观片面夸大真理的绝对性，否认真理的相对性，否认真理是一个发展过程。它把人们在一定历史条件下达到的有限的、近似正确的认识凝固化，使之变成僵死的教条。中国革命历史上的教条主义者把马克思主义真理绝对化，把不断发展的马克思主义看成绝对不变的教条，当成一种现成的公式，到处乱套，结果导致在实践中失败，危害了革命事业。相对主义真理观片面夸大真理的相对性，否认真理的绝对性，从而否认了客观真理的存在。这样就把真理的相对性夸大为主观随意性，抹杀了真理和谬误的界限，陷入唯心主义诡辩论。相对主义真理观认为，既然科学史上总是新理论不断代替旧理论，那么真理只能是相对的，并不存在绝对性。实际上，科学史上新理论不断代替旧理论的过程就是真理不断发展的过程，而不是对真理绝对性的否定。爱因斯坦的相对论代替了牛顿的经典物理学，是物理学的发展，并不是说牛顿的经典物理学中不包含任何具有客观性、绝对性的真理。

把握真理的绝对性和相对性统一的原理，对于我们正确对待马克思主义有重要意义。马克思主义是科学真理，它也是绝对性和相对性的统一。它正确地反映了自然、社会和思维发展的普遍规律，是经过 150 多年的实践证实了的真理，因而它有绝对性的一面。但是，马克思主义并没有穷尽一切事物及其规律，仍然需要随着社会实践的发展而发展，它又具有相对性的一面。正因为马克思主义真理具有绝对性，所以我们必须坚持以马克思主义作为我们的指导思想；因为它具有相对性，所以我们必须在实践中丰富它、发展它。既坚持又发展才是对待马克思主义的正确态度。只有坚持，才能发展；只有发展，才是真正的坚持。要坚持和发展马克思主义，必须反对两种错误倾向：一要反对把马克思主义僵化的教条主义；二要反对认为马克思主义已经“过时”，否认它的真理性和指导作用的资产阶级自由化倾向。

三、实践是检验真理的唯一标准

真理的标准问题是两千多年来哲学史上长期争论不休的问题。对于这个问题，众多哲学派别曾做出过各种各样的回答。但是，在马克思主义哲学产生以前，所有哲学派别都没有科学地解决这个问题。

唯心主义者从意识、精神本身去寻找真理的标准，用认识去检验认识，否认检验认识真理性的客观尺度。这样就把真理的标准变成主观的不确定的东西了，因而是错误的。旧唯物主义者由于坚持真理的客观性，因而一般来说都主张检验真理有客观标准。但是，他们不懂得实践在认识中的决定作用，把客观事物作为检验认识真理的标准，因而也没有科学地解决真理的标准问题。

只有马克思主义哲学才真正科学地解决了真理的标准问题。在 1845 年，马克思就明确指出：“人的思维是否具有客观的真理性，这不是一个理论的问题，而是一个实践的问题。人应该在实践中证明自己思维的真理性，即自己思维的现实性和力量，自己思维的此岸性。关于思维——离开实践的思维——的现实性或非现实性的争论，是一个纯粹经院哲学的问题。”[①]之后，马克思主义经典作家们都反复强调并进一步发挥了这个思想。他们多次强调指出：实践是检验真理的唯一标准。

实践之所以是检验真理的唯一标准，是由真理的本性和实践的特点决定的。

首先，从真理的本性来看，真理是人们对客观事物及其规律的正确反映，是与客观实际相符合的主观认识。检验真理就是要判断主观认识是否与客观实

① ［德］马克思：《关于费尔巴哈的提纲》，《马克思恩格斯选集》第 1 卷，人民出版社，1995 年，第 55 页。

际相符合、相一致。这只停留在主观认识范围内是无法解决的。因为如果不把主观认识与客观实际联系起来，就无法判定它是否符合实际。同样，只停留在客观实际范围内也不行，因为客观事物本身并不回答人们的某种认识是否与它相一致。要检验真理就必须把主观认识与客观实际联系起来加以对照。

其次，从实践的特点来看，实践是主观见之于客观的物质性活动，具有直接现实性，是唯一能把主观和客观联系起来的"桥梁"，因而实践是检验真理的唯一标准。一方面，实践是人们有意识、有目的的活动，它是在一定思想的指导下进行的，实践活动中包含着主观的因素。另一方面，实践虽然是在一定思想的指导下进行的，但它又超越了主观认识的范围，是一种变革现实世界的客观物质性活动。正因为实践既包含着主观的因素，又具有客观性，因而它具有直接现实性。列宁说："实践高于（理论的）认识，因为它不仅具有普遍性的品格，而且还具有直接现实性的品格。"[①]所谓直接现实性，就是实践能把主观认识变成客观现实，把思想、理论在现实中实现出来，这样实践就能起到把主观与客观联系起来并加以对照的作用。

人们以一定的思想理论为指导从事实践活动，引出一定的客观效果，这样就能够把原来的思想理论同客观现实相对照，从而检验出原来的思想理论是不是真理。一般来说，人们在一定思想认识指导下的实践活动如果取得了预期的效果，那么就证明这种认识是正确的；如果得不到预期的效果，就证明这种认识是错误的。

坚持实践是检验真理的唯一标准对于社会主义现代化建设具有重要意义。1978 年，我国关于实践是检验真理的唯一标准的大讨论，对于冲破个人崇拜和"两个凡是"的束缚，恢复党的解放思想、实事求是的思想路线起到了十分重要的作用。1978 年 12 月 13 日，邓小平指出："目前进行的关于实践是检验真理的唯一标准问题的讨论，实际上也是要不要解放思想的争论。……一个党，一个国家，一个民族，如果一切从本本出发，思想僵化，迷信盛行，那它就不能前进，它的生机就停止了，就要亡党亡国。"[②]这就为党的十一届三中全会的召开奠定了思想基础。

坚持实践是检验真理的唯一标准就是在真理标准问题上坚持了唯物主义。同时，对于实践标准又必须做辩证的理解，即实践作为检验真理的标准既是绝对的、确定的，又是相对的、不确定的。坚持实践标准是确定性和不确定性的

① ［苏］列宁：《黑格尔〈逻辑学〉一书摘要》，《列宁全集》第 55 卷，人民出版社，1990 年，第 183 页。

② 邓小平：《解放思想，实事求是，团结一致向前看》，《邓小平文选》第 2 卷，人民出版社，1994 年，第 143 页。

统一就是在真理标准问题上坚持了辩证法。

实践标准的绝对性、确定性是指：第一，实践是检验真理的唯一标准，人们的认识是否具有真理性，只能通过社会实践来检验，此外再没有别的标准；第二，无限发展着的实践对人们的一切做出确定的检验，即使是今天不能完全证实或驳倒的认识，最终也将被以后的实践所证实或驳倒。从这两方面的意义来说，实践标准是确定的、无条件的，因而是绝对的。

实践标准的相对性、不确定性是指：第一，实践总是一定历史条件下的实践，都是有局限性的，它不可能对现有的一切认识都做出确定的检验，既不能完全证实也不能完全驳倒当时提出的各种理论。科学史上不少事例说明，一种理论开始以假说的形式出现后，由于当时实践水平的局限性，不可能完全证实或驳倒它，只有在以后更高的实践水平的基础上，才能得到确定的检验。第二，在一定历史发展阶段上，经实践证实的真理也只具有相对的正确性，还需要继续接受新的实践的检验。例如，物理学中的宇称守恒定律曾被大量实验所证实。在20世纪50年代以前，它被认为是一切微观过程都普遍遵循的基本规律。随着高能物理学的发展，在50年代中期，根据新的科学实验事实，李政道、杨振宁首先在理论上提出并由吴健雄在实验中证实在弱相互作用下宇称不守恒的科学理论。这说明宇称守恒定律不是一切微观过程的普遍规律，只有在强相互作用和电磁相互作用下，宇称守恒定律才是正确的。

从以上两点可以看出，社会实践是一个从低级到高级的发展过程。一定历史条件下的实践总是有局限性的，它对认识的真理性的检验具有相对性。在这个意义上说，实践标准是历史的、不确定的、有条件的，因而是相对的。

实践标准的确定性和不确定性是辩证统一的，任何夸大一方面而否认另一方面的观点都是错误的。如果片面夸大实践标准的绝对性、确定性，否认实践标准的相对性、不确定性，就会把在一定历史条件下的实践证明了的真理视为不再发展的终极真理，甚至把它当成检验其他认识是不是真理的标准，这样不仅使这一真理变成了僵死的教条，而且还会扼杀其他新提出的理论，堵塞真理进一步发展的道路，从而陷入形而上学绝对主义的泥坑。

相反，如果片面夸大实践标准的相对性、不确定性，否认实践标准的绝对性、确定性，就会从根本上否认实践是检验真理的唯一标准，否认真理的客观性、绝对性，抹杀真理和谬误的区别，把一切认识都看成主观任意的东西，最后必然跌入相对主义、主观唯心主义和不可知论的泥坑。

列宁指出："实践标准实质上决不能完全地证实或驳倒人类的任何表象。这个标准也是这样的'不确定'，以便不让人的知识变成'绝对'，同时它又是这样的确定，以便同唯心主义和不可知论的一切变种进行无情的斗争。”①

第四节　辩证思维方法

哲学的原理和范畴，以及由这些原理、范畴转化的方法，都具有最普遍的适用性。唯物辩证法作为真理的理论体系，揭示了客观世界普遍联系和永恒发展的一般规律，把它运用于思维过程，转化为思维规则，也就成为具有普遍意义的思维方法，即辩证思维方法。辩证思维方法是辩证法在思维过程中的具体化，是立足于概念的辩证本性，通过概念内在矛盾的展开和判断、推理的逻辑形式，最终形成理论体系的方法。

辩证思维方法又叫辩证逻辑，是以形式逻辑为基础又高于形式逻辑的逻辑学体系。辩证思维（辩证逻辑）的基本方法有归纳和演绎、分析和综合、从抽象上升到具体、历史和逻辑相一致等。其中，归纳和演绎、分析和综合是辩证逻辑和形式逻辑共有的方法，从抽象上升到具体、逻辑和历史相一致则是辩证思维特有的方法。

一、归纳和演绎

归纳和演绎是人类认识最早、运用最为广泛的思维方法。它涉及的是个别与一般的关系，是事物与概念之间的外部关系。

所谓归纳，是指从许多个别的事物中概括出一般性概念、原则或结论的思维方法。归纳可分为完全归纳法和不完全归纳法。完全归纳法是前提包含该类对象的全体，从而对该类对象做出一般性结论的方法。不完全归纳法又称简单枚举归纳法，是通过观察和研究，发现某类事物中固有的某种属性，并且不断重复而没遇到相反的事例，从而判断出所有该类对象都有这一属性的推理方法。数学上的穷举法就是完全归结法。简单枚举归纳法的结论带有或然性，可能为真，也可能为假。在实践中，人们总是与一个个具体的事物打交道，首先获得这些个别事物的知识，然后在这些特殊性知识的基础上，概括出同类事物的普遍性知识。

演绎是以一般概念、原则为前提推导出个别结论的思维方法，即依据某类事物都具有的一般属性、关系来推断该类事物中个别事物具有的属性、关系的推理方法。普遍性的原则是关于某一类事物的共同属性或某种必然性的知识，如果掌握了这种知识，就可以将它推广到这类事物的任何个别事物，从而引出

① ［苏］列宁：《唯物主义和经验批判主义》，《列宁选集》第 2 卷，人民出版社，1995 年，第 103 页。

个别结论。

归纳和演绎反映了人们认识事物两条方向相反的思维途径，前者是从个别到一般的思维运动，后者是从一般到个别的思维运动。

首先，归纳与演绎相互联系，互为条件。一方面，没有归纳就没有演绎，归纳是演绎的基础，为演绎提供前提。演绎要从一般推导出个别，作为演绎出发点的一般原则，往往是先由归纳得出来的。另一方面，没有演绎也没有归纳，演绎为归纳提供指导。归纳要从个别概括出一般，作为对实际材料进行归纳的指导思想，往往又是某种演绎的结果。

其次，归纳和演绎相互补充，相互转化。这是由于，在思维运动中，二者虽然都有重要作用，但各自也都存在一定的局限性：归纳法只是对现存的有限的经验材料进行概括，因而不仅不能保证归纳结论的普适性，而且难以区分事物的本质属性与非本质属性，这就使归纳推理的结论可能为真，也可能为假。演绎法从一般原则出发思考问题，但它无法保证自己的前提即由此出发的一般原则本身是否正确无误。因此，归纳与演绎必须在相互转化过程中，弥补各自的缺陷。归纳之后，需要通过演绎将归纳所得的一般结论推广到未知的事实上，并用这些事实来检验一般结论的正确与否；演绎之后，又要将演绎所得的个别结论与事实相比较，并通过新的归纳来检验、修正、充实原有的演绎前提。归纳和演绎只有在如此周而复始的相互转化过程中，才能弥补各自的缺陷，充分发挥其在探索真理过程中的方法论作用。演绎推理的前提是由归纳推理的结论得来的，这本身就证明了归纳对演绎的补充。

在近代哲学中，归纳和演绎是两种相互对立的推理方法：经验论的归纳主义和唯理论的演绎主义。归纳主义抬高归纳、贬低演绎，把归纳看成万能的、唯一的认识方法，认为一切科学理论都是靠归纳法得来的。演绎主义则正好相反，把演绎看成唯一可靠的认识方法，认为一切真实可靠的知识都是从先验的或直观把握的原始原理推演出来的。我们必须牢记恩格斯的忠告：“归纳和演绎，正如综合和分析一样，必然是属于一个整体的。不应当牺牲一个而把另一个捧到天上去，应当设法把每一个都用到该用的地方，但是只有记住它们是属于一个整体，它们是相辅相成的，才能做到这一点。”[①]

二、分析和综合

分析和综合是一种比归纳和演绎更为深刻的、揭示事物内在本质的思维方法。它涉及的是整体与部分的关系，是事物和概念的内部关系。

---

① ［德］恩格斯：《自然辩证法》，《马克思恩格斯选集》第 4 卷，人民出版社，1995 年，第 335 页。

分析和综合在人类思维中有两种类型：一是普通思维的（或叫初级的）分析和综合，一是辩证思维的（或叫高级的）分析与综合。后者是辩证逻辑研究的范围。普通思维的分析就是把客观对象分解为各个部分（或方面），并认识部分在整体中的地位和作用的思维过程。辩证思维的分析是指分析事物的矛盾，也就是对事物的各个矛盾及矛盾的各个侧面（矛盾的主要方面和次要方面）分别加以深刻的考察，以找出对象的各方面的本质特征的思维过程。毛泽东说："分析的方法就是辩证的方法。所谓分析，就是分析事物的矛盾。"[①]毛泽东所说的这种分析就是辩证思维的分析。辩证思维的分析在马克思主义经典著作中是大量存在的。

辩证思维的综合，就是把对象的各种矛盾及矛盾的各个侧面，把对象的各个本质方面，按其内在联系结合成对立统一体的思维过程。

辩证的分析与辩证的综合的客观基础在于客观世界的一切事物都是对立面的统一体，矛盾存在于一切事物的发展过程中；事物的矛盾推动事物的发展，决定事物的本质和规律。所以，只有辩证的分析与综合，才能透过事物的表面现象，看到事物的内部，认清事物的本质和规律。正因为这样，革命导师都非常强调对事物进行辩证的分析与综合。毛泽东说："这个辩证法的宇宙观，主要地就是教导人们要善于去观察和分析各种事物的矛盾的运动，并根据这种分析，指出解决矛盾的方法。"[②]

分析和综合是对立的，二者思维的出发点和思维运动方向是不同的，一个是从对象的整体走向各个局部，一个则是从对象的局部走向整体。但是，二者又是统一的。分析和综合的统一表现为二者的相互依赖、相互渗透和相互转化。

第一，分析和综合互相依赖、互为条件。分析是综合的基础，没有分析就没有综合。恩格斯说："思维既把相互联系的要素联合为一个统一体，同样也把意识的对象分解为它们的要素。没有分析就没有综合。"[③]这一点并不难理解。因为没有分析，就得不到反映对象的各个侧面的各种规定，就不能正确地反映事物的多样性，当然就无从进行综合。再说，人们要反映对象的特殊性，就必须以分析事物各个矛盾的特殊性为基础。因此，没有分析的综合，认识只能是抽象的、空洞的。同时，分析也离不开综合。分析如果离开了综合的指导，分析的结果也不会是恰当的。因为统一物的部分、矛盾的侧面一旦脱离了整体，

① 毛泽东：《在中国共产党全国宣传工作会议上的讲话》，《毛泽东文集》第 7 卷，人民出版社，1999 年，第 277 页。

② 毛泽东：《矛盾论》，《毛泽东选集》第 1 卷，人民出版社，1991 年，第 304 页。

③ ［德］恩格斯：《反杜林论》，《马克思恩格斯选集》第 3 卷，人民出版社，1995 年，第 81 页。

矛盾的这个侧面也无法确定本身的性质和地位。分析的唯一目的也是为了综合。如果只有分析没有综合，那就失去了分析的意义。

第二，分析与综合互相渗透。分析与综合在实际思维中，不仅是相互依赖的，而且是相互渗透的。分析中可以包含综合，综合中也可以包含分析。分析与综合之所以相互渗透，是因为客观事物是极端复杂的。事物有整体与部分，部分又有更小的部分；各个事物都有众多的矛盾，各个矛盾又有不同的矛盾侧面；每个事物都有自己的发展过程，每个发展过程又都可分为不同的发展阶段，等等。这一切就决定了分析与综合必须相互渗透，不如此就不能如实地反映事物的不同面貌和规律。

第三，分析与综合互相转化。客观事物中由于内部矛盾的统一和斗争，在一定的外部条件的作用下，事物矛盾的双方无不相互转化。同样，在人们的思维中，作为对立的双方的分析和综合，在一定条件下，也向各自对立的方面转化的条件是十分重要的，没有一定的条件，转化的实现是不可能的。

割裂分析和综合的辩证关系，必然陷入形而上学和唯心主义。近代形而上学的思维方式，夸大分析的作用，把综合归结为机械的、线性的综合，实质上否定了综合，把事物变成了各自孤立、互不联系的存在。现代结构主义哲学则从另一个极端曲解了现代系统论对综合方法的重视，把整体结构看作与其要素完全无关的、纯粹由外部强加的，陷入了把结构神秘化的非理性主义。

三、抽象和具体

抽象和具体的统一是辩证思维的特有方法。它在综合运用归纳和演绎、分析和综合方法的基础上，揭示了主体在思维中再现客体、掌握世界的逻辑进程和演化机制，即人对客观事物内在本质的认识，是从感性具体出发，通过分析达到抽象规定，再通过综合，而由抽象规定达到思维具体的过程，即“具体—抽象—具体”的否定之否定过程。

辩证逻辑理解的抽象和具体有多重含义。抽象既是思维的成果，又是思维的方法。作为思维成果的抽象，是指思维经过分析抽取出来的规定，它是客观对象某方面属性、因素在思维中的反映。作为思维方法的抽象，通常是指在思维中把对象的某个属性、因素抽取出来而暂时舍弃其他属性、因素的一种逻辑方法。辩证思维中的具体是指许多规定综合的统一体。马克思说：“具体之所以具体，因为它是许多规定的综合，因而是多样性的统一。”[①]具体有两种形态，一是“感性具体”，即客观事物表面的、感官能直接感觉到的具体；二是“思维

---

① ［德］马克思：《〈政治经济学批判〉导言》，《马克思恩格斯选集》第2卷，人民出版社，1995年，第18页。

具体”，它是在抽象基础上的各种规定性的综合，是对事物内在本质属性的统一反映。思维运动的过程就是从感性具体到抽象规定再到思维具体的完整过程。

感性具体是人们通过感官对事物整体形成的一种“混沌的表象”。它既是一种生动而丰富的感性认识，又是一种相当笼统的、表层性的认识，还没有达到对事物本质的认识。要认识事物的本质，必须从感性具体中把事物的各种特性逐一地区别和抽象出来，单独地加以研究，形成各种抽象规定。抽象规定对事物的认识具有理性形式，但这种认识具有单一性和孤立性，仅仅是对事物某一方面的认识，因而是内容上尚不完全的理性认识。如果只停留在抽象规定阶段，那么即使是科学的抽象，也是片面的、不完整的认识。

人们要认识事物多样性的有机统一的本质，就必须把对事物各方面的抽象规定联系起来，在理性思维中把事物的各种属性、特点和关系作为整体完整地、具体地再现出来，达到思维具体。思维具体就是关于某一对象的各种抽象规定按照其内在联系统一起来的有机整体，是这一对象在思维中的完整再现。从表现形式来看，思维具体是抽象的、主观的，但就其内容和实质来说，由于它把握了事物整体本质的联系，所以是具体的、客观的。人们的思维只有达到这一步，才能取得与客观对象的本质相符合的完整认识。

综上所述，感性具体是认识的起点，抽象规定是对感性具体的否定，但它又包含着对自身的否定，是向思维具体的接近。思维具体是对感性具体和抽象规定双重否定基础上的辩证统一，是否定的否定，是认识的结果。正是随着这种辩证思维运动的反复和前进，人们对事物的感性认识前进到理性认识，从片面的、孤立的、初级的本质认识进到全面的、统一的、更高一级的本质认识，最终形成比较完整的系统的概念和理论体系。任何一门科学的产生和系统化都经历了“感性具体—抽象规定—思维具体”这样一个过程。

四、历史和逻辑

抽象和具体的统一从总体上揭示了人类认识特别是理性思维上升的全过程及其逻辑机制，历史和逻辑的统一则进一步揭示了这一过程的客观基础和逻辑机制的认识根源。历史和逻辑的统一是在实践的基础上形成科学理论的根本原则和方法。

在这一原则中，“历史”这一概念包括两方面的内容：一是客观事物即认识对象自身的历史发展过程，如天体史、地质史、生物史、社会史等。二是人类对特定对象的认识发展过程，如天文学史、地质学史、生物学史、社会思想史或社会学说史等。“逻辑”是指关于这一对象的认识成果或理论体系的内在逻辑结构和范畴演化序列，如天文学理论、地质学理论、生物学理论和社会学理论等的逻辑结构和范畴演化。

与“逻辑”和“历史”两个概念密切相关的是“逻辑的方法”与“历史的方法”这两个概念。所谓历史的方法，就是人们在研究事物时，按照研究对象产生和发展的自然行程进行研究并揭示其发展规律的思维方法。历史的方法具有两个明显特征：一是历史性，也就是按照事物历史发展的自然行程，按照它在历史上依次出现的现象和事物进行研究。二是具体性，也就是尽可能地反映对象自然发生的和依次出现的具体现象与具体事实。

所谓逻辑的方法，就是人们在研究事物时摆脱研究对象的产生和发展的自然行程，以理论的形式，也就是以范畴的理论体系研究和揭示对象发展规律的思维方法。例如，分子生物学对生物现象的研究，就是用逻辑的方法，它不按照生物发展的历史过程，也不按照人类对生物现象认识的历史过程，只是从分子的观点，以理论的形式来揭示生物的本质及其规律性。逻辑的方法也有两个显著特征：一是抽象概括性，即逻辑方法撇开事物发展的自然线索和偶然事件，从事物的成熟的典型的发展阶段上对事物进行研究。二是典型性。逻辑的方法抛开事物发展的具体细节，以抽象的、理论上前后一贯的形式对决定事物发展方向的主要矛盾进行概括研究。

历史的方法和逻辑的方法在思维活动中是相互联系的。历史的方法只有借助于一定的逻辑推论，才能将杂乱无章的历史事件连贯起来深入分析。脱离逻辑方法的纯粹历史方法是肤浅的经验主义的事实陈述。逻辑的方法需要以历史的实际发展为基础和内容，只有以大量的历史材料为依据，才能形成可靠的逻辑推论。脱离历史方法的纯粹逻辑方法是空洞的唯心主义的逻辑推理。历史方法与逻辑方法的结合也就是“史”与“论”的结合。“史”是“论”的基础。“论”是“史”的指导。所以，在思维过程中，必须把历史的方法与逻辑的方法辩证地统一起来。

历史和逻辑的统一包含两层含义：一是指逻辑的结构与演化同对象的客观发展史相一致；二是逻辑的结构与演化同人们对这一对象的认识发展史相一致。这说明，历史是逻辑的基础，逻辑是历史在理论思维中的再现，是由历史派生出来的。逻辑和历史相统一的原则和方法归根结底是思维与存在这一哲学基本问题在逻辑学和方法论中的体现和贯彻。

首先，逻辑与客观事物的发展史相统一。马克思主义认为，在人们的认识中，理论的逻辑体系应该反映客观实在的历史发展过程，也就是说，理论的逻辑体系应该与客观实在的历史发展过程相一致。恩格斯说：“历史从哪里开始，思想进程也应当从哪里开始，而思想进程的进一步发展不过是历史过程在抽象的、理论上前后一贯的形式上的反映。”[①]这首先反映的就是逻辑的进程要与客观实在的历史发展过程相一致。为什么逻辑与客观实在的历史相一致？从逻辑的起源来看，逻辑本身就是历史发展过程的产物。逻辑的思维形式、思维方法、思维规律，都是人类在实践的基础上认识客观事物的历史过程中形成和发展起来的。从逻辑的内容来看，逻辑就是客观事物历史发展过程的反映，是客观事物历史发展过程在理论上的再现。总之，历史决定着逻辑，历史是逻辑的客观基础，逻辑是历史的理论概括。因而，逻辑的进程必须与客观事物的历史发展过程相一致。这种一致性不仅表现在逻辑进程的起点和历史进程的起点相一致，而且表现在逻辑进程的终点和历史进程的终点相一致。

其次，逻辑与人类认识的发展史一致。人类个体对于具体事物的认识过程是由感性的具体到抽象，又由抽象上升到思维的具体。整个人类认识的发展也经历了这样的过程。古代朴素唯物主义把握了世界的总画面，但都是朴素的、直观的，它相当于认识中的感性具体；近代形而上学唯物主义把自然界分解为各个部分，进行分门别类的研究，类似于认识中由感性具体到抽象规定的逻辑阶段；唯物辩证法概括的关于世界的总画面可以看作由思维的抽象达到了思维的具体。逻辑与科学认识发展的历史也是相一致的。

历史和逻辑的统一集中体现了马克思主义客观辩证法与主观辩证法的内在统一性和辩证法、认识论、逻辑学三者的一致性。客观事物的发展史作为客观辩证法，构成了逻辑和人类认识的发展史这一主观辩证法的客观基础；人类认识的发展史既是客观辩证法的反映，又构成了辩证逻辑的直接根源。因此，学习马克思主义的辩证思维方法，要求我们不仅要学会在实际中运用归纳和演绎、分析和综合、抽象和具体等具体方法，更要把握历史和逻辑相统一的根本原则，真正把辩证唯物主义的世界观和认识论、方法论统一起来，在认识和改造世界的过程中不断提高自己的思维能力。

---

① ［德］恩格斯：《卡尔·马克思〈政治经济学批判。第一分册〉》，《马克思恩格斯选集》第2卷，人民出版社，1995年，第43页。

第六章 人类社会存在和发展的基础

社会生活在本质上是实践的。人类是自然界长期发展的结果，劳动是联结人和自然的纽带，地理环境和人口是人类生存和发展的必要条件，物质资料生产方式在社会发展中起决定作用。要正确处理人与自然的关系，保护生态环境，实现人与自然的和谐发展。马克思主义十分强调实践在社会历史中的重要作用，它不仅看到了社会物质生活条件在人类社会发展中的基础作用，而且揭示出生活方式是社会发展的决定力量，从而科学地回答了历史观的基本问题——社会存在与社会意识的关系问题。

第一节 社会历史观及其基本问题

一、历史观的基本问题

社会历史现象尽管极其复杂，但从总体上可以划分为两个基本方面：社会生活的物质方面和社会生活的精神方面，即社会存在和社会意识。

社会存在是指不以社会意识为转移的社会生活的物质方面，即社会物质生活条件的总和。其中主要包括社会的地理环境、人口因素和物质生产方式。社会意识是指社会生活的精神方面，是社会精神生活各方面的总称。它包括政治法律观点、哲学、道德、艺术、科学、宗教，以及风俗习惯、社会心理、民族心理等。

社会存在与社会意识的关系是社会及其历史发展中的本质关系。社会历史的运动过程只有通过社会存在和社会意识的相互作用才能实现，而人们对社会现象和历史过程的观察认识，也只有通过认识二者的关系才能把握。因此，社会存在与社会意识的关系问题是社会历史观的基本问题。

社会历史观的基本问题与哲学的基本问题有着密切的联系。一般而言，对哲学基本问题的回答决定着对历史观的基本问题的回答。但是，社会存在和社会意识的关系与物质和精神的关系问题，并不是简单的对应关系。在自然观上主张物质决定意识的哲学家在历史观上并不一定能够坚持社会存在决定社会意识的观点。

社会存在和社会意识的关系问题是历史观的基本问题，所以，对社会存在和社会意识哪个是第一性的问题的不同回答就成为划分历史唯物主义的唯一标准。凡是认为社会存在决定社会意识的观点，属于历史唯物主义；凡是认为社会意识决定社会存在的观点，则是历史唯心主义。历史唯心主义有两种基本形式：一是主观唯心主义历史观，认为人们的思想动机、个别英雄人物的意志是历史发展的决定力量；二是客观唯心主义历史观，认为某种在社会之外的神秘的精神力量，如“上帝”“绝对精神”是社会历史发展的决定力量。

社会存在和社会意识的关系问题之所以是历史观的基本问题，这是因为：第一，社会存在和社会意识何者为第一性的问题是划分唯物史观和唯心史观的唯一标准。社会的一切事物和现象不是属于社会存在，就是属于社会意识，两者关系是社会历史中最本质的问题，是任何一种历史观都无法回避的首要问题。第二，对社会存在和社会意识关系的不同态度决定着解决历史观中其他一切问题的基本立场和方法。历史观要回答的问题，如社会性质是什么决定的、社会发展的动力是什么、社会发展有无客观规律、谁是历史的创造者等，对这些问题的回答都要以对社会存在和社会意识关系问题的回答为前提。此外，社会存在和社会意识的关系问题也是人们实践中的基本问题。我们能否正确把握社会历史的本质、遵循历史发展的客观规律、合乎实际地制定社会发展战略等，首先就取决于我们能不能正确理解历史观的基本问题，它能从根本上规定一种历史哲学的性质。

历史唯物主义认为，作为社会生活的物质方面的社会存在所以决定社会意识，不仅是因为从追根溯源的意义来说，任何社会意识都根源于社会存在的制约，而且对于特定历史条件下的人们来说，社会存在总是具有先在性的。每一代人面对着的社会存在都是前人活动的产物，对后人来说它是一种既得的力量，后代人对此是不能自由选择的。因此，从历史的总的过程来看，社会存在不是在意识支配下形成的，是社会存在决定社会意识，而不是相反。

与历史唯物主义不同，一切形式的历史唯心主义都把人们的意识看成历史发展的最终原因，否定社会存在决定社会意识，主观唯心主义的历史观把人们的思想动机特别是少数杰出人物和统治者的思想动机看成推动历史发展的最终决定力量；客观唯心主义的历史观则把社会历史之外的某种神秘的、虚幻的精神力量，如“天命”“神”“绝对精神”等看成历史发展的最终决定力量，二者虽然表现形式不同，但实质上都是把精神性的东西看作历史发展的终极原因，否定社会发展的物质根源，因而在历史观的基本问题上坚持的是社会意识决定社会存在的历史唯心主义观点。

除了历史唯物主义与历史唯心主义的对立之外，在思想史上，作为不同的历史哲学派别，还存在着决定论与非决定论的对立。历史决定论与历史非决定论是在历史发展的必然与偶然、主观与客观这两个基本关系问题上划分的两个派别。历史决定论坚持历史发展的确定性、必然性，把历史发展看作一个合乎规律的过程。历史非决定论则否定历史发展的确定性、必然性，否定历史发展的规律性，把历史看成纯粹偶然事件的堆积。同时，因为历史是由人的有目的的活动构成的，所以历史观中决定论与非决定论的对立还同主观与客观的关系有着密切联系。坚持历史发展的客观性，用人的主观目的之外的客观原因去解释历史，也就坚持了历史发展的确定性、必然性和规律性，即坚持了历史决定论。坚持用人的主观目的解释历史的派别，则必然否定历史发展的确定性、必然性和规律性，从而导致历史非决定论。

历史决定论与非决定论的对立不等同于历史唯物主义与历史唯心主义的对立。这是因为，社会存在与社会意识的关系，不等同于必然与偶然、主观与客观的关系。客观唯心主义的历史观虽然也用意识解释社会存在，但因为它是用客观精神解释历史，所以它也承认历史的客观决定性、必然性和规律性，也是一种历史决定论，包括两种：宿命论和唯意志论。

机械决定论在历史观上表现为宿命论，机械决定论承认发展的规律性、确定性，否定偶然性、不确定性，把一切历史事件都看成必然的、确定的。由于历史发展中的不确定性在很大程度上是由人的主观目的造成的，机械决定论否定了人的主观目的和意志对历史发展的作用，就必然会得出人对历史毫无作为，只能听凭命运的摆布，充当历史实现自身的工具的结论。在这一点上，机械决定论与客观唯心主义历史观具有某种共同性，它们都是历史宿命论。

非决定论在历史观中一般表现为唯意志论。这种理论把历史发展的终极原因归结为人的主观意志，否定历史发展的客观原因，而人的主观目的又是多变的，所以人的主观意识决定的社会历史就是非决定性的、不确定的。

二、唯心史观的非科学性

在唯物史观产生之前，历史上有不少进步的思想家和唯物主义者在解释社会现象时，曾经提出一些有价值的看法。我国春秋时期的管仲提出“仓廪实则知礼节，衣食足则知荣辱”的观点；东汉时期的王充认为“让生于有余，争起于不足”；明末清初的王船山也提出“势之必然处见理”的观点。他们用物质因素来说明社会道德，用农业生产的丰歉来说明社会的安定或动荡，还力图探寻历史的客观规律。在西欧，18 世纪法国的唯物主义哲学家爱尔维修，根据唯物主义感觉论的原则，提出了“人是环境的产物”的观点，认为不好的社会风气是恶劣的环境造成的，要改变社会风气就必须改变环境。他又提出“意见支配世界”的唯心主义命题。因此，普列汉诺夫说：“法国唯物主义者接近了这个任务，然而非但没有能够解决它，而且甚至没有能够正确地提出。”[①]爱尔维修曾尝试以人类的物质需要来解释社会的和智慧的发展，但未成功。黑格尔认为历史处于“永无安息的推移交替之中”。他的贡献就在于“把历史观从形而上学中解放了出来，使它成为辩证的”[②]。但黑格尔是以神秘的形式来表述历史规律的，他设想了一个在社会之外的“绝对精神”来作为历史发展的根本动力。因此，黑格尔没有从社会的科学的发展观来推断，而仅仅是从唯心主义辩证法出发，猜到了历史发展的规律性。

历史上先进的哲学家、思想家，在探索人类社会历史发展方面，曾积累了丰富的科学思想资料，包含了许多积极合理因素，即使在今天看来也仍然具有可资借鉴的理论价值。但从总体来看，他们都没有揭开覆盖在人类社会机体上的帷幕，无论是唯心主义，还是旧唯物主义，它们在历史观上都是唯心主义的，是非科学的。

马克思主义以前的历史观理论的根本缺陷即历史唯心主义的根本缺陷主要表现为以下三个方面。

第一，认为人们的思想决定社会历史。以往的历史理论，至多是考察了人类历史活动的思想动机，而没有进一步考察产生这些动机的原因，没有摸到社会关系体系发展的客观规律性，没有看出物质生产发展程度是这种关系的根源，即经济根源。它们只看到社会历史是人类活动的结果，人类的思想动机支配人类的活动，因而把人类的思想意识看成社会历史发展变化的最根本原因。

第二，认为英雄创造历史。过去的历史理论没有说明人民群众的活动，只有历史唯物主义才第一次使我们能以自然史的精确性去考察群众生活的社会条件及这些条件的变更。唯心主义者只看到显赫一时的英雄人物的思想动机和活动的作用，看不到平时默默无闻的从事生产活动的人民群众创造历史的作用，认为英雄人物的思想动机决定社会历史的命运。

第三，否认社会历史的客观规律性。既然社会的历史是由英雄人物创造的，不同英雄创造出各不相同的历史事件，整个社会历史不过是一系列偶然历史事件的堆积，毫无规律可言。

在社会历史观问题上，历史唯心主义曾经长期居于统治地位，究其原因，自有它深刻的认识论根源、社会历史根源和阶级根源。

---

① ［俄］普列汉诺夫：《普列汉诺夫哲学著作选集》第1卷，人民出版社，1959年，第573页。

② ［德］恩格斯：《社会主义从空想到科学的发展》，《马克思恩格斯选集》第3卷，人民出版社，1995年，第739页。

第一，从认识论根源来看，社会历史现象的特殊性决定了人们要想达到对于社会历史的科学认识从而揭示社会历史的本质和规律，存在着极大的困难。人类社会的发展与自然界的运动发展根本不同。在自然界，起作用的是各种盲目的、自发的纯客观的因素和力量，因此人们可以用精确的眼光进行观察和研究，其认识成果也可以通过客观实践来检验。在社会历史领域，由于人的主观意识和个人偏好参与其中，这就容易遮蔽人类活动的客观性，似乎人的思想动机是社会历史活动的最终根源。社会历史就是人的活动的历史，而人的活动又无一不是受到思想意识的支配。如果进一步追问，是什么东西决定了人产生这种意识而不是别种意识，是否所有意识都能在既定的条件下获得实现？这其中必然有一种决定意识产生及其实现的根源，这就是社会存在，而这一点以往的社会历史理论并未注意到，停留在历史的表面现象上就会导致社会意识决定社会存在的历史唯心主义。

第二，从社会历史根源来看，资本主义大工业以前的社会历史条件限制了人们的认识。人对社会历史的认识总是在一定的社会历史条件下进行的。在自然经济条件下，生产规模狭小，交通不发达，各民族、各地区几乎处于隔绝状态，人们之间的交往狭隘单一，因此很难对社会历史进行一种整体的科学研究和比较，更难以发现和掌握社会历史发展的一般规律。社会历史发展的真正原因常常被各种非经济因素，如政治上的人身依附、等级制度等所遮蔽，这是唯心主义历史观长期居于统治地位的另一个重要根源。

第三，从阶级根源来看，剥削阶级立场和观察视角的限制决定了人们经常歪曲社会历史发展的真相。在马克思以前，尽管也有许多具有进步倾向、提过许多合理主张的思想家，但从根本的阶级属性来看，他们基本上都是剥削阶级的代表，都有其无法克服的阶级局限性。从剥削阶级的立场观察问题，他们必然极力鼓吹剥削制度合理、统治者高贵、个别人的思想动机决定社会发展；与此同时，他们必然极力贬低物质生活的决定作用，贬低以至于抹杀人民群众创造历史的决定作用。只要剥削阶级存在，这一根源就不会消失，而在剥削阶级占统治地位的社会形态中，这一阶级偏见必然占据主导地位并成为社会历史观中的主流思想。

三、唯物史观的创立及其意义

历史唯物主义并不能脱离人类文明的大道而产生。马克思、恩格斯在认真吸取了以往特别是近代社会历史理论的合理因素的基础上，创立了科学的历史观。当然，历史唯物主义与以往的社会历史理论有着本质不同，它的创立有其特定的背景和独特的思路。

从历史背景来看，19世纪40年代，随着生产力的发展和资本主义社会的形成，商品经济的进一步发展和世界市场的建立，打破了小国寡民的自然经济状态，开阔了人们的视野，为科学地认识社会历史及其发展规律提供了较好的客观条件。资本主义的大工业生产使无产阶级登上了政治舞台，无产阶级和资产阶级的矛盾上升为主要矛盾，这一事实不仅揭穿了资产阶级政治经济学关于资本和劳动利益一致的学说的虚假性，而且也标志着以唯心史观为指导的英法空想社会主义的破灭。不理解物质利益及以此为基础的阶级斗争，否认物质生产在历史中的决定作用的唯心史观，同资本主义社会阶级斗争的现实是矛盾的。"新的事实迫使人们对以往的全部历史作一番新的研究。"①因此，一种新的科学的历史观即历史唯物主义诞生了。

历史唯物主义的产生，除了有其历史必然性之外，还在于马克思、恩格斯在创立唯物史观的过程中，既批判地继承了以往社会历史的一切积极因素，又亲自参加和领导无产阶级革命运动的实践，以其独特的思路和观察视角，优越于以往的历史观。马克思、恩格斯没有停留在历史的表面现象上，没有停留在人们的思想动机上，而是进一步探寻产生这些动机的根源，从"持久的、引起重大历史变迁的行动"中探寻"使广大群众、使整个的民族，并且在每一民族中间又是使整个阶级行动起来的动机"，从而在人们的思想动机背后发现了"构成历史的真正的最后动力的动力"②，即由物质资料生产方式制约的经济利益。这意味着"一切社会变迁和政治变革的终极原因，不应当到人们的头脑中，到人们对永恒的真理和正义的日益增进的认识中去寻找，而应当到生产方式和交换方式的变更中去寻找。"③这就是马克思主义的历史唯物主义观察社会历史问题的独特思路，也是它高于以往的历史观的地方。

生产劳动是最原始的、最基本的实践形式。生产劳动实践内在地包含着人与自然、人与人及人与意识的关系，它构成人类社会历史的基础、本质及人类一切新关系产生的源泉。历史唯物主义在生产劳动的发展中找到了理解全部人类历史的钥匙。正是通过对生产劳动实践的唯物辩证的分析，马克思主义发现了生产劳动的生产方式（社会存在的最主要因素）是社会发展的物质根源，发现了社会的物质过程和精神过程的矛盾运动，用物质生产实践和物质资料的生产方式而不是用观念来解释社会历史，从而正确地解决了历史观的基本问题——社会存在和社

① ［德］恩格斯：《反杜林论》，《马克思恩格斯选集》第3卷，人民出版社，1995年，第365页。

② ［德］恩格斯：《路德维希·费尔巴哈和德国古典哲学的终结》，《马克思恩格斯选集》第4卷，人民出版社，1995年，第249页。

③ ［德］恩格斯：《反杜林论》，《马克思恩格斯选集》第3卷，人民出版社，1995年，第617—618页。

会意识的关系，并以社会存在决定社会意识的原理为基础，揭示了历史发展的一般规律。

历史唯物主义是马克思的两大科学发现之一，是人类科学思想文化的结晶，是理论与实践相统一的典范。历史唯物主义的基本观点是：社会存在决定社会意识、生产方式是社会发展的决定力量；社会基本矛盾是社会发展的根本动力，阶级斗争及社会革命和改革是阶级社会发展的直接动力；人民群众是历史的创造者；人类社会的发展是有规律的自然历史过程，人们的自觉活动在历史发展中也有重要作用。

历史唯物主义的创立在社会历史理论及哲学史上引起了伟大变革，是社会历史观的质的飞跃，对于人类社会历史发展的进程具有重要意义。

第一，它使唯物主义彻底化了，宣告了唯心史观的破产。历史唯物主义辩证地解决了社会历史观的基本问题，证明了社会存在决定社会意识，而不是人们的意识决定社会存在，从而揭示了人类社会生活的客观性及其社会发展的辩证性，实现了唯物辩证的自然观和唯物辩证的社会历史观的统一，使唯物主义走进了历史领域，结束了唯心主义在历史理论中的统治地位。正如恩格斯所说："人们的意识决定于人们的存在而不是相反，这个原理看来很简单，但是仔细考察一下也会立即发现，这个原理的最初结论就给一切唯心主义，甚至给最隐藏的唯心主义当头一棒。关于一切历史的东西的全部传统的和习惯的观点都被这个原理否定了。政治论证的全部传统方式崩溃了；爱国的义勇精神愤慨地起来反对这种无礼的观点。"[①]当然，历史唯物主义宣告了历史唯心主义的破产，并不代表唯心主义就不存在了，唯心主义还会不断地改变自己的形式与唯物主义进行斗争。

第二，它使社会历史理论科学化了，使研究社会问题的各门学科能够成为真正的科学。历史唯物主义作为科学的社会历史观和方法论，在社会生活的各个领域和各个方面都普遍地起作用。各门具体的社会科学研究的是社会生活和社会历史的某一特殊领域，都离不开历史唯物主义的指导，从而使各门具体社会科学成为真正的科学体系。在对社会历史的分析中，历史唯物主义把一切社会关系归结为生产关系，并把生产关系归结为生产力的高度，从而发现了社会历史运动的一般规律，这就使社会历史理论在总体上走上了科学化的轨道。

第三，它使社会主义理论由空想变为科学，欧文、圣西门、傅立叶等人的社会主义理论之所以是空想，就在于他们没有发现历史发展的一般规律及资本主义社会的特殊规律，因而只是从道义上批判资本主义，憧憬社会主义，他们

---

① ［德］恩格斯：《卡尔·马克思〈政治经济学批判。第一分册〉》，《马克思恩格斯选集》第2卷，人民出版社，1995年，第39页。

的世界观没有超出历史唯心主义的范围。恩格斯说："这两个伟大的发现——唯物主义历史观和通过剩余价值揭破资本主义生产的秘密，都应当归功于马克思。由于这些发现，社会主义已经变成了科学。"[①]马克思和恩格斯运用历史唯物主义的观点，分析了私有制社会的剥削现象，揭示了资本主义制度剥削的实质，阐明了资本主义必然灭亡、社会主义必然胜利的客观规律，并指明实现社会主义的物质力量是无产阶级。唯物史观和剩余价值理论一起使社会主义由空想变为科学，从而成为指导无产阶级解放运动的理论武器。

第四，它为人们特别是当代大学生树立正确的价值观、人生观提供了根本的指导思想。历史唯物主义认为，生产力是社会历史发展的最终决定力量，生产力的主体人民群众是历史的创造者。因此，当代大学生若想充分实现自己的价值，就必须投身广大人民群众共同参与的社会实践，并把个人的命运与人民群众的命运、与国家民族的命运联系在一起，在为社会发展做出贡献的同时实现自身的价值。这是大学生能够和应该选择的唯一正确的人生道路。

第二节　人与自然的协调发展

一、人类是自然界长期发展的产物

人类社会是从自然分化出来的一个特殊的物质领域，是物质世界的重要组成部分。从自然界演化到人类社会质的飞跃过程中，劳动起着决定性的作用。人类社会既是自然界长期发展的产物，又以一种不同于自然界的社会存在形式与自然相对立。社会和自然既对立又统一，构成彼此相互作用的现实矛盾运动。

人类社会是自然界长期发展的产物。人类的出生地是地球，自然界是人类社会产生的自然物质前提。社会是由人组成的，人是社会存在的前提和主体，没有人也就没有人类社会。

现代科学表明，在地球及与它邻近的宇宙空间和天体（如太阳）的自然条件中，含有产生人类生命的必要因素和前提。作为最终能源的太阳辐射的最佳温度的稳定性，地球上一定比例的化学元素，以及围绕地球表层原始大气的存在等，都为生命的产生提供了必要条件。在漫长的自然演化中，由无机元素的不断的化合反应，逐渐形成了氨基酸一类的有机物。氨基酸进一步形成蛋白质和核酸，于是产生了生命。生命的产生是自然演化中的一次质变。生命是一种能够进行自我繁殖、自我复制、自我调节的新型存在，它的出现标志着一种新

① ［德］恩格斯：《自然辩证法》，《马克思恩格斯选集》第 3 卷，人民出版社，1995 年，第 67 页。

的规律——生命进化规律在地球上开始发生作用。在生命进化规律的作用下，生物由简单到复杂，由低级到高级，最后发展出微生物、植物和动物，形成了人类的祖先——类人猿。这样就基本形成了人类社会的必要的自然前提。

人和社会从自然而生，却不是自然界自发地发展的结果，单纯的生命进化规律并不能说明人类社会的现实性。生命以至类人猿的出现只是为人类的产生提供了可能性。如果没有新的规律发生作用，类人猿就永远也不会发展成为人。

现代科学表明，一切物种的分化都离不开物种与环境的相互作用，生命只能依靠从环境中摄取物质和能量来维持。动物从特定环境中获得所需的现成的物质和能量，由此决定了它们与特定环境相适应的器官构成。当它们依赖的环境发生变化，不能再依靠原来的器官从新的环境获取必要的物质和能量时，它就不能不被环境淘汰。只有那些具有适应新环境能力的动物才能生存下来，这就是物种的进化。人类与动物在本质上的不同就在于人类不是从外部环境中摄取自然提供的现成的物质和能量，而是依靠自己的劳动来创造自己所需的物质生活资料，通过劳动改变外界物质的自然状态，以满足自己的生存需要，这是人所特有的生存方式。

马克思主义哲学在人类社会产生问题上的伟大贡献，就在于它提出并确立了劳动实践的观点，从而揭示了由自然向社会、由猿向人转变的基础和机制，劳动生产是人及其社会存在和发展的基础，人就是在劳动生产中形成的。恩格斯指出，劳动是“一切人类生活的第一个基本条件，而且达到这样的程度，以致我们在某种意义上不得不说：劳动创造了人本身。[①]”人类的生成也起源于需要与环境的矛盾。大约在 2000 万年前，由于大地和气候条件的巨大变化，森林面积大量减少，古猿不得不改变习性，由树栖逐步改为地面生活。按照生物规律，在自然条件发生巨大变化的情况下，只有那些具有适应新环境能力的动物才能生存下来。古猿本来不具有造就地面环境的器官，但依靠劳动这种新的生存手段，它可以去改造环境，创造自己需要的生活资料。也正是在劳动中，古猿逐渐改变了自然器官，形成了与环境适应的器官，最后脱离了动物世界。人类形成后，人作为自然存在物固然仍要服从自然的生物规律，但支配人及社会发展的是全新的规律，这就是在生产实践基础上的社会运动规律。动物的整个生存活动都是由它所属的物种先天规定的。对于动物来说，不存在超越自然规定的物种的活动。要了解动物是什么，只需去了解它的物种。对于人类来说，人的本质主要不是在于自己的自然物种，而在于人后天形成的本质。人的后天的本质完全是人在实践活动中形成

① ［德］恩格斯：《自然辩证法》，《马克思恩格斯选集》第 4 卷，人民出版社，1995 年，第 373—374 页。

并发展的。人类的实践活动，使人来自自然的同时又超越了自然的限制，成为能够支配自然的特殊存在。

自然界和人类社会也有本质区别。第一，自然界的规律和人类社会的规律起作用的方式不同。在自然界中，自然规律是作为一种盲目的、自发的力量而起作用，人类社会的规律则要通过人的自觉活动才能表现出来。自然界的发展过程完全是不自觉的，无须人的参与，自然界的活动是没有预期目的的，只表现为有一定规律的客观过程，人类社会历史的发展则离不开人的活动，人的活动都是带有一定目的性的。第二，自然界发展的速度与社会发展的速度也有一定的差异。自然界的发展比较缓慢。社会的发展，特别是社会形态的发展变化则比自然界的发展变化要快些。第三，自然界是物质运动的较低级的形态，自然规律是比较低级的运动规律，人类社会是在自然界的基础上产生的，它产生后就具有自身的特殊性，它是物质世界中最高级、最复杂的运动形式，社会规律也是高级的运动规律。

二、劳动是联结人与自然的中介

恩格斯在《劳动在从猿到人转变过程中的作用》中详细地论述了从猿到人这一转变过程。第一，由于劳动，古猿的不适于抓和握活动的爪逐步变成了适合劳动的人手。手的形成，意味着它已具有了从事劳动的专门器官，意味着工具的出现。第二，劳动提出了交流信息的需要，由此逐步形成了人类语言，从而就有了抽象思维能力。第三，劳动和语言的形成，促进了大脑的发展，实现了猿脑向人脑的转化，逐步形成了人类独有的思维器官，发展出人类的意识和精神。第四，劳动是一种社会化的活动。正是在劳动的基础上形成了人类社会，发展了人类的文化和文明。“动物仅仅利用外部自然界，简单地通过自身的存在在自然界中引起变化；而人则通过他所作出的改变来使自然界为自己的目的服务，来支配自然界。这便是人同其他动物的最终的本质的差别，而造成这一差别的又是劳动。”[①]

在人类由自然向社会发展的过程中，劳动是联结人与自然的中介。把人类社会与自然界分离开的基础是劳动，把人类社会与自然界联系起来的纽带也是劳动。劳动使人类社会和自然界之间的物质交换得以实现，从而使人类社会能够形成和发展，因此劳动是理解全部人类历史的一把钥匙。

第一，劳动是人的生命存在和全部社会生活的基础。劳动是人类的生命活动的基本形式，是人的体力和智力发展水平的特殊标志。没有生产劳动，人

---

① ［德］恩格斯：《自然辩证法》，《马克思恩格斯选集》第 4 卷，人民出版社，1995 年，第 383 页。

类也就无法生存下去。马克思曾说过："任何一个民族，如果停止劳动，不用说一年，就是几个星期，也要灭亡，这是每一个小孩都知道的。"[①]离开了劳动，人类也不可能从事其他活动，人类全部社会生活的首要前提是进行物质资料的生产，即首先解决吃、穿、住、用等生活资料，然后才能从事经济的、政治的、文化的、宗教的、艺术的、哲学的等社会活动，这一切都要通过劳动。因此，劳动是人类的最基本的社会实践，是人类社会生活的基础。

第二，劳动是全部社会关系产生和发展的出发点。劳动不仅按照人们预定的目的，以既定的方式改变自然物，形成了人类与自然的关系，即社会生产力，而且在劳动过程中形成了人与人的结合方式和劳动资料的占有方式，蕴含并产生了人与人之间的社会关系，即生产关系。这种生产关系表现为劳动资料的占有和使用关系，劳动的分工和协作关系，劳动产品的交换、分配和消费的关系等。由于劳动发展状况不同，人们在劳动中的社会结合方式即生产关系的性质和形式也就不会相同。在此基础上产生的人们之间的其他关系，如政治关系、思想关系等也不可能相同。

第三，劳动永远是一切历史的前提和基础。劳动使人类毫不间断地实现了与自然之间的物质和能量的变换，保证了人类社会的存在，而且也推动了人类社会的发展。只要人类历史在继续，劳动就永远是它的前提和基础。劳动的起点就已经孕育着社会有机体未来发展的一切萌芽，预示着由此展开的丰富多彩的社会物质生活和精神生活从低级向高级的发展。人类社会的过去、现在、未来的各种复杂矛盾的辩证图景都是在劳动的基础上形成的。

三、生态系统和环境问题

自然界中的生物并不是孤立地存在着，它们总是结合起来生活，形成生物群落。生物群落与其周围环境之间的关系十分密切，它们互相依赖，互相作用，不断地进行物质和能量交换。这种生物群落和环境之间构成的综合体就叫作生态系统。简单地说，生态系统就是生物和它们生活的自然环境相互作用的系统。人类也是一种生物，人类和人类社会与整个地球环境的相互作用也包括在生态系统之中。

生态系统是复杂的自然系统之一。一个生态系统由四个基本部分构成，即生产者、消费者、分解者和非生物环境。生产者指绿色植物和某些能进行光合作用和化能作用的细菌。因为绿色植物利用日光能进行光合作用，把光能变成化学能贮存在制造的有机物质中，给人类、动物和其他生物提供生存必需品，

① ［德］马克思：《致路·库格曼》，《马克思恩格斯选集》第4卷，人民出版社，1995年，第580页。

所以绿色植物是生态系统中的生产者，在生态系统中占据重要的基础地位。消费者指直接和间接以生产者为食物的各种动物，如食肉动物、食草动物及人类。分解者主要指细菌、真菌和其他一些微生物。它们把动植物机体及排泄物等复杂的化合物分解成简单的无机物，故这些微生物又被称为“还原者”。非生物环境包括温度、光照、水分、土壤、空气、矿物盐等。这些无机物质是绿色植物进行生命活动所必需的。

在整个地球的生态系统中，人类社会是一个引起生态系统变化的强有力因素，它比任何生物的活动对生态平衡的影响都大得多、深远得多，比任何自然变化都更经常、更迅速地多方面干预整个生态平衡。人类产生以来，通过生产活动和其他活动做了很多有利于生态平衡的事，如栽培植物、驯养动物、植树造林、改良土壤、疏通河道等。但是，人类也做了不少破坏生态平衡的事。由于人类活动对生态平衡的破坏，对人类生产和生活产生了不利影响，被称为“环境问题”。

环境问题是随着人类社会和经济的发展而变化的。人类生产力逐步提高，人口数量也迅速增长。人口的增长又反过来要求生产力进一步提高，如此循环作用，直至现代，环境问题发展到十分尖锐的地步。环境问题的历史发展大致可以分为以下三个阶段：

第一，生态环境的早期破坏。此阶段从人类出现开始直到产业革命，与后两个阶段相比，是一个漫长的时期。在该阶段，人类经历了从以采集狩猎为生的游牧生活到以耕种和养殖为生的定居生活的转变。随着种植、养殖和渔业的发展，人类社会开始第一次劳动大分工。人类从完全依赖大自然的恩赐转变到自觉利用土地、生物、陆地水体和海洋等自然资源。人类的生活资料有了较以前稳定得多的来源，人类的种群开始迅速扩大。人类社会需要更多的资源来扩大物质生产规模，于是出现了烧荒、垦荒、兴修水利工程等改造活动，引起严重的水土流失、土壤盐渍化或沼泽化等问题。但此时的人类还意识不到这样做的长远后果。一些地区发生了严重的环境问题，主要表现为生态退化。较突出的例子如：古代经济发达的美索不达米亚，由于不合理的开垦和灌溉，后来变成了不毛之地；中国的黄河流域，曾经森林广布，土地肥沃，是文明的发源地，而西汉和东汉时期的两次大规模开垦，虽然促进了当时的农业发展，但是森林骤减，水源得不到涵养，造成水旱灾害频繁，水土流失严重，沟壑纵横，土地日益贫瘠，给后代造成了不可弥补的损失。总的来说，这一阶段的人类活动对环境造成的影响还是局部的，没有达到影响整个生物圈的程度。

第二，近代城市环境问题。此阶段从工业革命开始，到 20 世纪 80 年代发现南极上空的臭氧洞为止。工业革命（从农业占优势的经济向工业占优势的经济的迅速过渡称为“工业革命”）是世界史上一个新时期的起点，此后的环境问题也开始出现新的特点并日益复杂化和全球化。18 世纪后期欧洲的一系列发明和技术革新大大提高了人类社会的生产力，人类开始插上技术的翅膀，以空前的规模和速度开采和消耗能源及其他自然资源。新技术使英国等欧洲国家和美国等在不到一个世纪的时间里先后进入工业化社会，并迅速向全世界蔓延，在世界范围内形成发达国家和发展中国家的差别。工业化社会的特点是高度城市化。这一阶段的环境问题与工业和城市同步发展。先是人口和工业密集导致燃煤量和燃油量剧增，发达国家的城市饱受空气污染之苦，后来这些国家的城市周围又出现日益严重的水污染和垃圾污染，工业“三废”、汽车尾气更是加剧了这些污染公害的程度。在后来的 20 世纪六七十年代，发达国家普遍花大力气对这些城市环境问题进行治理，并把污染严重的工业搬到发展中国家，较好地解决了国内的环境污染问题。随着发达国家环境状况的改善，发展中国家开始步发达国家的后尘，重走工业化和城市化的老路，城市环境问题有过之而无不及，同时伴随着严重的生态破坏。

第三，当代环境问题。从 1984 年英国科学家发现、1985 年美国科学家证实南极上空出现“臭氧洞”到现在，人类环境问题发展到当代环境问题阶段。这一阶段环境问题的突出特征是：在全球范围内出现了不利于人类生存和发展的征兆，目前这些征兆集中在酸雨、臭氧层破坏和全球变暖这三大全球性大气环境问题上。与此同时，发展中国家的城市环境问题和生态破坏、一些国家的贫困化愈演愈烈，水资源短缺在全球范围内普遍发生，其他资源（包括能源）相继出现将要耗竭的信号。这一切表明，生物圈这一生命支持系统对人类社会的支撑已经接近它的极限。所有这些无不表明环境问题的复杂性和长远性。

当代日益严重的环境问题使我们懂得，人类必须以一种全面的态度对待和支配自然界，即对人类支配自然的强大能力进行全面的理解，以科学、道德、审美三者统一的全面尺度对自然界进行全面的利用和支配，而不要片面地强化人类对自然界的攫取，导致自然界满目疮痍。当代新技术革命客观上揭示了人与自然界的全面关系。在新技术革命条件下，人对自然的支配已经超出对自然的理论和实践掌握，超出科学和生产的领域，进入道德和审美的范围。面对当代严重的环境问题，盲目乐观和消极悲观的态度都是不可取的。持盲目乐观态度的人，违背自然界的发展规律，一味追求眼前的物质利益，一方面贪婪地向大自然索取资源，另一方面又肆无忌惮地向大自然抛弃废物。其结果必然导致人类支配自然的力量像马脱缰一样失去控制，造成生态环境的崩溃。持消极悲观态度的人认为，要保护生态环境的平衡，就必然扼杀科学技术进步，停止发展生产，“返璞归真”，“回到原始状态去”，重过古代田园诗般的生活。这种非历史主义的态度必然导致历史的大倒退。正确的态度应该是把发展科学技术和生产力与保护生态环境有机统一起来，把人类生活需要的内在尺度与生态环境规律的外在尺度有机结合起来，提高人类利用自然的科学性和道德性，协调人类改造自然的行动，调整好人类改造自然的方向，既不要像古代那样做自然界的奴隶，也不要像工业革命以来那样做自然界的敌人，而应该做自然界的朋友，爱护自然，培育自然，建立起人与自然界的全面和谐的关系，以利于地球的繁荣和人类自身的生存与发展。

第三节　社会物质生活条件和社会的历史本质

社会物质生活条件是构成社会物质运动形式诸因素的总和。它包括地理环境、人口因素和生产方式，它们在社会发展中的地位和作用是不同的。

一、地理环境在社会发展中的作用

地理环境是社会物质生活条件的重要方面。地理环境是指与人类社会所处的地理位置相联系的自然条件的总和，如土壤、气候、山脉、河流、矿藏及动植物资源，生态平衡和环境保护状况等。地理环境是社会生存和发展的经常的、必要的条件。马克思指出："劳动首先是人和自然之间的过程，是人以自身的活动来引起、调整和控制人和自然之间的物质变换的过程。"[①]地理环境为社会的存在和发展提供了自然条件、自然前提，人类必需的一切物质和能量最终都来源于自然。离开与自然环境的物质能量变换，人类社会一天也无法存在，更谈不上社会的发展。地理环境对社会发展的作用是多方面的，它主要表现在以下三个方面。

第一，地理环境的差异可以加速和延缓社会发展的进程。地理环境的好坏和自然条件的优劣，天然财富的富饶程度和自然资源的多少，直接关系一个国家、一个民族经济发展的潜力，是生产发展前景的重要因素之一。一个国家、一个民族所处的地理位置和矿产资源的分布情况也直接影响这些国家和地区的生产部门的发展和分布，以及经济活动的发展方向。不同国家、不同民族在经济发展上的不平衡，固然有社会经济制度和政治制度等多方面的原因，但自然条件也是一个不可忽视的原因，它对社会的存在和发展具有重大的作用。

第二，地理环境通过对物质生产的影响，对社会发展有重要的制约和影响。首先，它会影响劳动生产率，从而影响物质生产发展和速度。马克思说："现实

① ［德］马克思：《资本论》第1卷，《马克思恩格斯全集》第23卷，人民出版社，1972年，第201—202页。

的劳动生产率问题离不开各种自然条件，劳动的不同的自然条件使同一劳动量在不同的国家可以满足不同的需要量，因而在其他条件相似的情况下，使得必要劳动时间各不相同。[①]”人们为获得同样的物质生活资料，在优越的自然条件下付出的劳动要少些，因而可以把更多的剩余劳动用于扩大再生产，生产的发展就会相对快些；而在恶劣的自然条件下需要付出的劳动就要多些，因而往往只能把大部分时间用于简单再生产，生产发展就会相对较慢。其次，不同的地理环境会影响物质生产形式的选择。例如，海岛居民的主要生产形式是渔业，而草原居民的主要生产形式只能是畜牧业。此外，一个国家或地区的地理位置对生产的发展也有很大影响。如果处于许多国家之间的交通要道，或处于沿海或河流沿岸，就会较多地接受其他国家和地区的影响，生产发展得会更快些。如果所处的地理位置交通不便，信息闭塞，发展就慢些。地理环境对物质生产有很大的作用，它通过影响生产力的发展制约或促进社会的发展。

第三，作为地理环境之一的生态系统的平衡稳定对于社会的生产和人们的生活都有较大的影响。地理环境是由各种自然条件组成的整体，是一个相互联系、相互作用的有机系统。自然界的各种生态系统是由许多生物的成分（如动物、植物、微生物等）和非生物成分（如阳光、水源、气候等）组成的，它们之间是相互联系，相互制约的。其中每一种成分既受到周围各种成分的影响，同时也反过来影响其他成分。如果其中一种重要的成分发生变化，其他成分则会相应地发生一系列的连锁反应。自然条件和物质形态在长期的进化、发展中形成了一定的、复杂的协调关系，形成一种生态平衡。这种平衡能否得到维护，直接关系人与自然之间的物质和能量能否正常进行交换，因而对社会生活和社会发展有着重大作用。

地理环境对人类社会和发展有着重大作用，但它不是社会发展的决定力量。

第一，地理环境不能决定社会的性质和社会制度的变更。综观人类社会发展的历史，地理环境基本相同的国家，社会制度可以完全不同，而地理环境差别很大的国家，社会制度却可以相同。同一个国家在地理环境几乎没有什么变化的情况下，社会制度却可以发生根本的变化。自然环境发生比较重大的变化往往需要若干万年，而社会制度的变化只需要几千年甚至几年就够了。如欧洲在 3000 年内更换了三种不同的社会制度：原始公社制度、奴隶占有制度、封建制度；而在欧洲东部，即在苏联，甚至更换了四种社会制度。所以说，若干万年几乎保持不变的自然环境不能成为在较短时间内社会制度发生根本变化的决定因素。

① ［德］马克思：《资本论》第 1 卷，《马克思恩格斯全集》第 23 卷，人民出版社，1972 年，第 562 页。

第二，地理环境对社会生活的作用是受社会条件和社会生产制约的。自然环境虽然是社会存在和发展的前提和条件，但是，自然环境对社会的影响必须通过社会的生产实践才能发生作用，这种作用的性质和程度都是由物质生产的发展状况和社会制度决定的。在人类社会早期，作为人们生活资料的自然资源和人类生存的自然环境对社会的发展起着较大的作用，当人类进入生产力较发达的社会条件下，自然资源作为生产原料对社会起着较大的作用。在现代科学技术发达的生产条件下，地下环境作为一个完整的系统在越来越大的范围内被纳入社会的发展过程，地理环境在越来越大的程度上变成了“人化自然”。人总是按照自己的需要和目的不断去改造自然、占有自然，随着社会生产力的不断提高，自然环境对人类社会发展的作用也变得更加明显和重要。

对地理环境在社会发展中的作用，既不能无限夸大，也不能任意缩小。“地理环境决定论”片面夸大地理环境的作用，把地理环境看成社会发展的决定力量，甚至认为自然条件决定社会的政治制度，决定社会形态的更替。“地理环境无用论”片面夸大人类的作用，人类为自身的发展可以任意破坏自然，改变自然规律。这两种观点都是错误的。

二、人口因素在社会发展中的作用

人口因素是指人口数量、构成、分布、密度、质量（健康、文化和科学技术水平）及其变化规律。人口是构成社会生产的基础和主体，没有一定数量的人口就不能组成社会、进行社会的物质生产和社会生活。人具有自然的生物属性，这对社会的存在和发展来说属于自然前提。人的本质在于人的社会属性，人既是社会生产中的劳动者，又是一切社会关系的承担者。人与地理环境不同，人不仅是社会的物质前提，更是社会的主体。恩格斯说：“根据唯物主义观点，历史中的决定性因素，归根结蒂是直接生活的生产和再生产。但是，生产本身又有两种，一方面是生活资料即食物、衣服、住房以及为此所必需的工具的生产；另一方面是人自身的生产，即种的蕃衍。”[①]可见，没有人类自身的生产和再生产，就没有物质资料和生活资料生产的世代连续，也就没有社会的存在和发展。人类自身的生产、再生产的数量多少、增长快慢、质量和分布状况等对社会发展都起着加速或延缓的作用。

第一，人口数量、人口质量为生产提供劳动力资源，是直接影响社会经济各方面发展的重要因素。人是社会的主体，是物质生活资料生产的承担者。一个国家、一个民族，如果没有最低限度的人口数量和一定素质（体质和文化素

① ［德］恩格斯：《家庭、私有制和国家的起源》，《马克思恩格斯选集》第4卷，人民出版社，1995年，第2页。

质）的人，会形成劳动力资源的缺乏，就无法大规模地开发自然资源。开展经济建设、不断扩大再生产。反之，人口过多，超过了生产资料所能容纳的限度，多余的劳动力就不能发挥作用，也会给社会的发展带来消极影响。因此，一个国家、一个民族在制定经济发展规划和预测未来远景时，不仅要考虑所需要的自然资源和经济潜力，而且应当考虑人口数量、人口质量和劳动力资源等状况。

第二，人口的增长状况对社会发展有重要作用。人是生产者又是消费者，生产和消费是相互联系、相互制约的，它们之间有着内在的比例关系。在一定时期内，一个国家、一个民族的生产发展和经济繁荣总是有限度的，如果人口增长过快，人口的增长率大大超过物质资料生产的增长率，生产满足不了人口的消费和就业的需要，就会造成一系列的社会问题，从而影响社会的发展和进步。

第三，人口的构成和分布状况，以及人口质量的高低对社会的发展也有一定的影响。在生产力发展水平比较低下的社会中，人口数量对社会生产力的发展有着不可低估的重大作用；而在生产力水平越来越高的发展情况下，人口数量的重要性日益降低，人口质量在社会生产和社会发展中的重要性越来越突出。

人口因素虽然有加速或延缓社会发展的重要作用，但是人口因素和地理环境一样，也不是社会发展的决定力量。

第一，人口因素不能决定社会性质和社会制度的更替。一个国家处于社会发展的哪一个水平，它的性质和社会制度是先进还是落后，不能用人口数量多少和分布状况等说明。人口因素也无法解释社会革命和社会更替的原因。社会性质和社会制度是由社会生产方式决定的，社会革命的发生和社会变革的方向取决于社会的基本矛盾，即生产力和生产关系的矛盾与经济基础和上层建筑的矛盾，它的最深刻的根源在于生产力和生产关系的矛盾。

第二，人口状况及其在社会发展中的作用，都要受到社会物质生产方式和社会制度的制约。人类自身的再生产，在很长的时期内，主要靠社会和自然因素自发地、缓慢地调节，人口的增长是盲目的。但随着社会的发展，人口增长的盲目性被逐渐克服，自觉性不断增强，人类对自身再生产的调节和控制已经成为社会有机体保持平衡的客观要求。我们决不能离开生产方式来考察人口问题，片面夸大人口因素对社会发展的作用。19 世纪英国哲学家斯宾塞认为，人口数量的增加能促进社会的进步。马尔萨斯认为，人口的增长会阻碍社会的发展，人口数量多是造成资本主义制度下失业和贫困的根源。新马尔萨斯主义认为，人口过剩是现代社会一切灾难的根源，主张用战争和疾病把过剩的人口消灭掉。这些观点都违背了物质生活资料生产和人口生产的规律。

历史唯物主义反对人口决定论，但同时肯定调节人口的必要性，认为人类必须控制自身的增长速度，以便与物质生活资料增长相协调。我国是一个人口众多的发展中社会主义国家，人口的增长与生产力发展水平还很不相适应，因此，实现人口最优化是我国一个发展方向。

三、生产方式在社会发展中的作用

地理环境和人口因素是社会物质生活的必要条件，对社会发展起制约和影响作用，但它们不是社会发展的主要的决定力量，在社会发展中起决定作用的是物质资料的生产方式。这是历史唯物主义一条极为重要的基本原理，马克思、恩格斯反复强调这个原理。马克思说："物质生活的生产方式制约着整个社会生活、政治生活和精神生活的过程。"[①]恩格斯在评价马克思这句话时指出："这个原理，不仅对于经济学，而且对于一切历史科学（凡不是自然科学的科学都是历史科学）都是一个具有革命意义的发现：'物质生活的生产方式制约着整个社会生活、政治生活和精神生活的过程'，在历史上出现的一切社会关系和国家关系，一切宗教制度和法律制度，一切理论观点，只有理解了每一个与之相应的时代的物质生活条件，并且从这些物质条件中被引申出来的时候，才能理解。"[②]

生产方式是人类借以向自然界谋取必需的生活资料的方式，包括生产力和生产关系两个方面，是特定的生产力和特定的生产关系的统一。生产方式在社会发展中的决定作用主要表现在以下几个方面。

第一，生产方式或生产活动是人类从动物界分离出来的根本动力和人类区别于动物界的根本标志。劳动创造了人本身。人类与动物界的根本区别，如制造和使用工具的本领、社会关系、自觉能动性、抽象思维和语言等，都是在生产劳动中形成的。可以说，生产劳动在何时何地开始，人类和人类社会就在何时何地出现。

第二，生产方式或生产活动是人类和人类社会得以存在和发展的基础。人类要生存，就要解决吃、喝、住、穿的问题，为此就必须进行物质资料的生产活动。若停止生产，人类就不能生存，人类社会就会灭亡。人类要从事政治、司法、科学、艺术、宗教等活动，也必须首先解决吃、喝、住、穿的问题，所以生产活动又是从事其他各种社会活动的基础。

第三，生产活动是形成人类一切社会关系的基础。生产活动不仅创造了人类生存的物质资料，而且创造了人与人之间的生产关系。在生产关系的基础上，又形成了人们之间的政治关系和思想关系等其他社会关系，从而形成了整个人

---

① ［德］马克思：《〈政治经济学批判〉序言》，《马克思恩格斯选集》第2卷，人民出版社，1995年，第32页。

② ［德］恩格斯：卡尔·马克思《〈政治经济学批判。第一分册〉》，《马克思恩格斯选集》第2卷，人民出版社，1995年，第38页。

类社会。

第四，生产方式决定社会制度的性质和社会制度的更替。有什么性质的生产方式，就有什么性质的社会制度。一种生产方式被另一种生产方式所代替，就意味着旧的社会制度被新的社会制度所代替。

历史唯物主义在生产劳动的发展史中找到了理解全部人类历史的钥匙。由于历史唯物主义揭示了物质生产活动在社会发展中的意义，从生产劳动的观点出发来考察和理解人类社会发展的历史，就客观地、全面地揭示出人类社会的辩证过程及其规律性。生产劳动概念以萌芽的形式包含着历史唯物主义的全部概念和概念之间的关系，整个历史唯物主义理论体系可以说就是生产劳动概念的逐步展开。

四、人类社会在本质上是实践的

实践是辩证唯物主义的一个基本哲学范畴。在马克思主义哲学以前，历史上的不少哲学家曾以不同的形式谈论实践，但都未形成科学的实践概念。旧唯物主义常常把实践理解为个人的生活行为，唯心主义则把实践归结为主观的纯粹精神活动。实用主义者把实践看成人为应付环境采取的生物性活动。唯有马克思主义哲学科学地揭示了实践概念的本质。唯物主义认为，实践是人类特有的本质活动，是人以一定手段有目的地改造外部世界的能动的物质活动。实践是具有客观实现性的感性活动；实践具有创造性的能动活力；实践是社会性的历史活动。

人类社会生活的一切都是实践活动的表现，或表现为动态的实践活动，或表现为静态的实践活动。实践是人类社会生活的根本保证。

首先，实践是人类能自我确立的基本途径。达尔文创立“进化论”后，“上帝创人说”被“生物进化说”所代替，越来越多的实践证明人是从猿进化而来的。然而，猿之所以能走出自然界，最后变成人，不是纯粹自然进化的结果。这期间，劳动起着决定的作用。劳动是使古猿逐渐向类人猿、猿人和人进化的基本途径。正如恩格斯所说，人是劳动的产物。

从人类的初创期来看，劳动无疑是实践的最原始、最基本的形式。劳动在人类自我确立的过程中，其作用主要表现为：第一，劳动促成了猿的前后肢的分化，使前肢解放出来，长期的演化使前肢成为能制造、使用和保存工具的人手。制造工具和使用工具这种由劳动练就的属性的具备，成为人类最终走出动物界的根本标志。第二，劳动促成了猿的感觉和心理的变化发展，使原先被动感知环境以求适应环境的状态，逐步地向主动感知环境以求改变环境的状态转化，结果实现了猿的感知和心理向人的意识的转变。第三，劳动促成了语言的产生。劳动从一开始就是群体的社会性的活动，共同的活动更需要协商，于是语言产生了。语言作为人类的思维工具，成为表达思想的手段。语言作为社会交往的工具直接促进了人类社会的形成。

其次，实践是人类社会能自立成体的最基本形式。人类的自我确立与人类社会的自成一体是同一个漫长的历史过程的两个侧面。物质生产劳动的实践之所以在使人类自我确立的同时，又成为人类社会自成一体的最基本形式，就在于这一进程不仅必然地引发社会存在的三重基本关系，而且造就了社会生活的基本领域。具体表现为以下几个方面。

第一，物质生产劳动的实践趋势引发了社会存在的三重基本关系。物质生产劳动的实践从一开始就是人与自然之间的物质变换过程。人与自然建立的这种关系不可能是单个人的，只能是群体的人与自然发生联系和关系。不过，群体的人要与自然建立联系必然要具备的客观前提就是，群体中的人与人之间要组成一定的关系并能互换其活动。“如果不以一定方式结合起来共同活动和互相交换其活动，便不能进行生产。为了进行生产，人们便发生一定的联系和关系；只有在这些社会联系和社会关系的范围内，才会有他们对自然界的关系，才会有生产。”[①]显然，物质生产的实践在创造人们生活的必需品的同时，也生产人与人之间的生产关系——与这两种生产密切联系不可或缺的意识（观念）的生产。其实，无论哪一种物质生产的实践开展都具有人的目的性，之所以能够直接表现在实践过程结束后获得的结果上，是因为这个过程开始时就已经在人的头脑中作为观念的形式存在着；它决定着人的实践方式和方法。可见，意识（观念）的生产是源于物质生产的实践，它体现着人与意识的关系。

总体来看，人与自然的关系、人与人的关系，以及人与意识的关系这三重关系无疑是由物质生产劳动的实践生产出来的，也可以说，这些关系是物质生产劳动的实践内在固有的。这些关系正是人类社会自立的依靠，它们构成了基本的社会关系，即物质的社会关系和思想的社会关系。失去了它们，人类社会就失去了存在的根基。

第二，物质生产劳动的实践构成了社会生活各领域的基础。人类社会自立成体表现为区别于自然的生活基本领域，这就是维系物质的社会关系和思想的社会关系的三大社会实践活动，即生产和变革物质资料的实践、创建和改造社会关系的实践及创造和发展精神文化的实践。这三种相互联系的实践构成了社会生活的基本领域，即社会的物质生活、政治生活和精神生活。在整个社会的生活过程中，物质生产的实践活动起着基础的决定作用。人类正是在这种实践

① ［德］马克思：《雇佣劳动与资本》，《马克思恩格斯全集》第6卷，人民出版社，1961年，第486页。

活动中不断地与自然进行物质、能量和信息的变换，才使社会的政治生活和精神生活得以维系并不断展开，才使社会生活得以巩固并能继续发展。因此，指明社会在本质上是实践的，实际上表明了社会存在的客观性，这种客观性集中表现在物质生产的实践引起的人与自然之间的物质变换过程中。

实践是社会生活的本质，在社会生活一切领域的活动都属于实践。随着实践的社会化程度不断提高，人类实践活动的内容和形式更加丰富多样。为了更好地把握实践这一包罗万象、形式多样的特殊的物质运动形式，就有必要对实践活动的形式做出基本划分。实践的基本形式有物质生产实践、处理社会关系的实践和科学实验三种基本形式。物质生产实践是指处理人与自然之间关系的活动；处理社会关系的实践是指人们在生产活动的同时，处理人与人之间社会关系的实践活动；科学实验是科学上为解释某一现象、揭示某一客观规律而创造特定的条件，以便观察其变化和结果的过程。

总之，当代人类的实践活动从内容到形式都是丰富多彩的，在物质生产实践、处理社会关系的实践和科学实验这三种基本实践形式中，生产实践又是其中最根本的实践形式。我们要把握各种基本形式之间互相联结、互相依赖、互相促进的关系，从而做到从整体上把握好科学的实践观。

第七章　社会基本结构与文明进步

社会结构概念从静态角度研究人类社会各要素之间的横向联系。人类社会是一个巨大的系统，包括许多要素，各要素之间有着复杂的联系。社会结构就是指组成人类社会的要素及其联系和关系。社会的基本结构包括社会的经济结构、社会的政治结构和社会的文化结构。社会结构与社会文明是密切相关的。社会文明是指人类在社会发展过程中创造的各种成果和财富的总和。人类文明主要包括物质文明、政治文明、精神文明三个方面。这三个文明的发展状况是社会发展水平的基本标志。

第一节　社会的经济结构

任何事物都有自己的内在结构。社会结构是指各种社会要素之间的联结方式和构成方式。作为一种组织方式和联系网络，社会结构的根本内容就是人与人之间错综复杂的社会关系的总和，从不同的角度可以分为经济结构、政治结构和观念结构。社会经济结构是指同生产力发展的一定阶段相适应的生产关系的总和。马克思说，“人们在自己生活的社会生产中发生一定的、必然的、不以他们的意志为转移的关系，即同他们的物质生产力的一定发展阶段相适合的生产关系。这些生产关系的总和构成社会的经济结构。”①社会经济结构决定整个社会的性质和面貌，是社会政治结构和社会观念结构的基础。

一、生产力是经济结构的物质基础

生产力是指人类改造自然、获取生活资料的能力。生产力的要素主要包括以生产工具为主的劳动资料、引入生产过程的劳动对象和从事物质资料生产的劳动者。

劳动资料是在劳动过程中用以改变或影响劳动对象的物质资料或物质条件，是人和劳动对象之间的媒介。劳动资料主要包括三个方面：一是直接作用于劳动对象的操作系统及与其相连的动力传动系统；二是控制系统及与其相连的信息传递系统；三是劳动过程中所必要的、不属于劳动对象的物质资料和物质条件，如生产过程中的能源供应，为产品运输、贮藏和其他目的所必需的辅

① ［德］马克思：《〈政治经济学批判〉序言》，《马克思恩格斯选集》第 2 卷，人民出版社，1995 年，第 32 页。

助性的劳动资料等。劳动资料是人类征服和支配自然力的强大杠杆，是生产力发展的客观标志。从一定意义来说，各种生产工具都是人体自然器官的延长。例如，起重机是肢体的延长，望远镜是眼睛的延长，电子计算机是人脑的延长，机器人是人体各部分器官的综合延长等。人通过工具延长了自己身体的某些器官，也就大大加强了自己与自然界斗争的力量。“各种经济时代的区别，不在于生产什么，而在于怎样生产，用什么劳动资料生产。劳动资料不仅是人类劳动力发展的测量器，而且是劳动借以进行的社会关系的指示器。”①从手工工具到机械化操作系统，再到自动化控制系统，标志着人类生产力发展的三个大的历史阶段。

劳动对象指人们在生产过程中进行加工的东西。劳动对象分为两类：一类是进入生产过程的那部分自然界，即自然界直接提供的用于生产的自然物，如水库大坝里的水，在开采中的地下矿石等；另一类是经过人们加工的劳动对象，即原料，如工业中的钢材、棉纱，农业中的种子，建筑中的木板等。随着生产的发展和科学技术的进步，劳动对象的范围不断扩大。劳动对象是生产力的制约因素。首先，劳动对象制约生产工具，生产工具的水平与构成生产工具的材料密切相关；其次，劳动对象影响生产效率，制约整个生产力的发展水平；再次，劳动与劳动对象相结合才是物质财富的源泉，劳动者只有使用生产工具作用于劳动对象时才能构成现实的生产力。

劳动者是具有一定科学知识、生产经验和劳动技能，从事物质资料生产的人。劳动者从事劳动，科学知识投入劳动过程才是现实的生产力。劳动者是生产中起主导作用的要素。没有劳动者，生产工具和其他生产资料只不过是一堆死物，不能成为现实的生产力。生产工具的制造、操作和改进及劳动对象的利用和革新，都是通过劳动者实现的。作为生产力要素的劳动者，不仅要有一定的体力，还要有一定的智力，即生产所需的知识、经验和技能。劳动者既包括体力劳动者，也包括为生产过程提供科技服务和从事管理的脑力劳动者。随着现代科学技术的发展，生产的机械化、自动化程度日益提高。知识经济时代来临，科技工作者在生产中的作用将会越来越重要和突出。

总之，劳动资料、劳动对象和劳动者是生产力中独立的实体性要素，统称为生产力的“硬件”；生产力作为一个系统，还包括非独立、非实体的渗透性要素。科学技术也是生产力的要素，邓小平说：“科学技术是第一生产力”。科学是一种“知识形态的生产力”，当其未被应用于生产过程、物化为生产技术时，是潜在的生产力；当其被应用于生产过程以后，便由潜在的生产力转化为直接的生产力。生产力中劳动者劳动技能和科学文化素质的提高，生产工具的改进

① ［德］马克思：《资本论》第 1 卷，《马克思恩格斯全集》第 23 卷，人民出版社，1972 年，第 204 页。

和创新，新的劳动对象的发现和利用。新的工艺流程的设计及生产管理水平的提高等，均须依赖科学技术的发展。与科学技术紧密相连的科学管理也是生产力中非实体性要素的重要方面。科学管理表现为劳动者和经营管理者从整体性原则出发对生产过程的组织、控制和管理。科学管理可以协调生产力中各要素、各环节、各方面的关系，使它们充分地发挥作用；有利于合理使用人力、物力、财力，使人的因素和物的因素在生产过程中实现最佳结合，取得最佳的整体效益，大大提高劳动生产率。

二、生产关系是经济结构的基本内容

生产关系构成社会经济结构的基本内容。所谓生产关系，是人们在社会生产、分配、交换、消费的总过程中，与一定的生产力状况相适应建立起来的人们之间最基本的经济关系。人类要生存，就必须从事一定的生产活动。人们为了进行生产，就必然发生一定的联系和组成一定的关系。没有这种社会联系和社会关系，就不会有生产。有人不以为然，认为鲁滨孙生活在孤岛上，不也照样生产自己所需的生活资料，活下来了吗？是的。但他是怎样活下来的呢？按照《鲁滨孙漂流记》的描述，他手中有社会为他提供的枪支，有人们留给他的火药，有从破船上找到的装有刀子、斧子、钉子等各种工具的小箱子。这些都是别人的劳动产品。有了这些，他才能对付野兽，猎取食物，驱走、击毙吃人的生番，砍伐树，盖起房屋。后来，他还有了自己的仆人——当地土人“星期五”。他们一起在荒岛上播种庄稼，驯养家畜，战胜大自然和其他外来的威胁。所以，小说中描写的鲁滨孙绝不是与社会完全隔绝的人。这说明生产在任何时候和任何条件下都只能是社会的生产。

生产关系包括以下三个方面的内容。

第一，生产资料的所有制关系是指生产资料归谁占有、由谁支配的问题。这不是人对物的关系，而是在人对物的关系上表现出来的人和人的社会关系。生产资料所有制关系具体体现为生产资料的所有权、占有权、支配权和使用权等不同形式，其中起决定作用的是生产资料的所有权，而生产资料的占有权、支配权、使用权都以生产资料的所有权为转移。

第二，人们在生产中的地位和相互关系。这是人们在生产中互相交换其活动的关系。这种交换活动的关系是由生产资料的所有制形式决定的。在不同的生产关系中，交换的情形是不一样的。例如，在资本主义生产关系中，资本家扮演生产活动组织者的角色，而工人出卖劳动力，直接参加生产劳动。这也是一种活动交换，但这种活动的交换是由私有制决定的剥削与被剥削、统治与服从的关系。劳动分工在任何社会中都存在，都有交换活动。在社会主义生产关系中，生产资料是公有财产，劳动者的根本利益是一致的。因此，在生产的组织者、领导者和生产者之间，在工业劳动者和农业劳动者之间，在脑力劳动者和体力劳动者之间，在各部门、各工厂、各企业的劳动者之间，他们的活动交换是分工协作，由此结成了同志式的互助合作关系。

第三，产品的分配关系，可以分为总产品的分配、收入的分配和个人消费品的分配三个层次。总产品是指全部生产物；总产品扣除用来补偿已消耗的生产资料部分，就构成收入；收入中再除掉用来扩大再生产和公共消费的部分，即用于个人消费的产品。分配关系是由生产资料的所有制关系决定的，生产资料的所有制关系也要通过分配关系得以体现。

生产资料的所有制关系、人们在生产中的地位和相互关系、产品的分配关系这三项内容既不是互相孤立的，也不是彼此平行、不分主次的，而是互相制约、互相影响的，其中生产资料所有制形式起着决定作用，是整个生产关系的基础。生产资料所有制形式在生产关系体系中的决定作用主要表现在以下几个方面。

第一，生产资料所有制形式决定整个生产关系的性质。与历史上依次经历的五种生产资料所有制形式相适应，有五种不同性质的生产关系。它们可以分为两大类型：一类是以生产资料公有制为基础的生产关系，包括原始公有制的生产关系和共产主义公有制的生产关系；另一类是以生产资料私有制为基础的生产关系，包括奴隶制的生产关系、封建制的生产关系和资本主义的生产关系。除去这两种类型的生产关系，还有劳动者个人占有生产资料的小生产的生产关系，它不能成为独立形态的生产关系，而是依附于当时占统治地位的生产关系。

第二，生产资料所有制形式决定人们在生产中的地位及其相互关系。在以采摘和渔猎为生的原始时代，氏族成员共同占有劳动，共同占有生产资料和劳动成果，人与人之间是互助合作的关系。在奴隶制的生产资料所有制形式中，奴隶主不仅占有全部生产资料，而且占有奴隶本身，奴隶是奴隶主的私有财产——“会说话的工具”。奴隶对奴隶主具有“全人身依附关系”，没有任何自由，奴隶主可以打骂、买卖、屠杀奴隶。在封建制的生产资料所有制形式下，封建主占有主要的生产资料——土地。农奴或农民只占有简单的生产工具，用自己的生产工具在封建主的土地上劳动，对封建主是一种“半人身依附关系”。在资本主义生产资料所有制形式下，资本家占有生产资料，工人只占有自己的劳动力，他们拥有的自由只是表现在决定把自己的劳动力出卖给哪一个资本家的自由，但没有不出卖劳动力的自由。所以，资本家与工人的关系是雇佣与被雇佣的关系。在生产资料公有制中，由于劳动者平等地共同占有生产资料，因而在生产劳动过程中人与人之间的关系是平等互助的关系。

第三，生产资料所有制形式决定产品的分配方式。生产和生产资料的所有制形式对产品的分配方式起决定作用。生产资料所有制形式不同，产品的分配方式也就不同。在原始的生产资料公有制形式下，由于社会成员平等占有生产资料并共同劳动，因而平均分配劳动产品，没有一部分人无偿占有另一部分人劳动的现象；在奴隶制的生产资料私有制形式下，奴隶劳动的产品全部归奴隶主，然后奴隶主从中拿出一小部分维持奴隶的生命；在封建制的生产资料私有制形式下，农奴或农民以贡赋或地租的形式，把劳动产品交给农奴主或地主，自己只能留下收获物的一小部分；在资本主义生产资料私有制形式下，资本家获得利润，即以利润的形式占有工人创造的剩余价值，工人只能获得维持其生活的工资。在社会主义生产资料公有制下，实行“各尽所能，按劳分配”的原则；在共产主义生产资料公有制下，将实行“各尽所能，按需分配”的原则。显而易见，生产资料所有制形式从根本上规定着产品的分配方式。

生产关系构成社会的经济结构，它决定着思想关系和其他一切社会关系。但从历史上看，一种生产关系往往可以在三种社会形态中分别以萌芽状态、成熟状态和残余状态存在。例如封建制度在奴隶社会萌芽，在封建社会成熟，在资本主义社会衰败。某一社会形态中，往往又存在多种相互作用着的生产关系。但各种生产关系并不是占有同样的地位，起着同样的作用，其中必有一种生产关系占据统治地位，起着主导作用，由此决定社会经济结构的性质。

三、经济制度、经济体制和经济运行机制

经济制度与经济结构、经济基础是同一序列的范畴，就其内容而言，都是指一定社会的生产关系的总和。在多种生产关系存在的情况下，该社会生产关系作为一个整体，不仅包括某一生产关系的不同方面的总和，而且包括该社会不同生产关系在社会生产和再生产过程中形成的整体。这一由多种生产关系整合构成的统一整体即该社会的经济制度。以我国为例，现阶段既存在着公有制经济，也存在着个体经济、私营经济、外资经济、混合经济等多种所有制经济，其中每一种所有制经济就是一种经济关系或生产关系。这些生产关系总合起来构成的统一整体，即我国现阶段——社会主义初级阶段的经济制度。

经济体制是经济制度的具体表现形式或实现形式。一个国家的经济体制一般包括以下内容：第一，国家管理经济的基本原则和政策，如选择实行中央高度集中统一的计划经济体制还是选择实行市场经济体制；选择单一化体制还是选择多元化体制，等等。这是经济体制中最基本的方面。第二，生产关系各个方面尤其是生产资料所有制和分配制度的具体形式及其结构。第三，经济组织形式（如管理、调节、监督）及其机构的设置。第四，管理制度。

改革开放以前，我们一直在理论和实践上把市场经济体制等同于资本主义制度，把计划经济等同于社会主义制度。在相当一段时期内，人们把搞市场经济还是搞计划经济看成走资本主义道路还是社会主义道路的判断标准，结果在经济上、政治上都走了弯路。其实，社会主义不是在空地上建起来的，社会主

义与资本主义既有对立的一面，又有批判吸收、借鉴的一面。具体地说，在生产关系及保护生产关系的国家政权方面，社会主义与资本主义是对立的关系；在生产力方面，在利用技术和管理经济的方法上，则是一种借鉴、继承的关系。显然，公有制、按劳分配是反映社会主义生产关系的东西，因此必须坚持。实行市场经济还是计划经济是属于具体的体制问题，而不能拔高到决定社会性质的经济制度的高度。

邓小平总结了世界各国经济发展的经验和教训，把计划经济与市场经济从所有制中剥离出来，作了一系列极为深刻而精辟的论述。1979 年 11 月 26 日，邓小平在会见美国不列颠百科全书出版公司编委会副主席吉布尼等外国学者时说："说市场经济只存在于资本主义社会，只有资本主义的市场经济，这肯定是不正确的。社会主义为什么不可以搞市场经济，这个不能说是资本主义……社会主义也可以搞市场经济。"[①]1985 年 10 月 23 日，邓小平在回答美国高级企业家代表团团长格隆瓦尔德关于社会主义和市场经济的关系的提问时说："社会主义和市场经济之间不存在根本矛盾。问题是用什么方法才能更有力地发展社会生产力。我们过去一直搞计划经济，但多年的实践证明，在某种意义上说，只搞计划经济会束缚生产力的发展。把计划经济和市场经济结合起来，就更能解放生产力，加速经济发展。"[②]1990 年 12 月，邓小平在上海指出："我们必须从理论上搞懂，资本主义与社会主义的分别不在于是计划还是市场这样的问题……计划和市场都得要。不搞市场，连世界上的信息都不知道，是自甘落后。"[③]1992 年年初，邓小平在南方视察时进一步明确指出："计划多一点还是市场多一点，不是社会主义与资本主义的本质区别。计划经济不等于社会主义，资本主义也有计划；市场经济不等于资本主义，社会主义也有市场。计划和市场都是经济手段。"[④]

市场经济体现着积极性和消极性的统一。市场经济能够有效地配置资源，促进生产力的高速发展和人类社会的巨大进步，这是市场经济的积极方面，也是主要的方面。但市场经济也不是万能的，它也存在着许多缺陷和失灵等消极因素。如有些人为了追求自身经济利益的最大化而不顾社会利益，市场上的垄断、假冒等不正当竞争，收入分配的不公正，市场调节的盲目性等，这些消极因素可能导致周期性经济衰退及其他社会经济矛盾。为了减少和避免这些消极

① 邓小平：《社会主义也可以搞市场经济》，《邓小平文选》第 2 卷，人民出版社，1994 年，第 236 页。

② 邓小平：《社会主义和市场经济不存在根本矛盾》，《邓小平文选》第 3 卷，人民出版社，1993 年，第 148—149 页。

③ 邓小平：《善于利用时机解决发展问题》，《邓小平文选》第 3 卷，人民出版社，1993 年，第 364 页。

④ 邓小平：《在武昌、深圳、珠海、上海等地的谈话要点》，《邓小平文选》第 3 卷，人民出版社，1993 年，第 373 页。

方面的影响，国家就有必要干预经济，通过经济的、法律的甚至行政的手段对市场经济进行宏观调控。

经济运行机制是指社会经济赖以运转的一切方法、手段、环节的总和。经济运行机制的实质，是在社会生产和再生产过程的生产、分配、交换和消费诸环节中，生产关系各方面、各层次怎样相互联系，怎样相互作用，从而使生产关系得以维持和发展，使社会经济过程保持活力。社会主义经济运行机制从总体来说，是自觉地利用经济规律，组织和管理社会经济运行的方法、手段和环节的体系，如计划机制、市场机制、价格机制等。

经济制度、经济体制、经济运行机制是三个既相区别又相联系的范畴。经济制度相对稳定，体现生产关系的性质，是决定社会经济生活、政治生活、精神生活和一切社会生活的基础。经济体制是经济制度的具体表现，它本身比较灵活，经常处于变动之中，它的变化并不一定导致基本经济制度性质的改变。经济运行机制则是社会经济运行的手段、方法和环节，不借助于经济运行机制或者经济运行机制失灵，社会经济制度就不会成为鲜活的有机整体，就会不断枯萎、衰退下去。

四、阶级是特定经济结构中的人群共同体

什么是阶级呢？列宁曾经给阶级下了这样的定义：“所谓阶级，就是这样一些大的集团，这些集团在历史上一定的社会生产体系中所处的地位不同，同生产资料的关系（这种关系大部分是在法律上明文规定了的）不同，在社会劳动组织中所起的作用不同，因而取得归自己支配的那份社会财富的方式和多寡也不同。所谓阶级，就是这样一些集团，由于它们在一定社会经济结构中所处的地位不同，其中一个集团能够占有另一个集团的劳动。”[①]

阶级是一个经济范畴，阶级的划分不是根据思想认识和政治态度来划分的。既然阶级是一个经济范畴，那么划分阶级的标准只能是经济标准。由于人们对生产资料的关系不同，在劳动组织、生产过程中所起的作用不同，参与分配的方式和取得收入的数量不同，因而区分为利益根本对立的阶级。虽然阶级在形成之后，会在政治思想、情感及生活方式等方面有所表现，具有相应的政治思想及其他多方面的特征，但是，阶级之所以成为阶级，归根结底决定于它的经济方面。这是划分阶级的客观标准。恩格斯讲得好：“互相斗争的社会阶级在任何时候都是生产关系和交换关系的产物，一句话，都是自己时代的经济关系的产物。[②]”

---

① ［苏］列宁：《伟大的创举》，《列宁选集》第4卷，人民出版社，1995年，第11页。

② ［德］恩格斯：《社会主义从空想到科学的发展》，《马克思恩格斯选集》第3卷，人民出版社，1995年，第739页。

阶级是一个历史的范畴。阶级的存在仅仅与生产发展的一定历史阶段相联系。在原始社会初期，由于没有剩余产品，不存在一个集团占有另一个集团劳动的可能性，因而不存在阶级。阶级的形成是生产力有了一定程度的发展而又相对发展不足的结果。原始社会末期，由于金属工具的使用，导致了剩余产品的出现，为一个集团占有另一个集团的劳动提供了可能。社会分工及由此而来的交换的发展，私有制的出现，使这种可能性变成现实。正像原始社会末期生产力的发展必然地引起阶级的产生一样，现代生产力的巨大发展也必然地使阶级归于消灭。不同的是，阶级的产生是社会自发发展的结果，阶级的消灭则是通过无产阶级自觉的革命斗争实现的。彻底消灭阶级和阶级差别，需要经过长期的斗争，需要创造一系列物质条件和精神条件，而生产力的极大发展和社会关系的根本变革则是其基本的条件。

阶级产生以后，社会结构发生了重大变化，从原始社会以血缘关系为纽带的社会结构，转化为以阶级划分为基础的社会结构。历史上经历的奴隶社会、封建社会、资本主义社会，是以奴隶主和奴隶、地主和农民、资产阶级和无产阶级两大社会基本阶级的对立统一构成社会结构的“骨架”。此外，还有一些非基本阶级，如奴隶社会的“自由民”，封建社会的手工业者和商人，资本主义社会的小生产者，等等。

正确把握阶级概念和阶级结构，还要弄清楚阶级与等级、阶层的区别和联系。等级是一个政治法律范畴，是指由法律规定或认可的具有一定特权和专利的社会集团。等级与阶级的区别在于：等级比阶级的外延狭窄，等级不是一切阶级社会而仅仅是奴隶社会和封建社会具有的；从根本来说，阶级反映的是人们之间的经济关系，等级是按照地位、身份、门第、职业对社会成员进行的划分，反映的是人们之间的政治法律关系。当然，阶级与等级又有联系。一个阶级中往往包含着不同的等级，一个等级中也可以包含不同的阶级。法国大革命时期的“第三等级”就包括资产者、无产者、农民和小资产阶级。在奴隶社会和封建社会，阶级表现为一些特别的等级，阶级关系往往被等级关系所掩盖。

阶层有两层含义：其一，指同一阶级内部按照经济状况、社会地位或其他标准划分的若干层次，如资产阶级中有大资本家、中等资本家、小资本家；其二，指按照特定的标准（如谋生方式）把各阶级中的部分成员联合起来构成的社会集团，如知识分子阶层就是按照劳动分工的原则划分的。

我们既要防止用阶层划分代替阶级划分，又要把这两种划分联系起来，从而在不同层次上和不同向度上把握社会成员的结构状况，准确识别个人或集团的阶级或阶层归属。例如，在当代中国社会变革过程中出现的民营科技企业的创业人员和技术人员、受聘于外资企业的管理技术人员、个体户、私营企业主、中介组织的从业人员、自由职业人员就属于新的社会阶层，他们都是中国特色社会主义事业的建设者。

马克思主义的阶级分析方法就是用马克思列宁主义关于阶级和阶级斗争的观点去分析社会历史现象的方法。这种方法是对立统一规律的矛盾分析方法在社会领域中的具体运用，是无产阶级及其政党研究阶级社会历史的根本的科学方法。正确认识和对待我国阶级斗争的现状，对于发展我国社会主义现代化建设事业具有重大意义，这就要求我们进行科学的分析和全面的考察，严格区分敌我矛盾和人民内部矛盾。应当明确，属于敌我矛盾的是极少数，大量存在的是人民内部矛盾。对于不同性质的矛盾，应采取不同的方法来处理。一切都要自觉服从和服务于社会主义现代化建设这个中心。无论哪一种矛盾的解决，都必须根据“依法治国”的方略，严格遵守社会主义民主与法制的各项原则，决不能采用大规模的疾风暴雨式的政治运动方式。

五、发展先进生产力是中国共产党执政兴国的第一要务

先进生产力是一个相对的、历史的范畴，是相对于落后生产力而言的，在不同的历史时期有着不同的表现形式。科学技术是不断发展的，因此人类历史就是先进生产力不断取代落后生产力的过程。在当代历史条件下，先进生产力是集中体现科学技术发展水平并以此为标志的社会生产力。

中国共产党作为中国工人阶级的先锋队，在其建立时就以中国先进生产力的代表身份走上历史舞台，在此后它领导的革命和建设，以及社会主义改革中都是以解放和发展生产力作为自己的根本任务。面对新的历史挑战，中国共产党要始终代表中国先进生产力的发展要求，通过发展生产力不断提高人民群众的生活水平，使社会主义制度充满生机和活力。那么，如何全面、正确理解先进生产力的发展要求呢？

第一，要注重物的发展和人的发展的统一，把物的发展放在人的发展中来理解。生产力的实体性要素分为物的要素和人的要素。劳动对象和劳动工具是物的要素，劳动者是人的要素。看一个地区和部门的生产力发展状况，就要既从物的方面看其社会物质财富的增长状况和生产工具的技术水平，又要从人的方面看其知识、素质和能力的发展状况。一个社会如果只以物质财富的增长为导向而忽视人的发展，没有长远的人力资源开发战略、丰富的人才储备和较高的国民素质，这种增长是不会持续长久的，而且必然会引发许多社会问题。西方发达国家近代工业化进程的教训之一，就是以牺牲劳动者的自由、平等和全面发展为代价，单纯追求经济增长。结果人成为创造物质财富的工具，成为机器的一个零件，成为资本的奴隶，马尔库塞称之为“单向度的人”。因此，我们要发展先进生产力，必须通过人的素质的提高和人力资源的开发来创造社会物质财富，同时使社会物质财富为人的发展服务。因为人的发展是最终目的，物质财富的增长只是实现这一目的的手段。

第二，注重经济效益和社会效益的统一，把经济效益置于社会效益中来评价。长期以来，人们一直把生产力理解为改造自然以获取物质生活资料的能力。这种理解实际上是把人置于自然界的对立面，自然界被看作随意宰割和掠夺的对象，生产力不过是人向自然界索取的单向活动能力。这一观点实质上是只注重人改造自然的活动的经济效益而忽视其社会效益和生态效益的认识论根源。在马克思那里，生产力实际上具有两个方面的内涵：一方面，它是劳动者对劳动对象的改造能力；另一方面，它又是劳动者对劳动对象的调节、改善和保护的能力，因为劳动者对劳动对象的改善和保护是为了更合理地利用和改造它，不至于在对劳动对象的改造中受到劳动对象的惩罚。正如英国哲学家培根所说，人顺应自然是为了更好地改造自然。在这里，改善和保护自然是生产的一个内在环节。有些地区和部门无视生态效应，无限制、无保护地开发自然，实际上就是只追求经济效益而忽视社会效益，虽然一时获得经济效益，但最终受到的损失更大。因此，我们要发展先进生产力，就必须在追求本部门和本地区的经济效益的同时，也要考虑生态效益和社会效益，并把经济效益置于生态效益和社会效益中来评价，即走以最有效利用资源和保护环境为基础的循环经济之路。

第三，注重局部发展和全局发展的统一，把局部发展置于全局发展中来考虑。有些人认为，只要有利于本地区、本部门的经济发展，就什么都可以干，什么都可以不管，在经济工作中出点偏差、“交点学费”也没有关系。某些地方为了保护局部利益而损害全局利益。这种认识实际上是为一些人的不正当行为、主观失误及其产生的消极后果开脱罪责，是产生地方保护主义和实用主义的认识论根源，实质上也是对 “生产力”概念缺乏全面正确的理解。因此，我们要发展先进生产力，就必须跳出局部，从全局看局部，避免以牺牲全局发展为代价来获得局部的发展。“胸无大局者，不足谋一域。”注重局部发展和全局发展的统一，把局部发展置于全局发展之中来考虑，是发展先进生产力的必然要求。

第四，注重目前发展和长远发展的统一，把目前发展放在长远发展中来设计。1962 年，一位名叫蕾切尔·卡逊的生物学家出版了《寂静的春天》，第一个对当代人“征服自然”的理性意识提出了质疑。从此，人们开始不断地反思工业革命以来走过的发展历程。1987 年，联合国环境与发展委员会提出了“可持续发展”的概念，其宗旨就是要在不危及后代人需要的前提下，寻求满足当代人需要的发展途径，也就是要处理好眼前利益和长远利益的关系。因此，我们要发展先进生产力，就必须跳出眼前利益的束缚，用适度超前的未来发展的眼光来规划设计当前的发展，把当前发展放在长远发展之中来设计，要以合乎长远发展的方式追求当前发展，绝不能以牺牲后代人的发展为代价。“人无远虑，必有近忧”，这也是发展先进生产力必须遵循的原则。

第二节　社会的政治结构

一、政治是经济的集中表现

在社会的复杂结构中，起重要作用的还有社会的政治结构。政治结构体现社会的政治关系。历史唯物主义认为，经济结构是政治结构的基础，经济决定政治，同时，政治为经济服务。政治不是一般地反映经济，而是经济的集中表现。在阶级社会中，政治与阶级斗争密切联系着，甚至可以说，政治就是各阶级之间的斗争。对立阶级之间围绕着经济利益展开斗争，必然通过政治斗争反映出来。统治阶级依靠政治、法律的力量维护自己根本的经济利益，巩固自己的统治地位。社会的政治结构集中反映了统治阶级的经济利益。正是在这个意义上，列宁强调指出："政治是经济的集中表现"[①]。

政治虽然为经济所决定，但对经济有着巨大的反作用。在任何一个社会里，人们的经济活动都不可能脱离政治的深刻影响。虽然以政治活动为职业的总是少数政治家、政治领袖人物，然而与政治有这样或那样联系的却是全体社会成员。特别当社会发展处于变革时期，政治的巨大作用表现得尤为突出。当社会的基本矛盾达到空前尖锐化的程度，革命阶级只有通过政治革命推翻反动阶级的政治统治，才能根本改变旧经济制度，建立新经济制度，实现生产力的大解放。在这个意义上完全可以说，政治与经济相比不能不占首位。

今天，中国人民正在中国共产党的领导下朝着全面建设小康社会的目标迈进。全面建设小康社会最根本的任务是坚持以经济建设为中心，不断解放和发展社会生产力，实现这个根本任务必须有社会主义民主政治做保证。发展社会主义民主政治，建设社会主义政治文明，也是全面建设小康社会的重要目标。必须在坚持四项基本原则的前提下，继续积极稳妥地推进政治体制改革，扩大社会主义民主，健全社会主义法制，建设社会主义法治国家，巩固和发展民主团结、生动活泼、安定和谐的政治局面。

二、政治结构的要素及其功能

社会的政治结构就其内容来说就是人们之间的政治关系，是人们政治生活、政治交往的产物。政治结构以经济结构为基础并给予经济结构巨大的反作用。社会政治结构是一个复杂庞大的系统，其中国家政权是政治结构的核心，国家

① ［苏］列宁：《再论工会、目前局势及托洛茨基同志和布哈林同志的错误》，《列宁选集》第 4 卷，人民出版社，1995 年，第 407 页。

问题是全部政治生活的根本问题，军队是国家政权的重要组成部分和柱石。

社会的政治结构由政治、法律制度和设施构成。政治制度是指社会统治阶级采取何种形式组织政权，包括国家的组织形式、管理形式，以及选举制度、人们行使政治权利的制度等。法律制度是国家制定法律、执行法律和遵守法律的各项制度等。政治法律设施包括军队、警察、法庭、监狱、政府机构等国家机器及与此相联系的一整套政治组织、社会团体组织等。由于政治结构建立在经济结构的基础之上，所以马克思又把政治结构称为政治上层建筑。

不同阶级或不同集团、阶层的经济利益是通过政治结构来体现的。政党是一定阶级、阶层的利益和意志的代表。政党在政治结构中具有重要作用，尤其是执政党在政治结构中的领导地位，直接影响政治结构的性质和功能的发挥。国家政权是政治结构的核心，它是政治体系运行的基本设置。控制社会的是政治结构，国家政权则是它的控制中心。国家政权通过政治结构控制社会，通过这个机构来控制和管理全部社会生活。

政治结构的基本功能是规范和调整社会关系和交往活动。人们的日常交往关系是分散的、随机的、变动的，乃至无序的，要使人们的经济、社会交往稳定有序，必须运用政治力量对其进行协调、规范。因此，政治是集中了的经济，是直接为社会的经济、社会交往活动设置并存在的。政治结构主要是通过有组织的强制性力量来履行社会职能的，不仅军队、警察、法庭、监狱、国家政权等机构和设施表现为一种强制性力量，而且政治制度和法律规范的条文对人们具有强制作用。通过政治力量的强制作用，社会秩序得以建立，社会交往得以在一定社会规范约束下协调、有序地进行。可见，政治结构不仅集中地反映了一定的经济结构，而且反作用于经济结构，并广泛地影响和制约着观念结构。资产阶级各国宪法规定私有财产神圣不可侵犯，我国宪法规定必须遵守四项基本原则，都说明政治结构作为一种现实的力量对经济生活、精神生活及全部社会生活的重要作用。

政治结构建立在一定经济结构之上，并随着经济结构发展而演变。因此，必须按照现实的经济结构，建立、健全相应的政治结构。当政治结构不能适应经济结构，或者政治结构成为经济结构改革的主要障碍时，改革政治结构的任务就势必提上议事日程。

三、国家政权是社会政治结构的核心

阶级产生以后，人类社会出现了一种地位极为特殊、作用十分强大的社会组织形式——国家。在国家起源问题上，历来的剥削阶级思想家大多根据本身的政治需要加以主观解释，把这一问题弄得神秘而混乱。

第一，“君权神授”论。奴隶社会和封建社会的统治者宣扬“天佑下民，作之君，作之师”，即“君权神授”论，宣扬国家是按照上帝的意志建立起来的，假借所谓“天命”或“神意”，掩盖其阶级统治和压迫的实质。

第二，“道德外化”论。黑格尔从客观唯心主义的立场出发，断言国家是“道德观念的现实”外化，是“理性的形象和现实”，是“地上的神物”。这不过是用精致的哲学语言表述宗教唯心主义。

第三，“社会契约”论。在欧洲资产阶级革命时期，出现了“社会契约”论，把国家说成由人们相互约定形成的。这种思想与“君权神授”相对立，反映了当时新兴资产阶级反对封建皇权的要求，在历史上起过积极作用。它在理论上仍然是错误的，因为首先出现的国家类型——奴隶制社会一开始就不是一个代表所有社会成员权益的国家。

以上这些理论都离开一定的物质资料生产方式，脱离阶级对抗这一基本事实，力图把国家说成永恒的和超阶级的，以掩盖国家作为阶级统治工具的本质，都是违背历史和现实的。

马克思主义认为，国家的起源与阶级对立紧密联系在一起，是在社会分裂为敌对阶级的情况下作为阶级统治的工具产生的，将来也必将随着阶级的彻底消灭而失去其历史作用。

国家是人类社会发展到一定历史阶段的产物，它根源于社会物质生活中的阶级矛盾和斗争，是阶级矛盾不可调和的必然产物和表现，这是国家产生的阶级根源。我们知道，历史上最先出现的阶级是奴隶主和奴隶。奴隶主占有全部生产资料，奴隶一无所有，而且连奴隶本身也是奴隶主的私有财产，可以被奴隶主随意鞭打、买卖或屠杀。奴隶主利用占有的生产资料，残酷地剥削奴隶，而奴隶不断用逃亡、暴动、起义等方式进行反抗，力图摆脱被剥削被压迫的地位，奴隶主和奴隶之间的这种矛盾是不可调和的，奴隶主阶级为了维护自己的经济利益，对奴隶进行剥削，只用经济手段是不够的，必须在政治上建立自己的统治地位，用强力使奴隶服从自己的剥削，并且借助于强力缓和奴隶主和奴隶之间的矛盾，维护奴隶主剥削、压迫奴隶的秩序，使奴隶主对奴隶的剥削和压迫合法化、固定化。特别是因为奴隶主是少数，奴隶是多数，奴隶主如果不用强力和暴力，根本不能剥削、压迫奴隶。例如，在古希腊雅典国家的全盛时代，自由民的总数（包括妇女和儿童在内）只有 9 万人，而男女奴隶加在一起有 36.5 万人，另外还有被保护民（外地人和被释放的奴隶）4.5 万人。每个成年的男性公民平均有 18 个奴隶和 2 个以上被保护民。自由民中只有一部分是奴隶主，另一部分是平民。平民也在不断分化为富人和穷人，富人成为奴隶主，穷人沦为奴隶。在这种情况下，奴隶主不用强力和暴力，就不能维护对奴隶的剥削和压迫。所以列宁说："要强迫社会上的绝大多数人经常替另一部分人做工，就非有一种经常性的强制机构不可。"[①]奴隶主阶级建立的这种经常的强制机构就是奴隶制的国家。由此可见，国家是阶级矛盾不可调和的产物和表现。在阶级矛盾客观上达到不可调和的地方、时候和程度，便产生国家，反过来说，国家的存在表明阶级矛盾的不可调和。所以，列宁强调："国家这种强制人的特殊机构，只是在社会划分为阶级，即划分为这样一些集团，其中一些集团能够经常占有另一些集团的劳动的地方和时候，只是在人剥削人的地方，才产生出来的。"[②]

最初的国家就是奴隶主阶级为了维护它对基本生产资料的占有和对多数人的剥削统治，并使之固定化、合法化而建立起来的。国家的产生又与社会管理职能的独立化密切相关，这是国家产生的一般社会根源。原始社会人们的社会关系和交往活动比较单纯，管理职能也十分简单，不可能也没有必要成为一种独立活动。随着生产力的发展和社会分工的产生，生产活动、产品交换及其他交往活动在规模上和复杂程度上有了很大发展，需要一个权威组织来保证生产、交换和其他社会活动的顺利进行；同时脑力劳动与体力劳动相脱离并成为某些人的专门职业，使得建立一种权威的管理机构不仅有必要而且有可能。在国家产生的阶级根源和一般社会根源中，前者是本质的、主要的，后者是次要的、从属的。从历史来看，社会管理职能的独立化与阶级的形成是交织在一起的，社会分工同时造成社会职能的分离及私有制和阶级的产生。当国家成为管理社会生活的独立机构时，它不可避免地同时成为统治阶级镇压被统治阶级的工具。

国家就其本质而言，是一个阶级范畴，一个政治范畴，也是一个历史范畴。国家作为社会的政治组织和权力机关，是阶级统治和压迫的工具，是一个阶级镇压另一个阶级的暴力机关，是为统治阶级利益服务的上层建筑。尽管国家也管理一些公共事务，调控一定的社会秩序，但其目的都是服从和服务于统治阶级根本利益的，本质上是统治阶级的工具。

国家的本质通过国家的职能表现出来。国家有对内和对外两个方面的基本职能。国家的对内职能包括政治统治和社会管理两个方面。国家的对外职能一方面是维护国家的主权和领土完整，防止和抵御外来的侵袭和颠覆；另一方面是根据自己的利益调整国与国之间的关系，参与国际经济政治生活。剥削阶级国家在对外职能上还是对其他国家和民族进行侵略和扩张、掠夺和奴役的工具。国家的本质通过国家的职能表现出来。国家兼有对内、对外两个方面的基本职能。

国家的对内职能包括政治统治和社会管理：政治统治就是统治阶级对被统治

① ［苏］列宁：《论国家》，《列宁选集》第 4 卷，人民出版社，1995 年，第 32 页。
② ［苏］列宁：《论国家》，《列宁选集》第 4 卷，人民出版社，1995 年，第 28 页。

阶级和敌对势力实行专政，同时在本阶级内部实行特定的民主，以特定的专政与民主相结合来实现和维护自己的统治。社会管理就是执行社会公共事务的组织、管理和调节职能，维护统治阶级的社会秩序，干预、调节社会经济生活或直接组织经济建设等。具体职能包括：第一，调整本阶级内部各个社会成员、各种政治派别，以及本阶级和同盟者阶级之间的关系，以维护本阶级和同盟者阶级的共同利益，免得因内部矛盾而损害阶级利益。第二，调整其他各种社会关系，如不同地区之间的关系，同部门之间的关系，不同民族之间的关系，以及家庭关系、社会成员之间的各种纠纷等，以保持社会秩序的安定和保障各种社会活动的正常进行。第三，组织领导社会生产活动和科学文化教育事业，这项任务在社会化大生产的国家里尤其重要，更是无产阶级专政国家的主要任务，无产阶级专政的国家要把发展生产力作为自己的根本任务。当然，国家承担这些社会管理职能也是从统治阶级的利益出发，为统治阶级服务的，因而首先有利于统治阶级。同时，客观上在某些方面也对全体社会成员有利。对于作为阶级压迫工具的国家来说，承担这些社会职能是十分必要和重要的。任何一个统治阶级，只有行使好这些社会管理职能，它的国家政权才能巩固和强大有力，才能使国家发挥阶级压迫工具的作用。这就是说，国家行使社会职能是它行使阶级压迫工具职能的基础。正如恩格斯所说："政治统治到处都是以执行某种社会职能为基础，而且政治统治只有在它执行了它的这种社会职能时才能持续下去。"[①]

国家的对外职能是以国家为特定的社会主体，在经济、政治、军事和文化等方面进行国际交往的职能。一方面是维护国家的主权和领土完整，防止和抵御外来的侵袭和颠覆；另一方面则要根据自己的利益调整国与国之间的关系，进行国际交流，参与国际经济政治生活。剥削阶级的国家还执行本国统治阶级的意志，在一定条件下对外发动侵略战争。

四、国体与政体

把握国家的本质，要正确认识国体和政体。所谓国体，是指社会各阶级在国家中的地位，即哪个阶级掌握国家政权，这是决定国家阶级性质的方面。国体问题揭示了国家的阶级本质和阶级内容。根据国家的阶级内容，可以把国家划分为四种类型：奴隶主阶级专政的国家、封建主阶级专政的国家、资产阶级专政的国家、无产阶级专政的国家。前三种是剥削阶级专政的国家，最后一种是被剥削阶级专政的国家。

所谓政体是指统治阶级实现其阶级统治的具体组织方式，即政权构成形式。

① ［德］恩格斯：《反杜林论》，《马克思恩格斯选集》第 3 卷，人民出版社，1995 年，第 523 页。

在人类历史上，政体的形式多种多样，但最基本的只有两种：君主制和共和制。其中，君主制可分为君主专制制、二元君主制及君主立宪制；共和制则分为总统制、半总统制和议会制。

在君主制国家中，国家最高权力在形式上是由君主一人来行使，即所谓“主权在君”。在君主专制制度下，君主被尊为神的化身，是臣民崇拜的偶像，是国家的象征，正如法国“太阳王”路易十四所言：“朕即国家。”在资本主义君主立宪制下，君主的权力受到宪法的制约，不再拥有“绝对王权”。共和制国家主张“主权在民”，无论在名义上或实际上，国家主权都不属于个人，国家元首代表国家，有一定任期，国家由普选产生的总统和议会治理。

国体与政体的关系表现为：决定国家本质的是国体，政体是国家本质的表现形式，国体决定政体，政体为国体服务，一定的政体要与一定的经济基础相适应。哪个阶级在社会中占统治地位，当时的生产方式如何，这是决定一个国家政体的主要因素，除此之外，政体还受一个国家的具体国情，受国内阶级力量对比关系、地理条件、民族特点、文化历史传统及国际环境等多种因素的影响。

因此，我们在观察、研究国家问题的时候，不仅要研究国体问题，而且要研究政体问题。同一种类型的国家可能采取不同的政体。例如，美国、英国和日本同为资本主义国家，具有相同的国体，但美国是一个共和国，英国和日本则实行君主立宪制，政体完全不同。不同类型的国家也可能采取相同的政体。例如，古希腊共和国、古罗马共和国、现代法兰西共和国和中华人民共和国等实行共和政体，但国家的性质大不相同。另外，同一国家在不同的历史时期也可能采取不同的政体。例如，有些资产阶级国家曾经交替使用民主共和制和君主立宪制。但是，任何形式的政体都不是独立于国体之外而独立存在的。不管资产阶级国家在政体上有多大区别，或发生什么变化，在本质上都是资产阶级专政，都是资本压迫雇佣劳动的工具。资产阶级思想家总是掩盖资产阶级国家的阶级本质，把资产阶级民主共和国描绘成“自由”“平等”的乐园，用以欺骗群众，实现维护资产阶级统治的目的。

国家产生以来，历史上的政体曾有许许多多的具体形式，如单一制和联邦制、专制制和民主制、君主制和共和制、总统制和议会制等，还有它们交互结合的各种复杂形式。但是从国体来看，迄今为止，国家只有两种基本类型：一种是剥削阶级国家，即少数人统治多数人的国家；另一种是无产阶级国家，即多数人统治少数人的国家。

无产阶级专政的国家是一种新型的国家，具有与以往国家根本不同的崭新特点。首先，无产阶级专政的国家有着全新的阶级内容，是劳动者自己的国家，在这里，只有人民才是国家和社会的主人。其次，无产阶级专政的国家的对内对外职能发生了实质性变化。在强化对内对外阶级斗争职能的同时，它将日益把组织经济建设、管理社会公共事务，在生产关系和上层建筑领域实行调整与改革，加强国家间的交流与合作作为自己的重要职能，国家的社会公共权力性质将不断得到加强。此外，无产阶级专政的国家还担负着消灭阶级、废除国家、实现阶级社会向无阶级社会过渡的全新的历史任务。从这个意义来说，无产阶级专政的国家是从有阶级向无阶级、有国家向无国家转变的过渡性国家，因而也是人类历史上最后一种国家。随着阶级的消灭，国家也将走向消亡。当国家真正成为整个社会的代表时，也就是国家消亡之时。

第三节　社会的文化结构

人类不仅从事物质生产，创造满足自己需要的物质财富，而且从事精神生产，创造满足自己需要的精神财富。人类不仅生活在社会经济结构和政治结构中，而且生活在社会文化结构中。

一、文化结构及其功能

“文化”是一个外延非常宽泛的概念。在中国，文化有“文治教化”之意。《易传》说：“观乎人文，以化成天下。”在西方，“文化”一词来源于拉丁文“Culture”，原指土地的耕作和植物的栽培，后来引申出培养、教育、传承、发展等含义。作为哲学范畴，人们对文化也有广义和狭义两种理解。

广义的文化是指人类在改造自然、社会和人自身的历史过程中创造和积累的全部物质财富和精神财富的总和。作为一个历史范畴，文化概括着人类社会一切时代的文化现象。它的最一般定义是：“文化是人类在改造世界的对象性活动中展现出来的体现人的本质力量所能达到的程度和方式。”简言之，文化的本质是人化，是人类创造的“人化世界”及其人化形式。文化的内涵既体现在人们的活动成果和活动方式中，也体现在人们的精神生产、观念形态和思维方式中。广义的文化由物质文化、制度文化和精神文化三大类构成。物质文化是经过人类加工改造过的物质产品，如我们所说的建筑文化、饮食文化、服饰文化，就是在建筑、饮食、服饰中体现了所谓的人化。制度文化是人类制定的社会生活各个领域中的法律、法规、规范、准则等，如封建专制的世袭制与现代民主选举制的不同，就体现出政治文化的不同。精神文化是人类的精神活动及其产品，它包括精神领域中的一切东西，如思想、意识、情感、意志、认识、信仰等人的精神活动及其成果——语言、文字、文学、艺术、宗教、哲学、道德、风范、科学、技术、风土人情等。

狭义的文化是指精神文化，特指整个人类的理念或民族精神。人类社会由经济、政治、文化三大部分构成。作为与经济、政治并列的文化，是指狭义的文化，即精神文化。当然，精神文化往往需要有物质载体，如科学家、思想家、艺术家的思想、理论、艺术构思，需要通过报刊、书籍、电影、电视和网络等物质载体表现出来。精神文化也渗透在人们的物质活动和物质产品中，如服装的设计和缝制就包含着人们的衣着加工技术、衣着习俗和审美情趣；居室的装饰也包含着人们的装饰技术、居住习惯和审美情趣，体现出一定的精神文化。

社会的文化结构就是狭义的文化（即精神文化的结构），它是以社会意识形态和非意识形态为主要内容的各种观念要素构成的体系。社会意识形态就是人们通常所说的观念上层建筑，是指反映一定社会经济形态从而也反映一定阶级或社会集团的利益和要求的观念体系。社会意识形态不同于社会意识形式，社会意识形式有意识形态与非意识形态之分。意识形态是指依赖于一定的经济基础，反映一定社会集团的利益和要求，在阶级社会中具有强烈的阶级性的意识形式。非意识形态是指不反映一定社会集团的利益和要求，在阶级社会中不具有阶级性的意识形式，如自然科学、语言学、形式逻辑等。这些非意识形态也是社会文化结构中的重要组成部分。社会的文化结构就是由道德、艺术、宗教、哲学、科学、政治法律思想等有确定规范的系统化的社会观念及其联结方式组成的有机系统。在这种社会文化结构中，各种社会观念有其不同的内容和作用，它们从不同的侧面以不同的方式反映社会生活。

道德以善恶评价为标准，是调整人与人之间及个人与社会之间关系的行为规范的总和，它包括伦理思想和在其指导下人的行为体现的情感、风格、情操等。道德是靠社会舆论、传统习惯和内心信念来发挥作用的精神力量。它以善与恶、公与私、诚实与虚伪、光荣与耻辱、正义与非正义等道德概念来评价人们的行为，对人们起着指导和教育作用。道德在社会生活中的作用比法律更广泛和持久。道德比较直接地反映人们在生产和社会生活中的相互关系，并使这些关系更全面、更细致地体现在人们的行为之中。在阶级社会中，道德也是有阶级性的，不同的阶级有自己不同的道德观念和道德准则。

艺术是通过塑造具体形象来反映社会生活的意识形态，包括语言艺术、造型艺术、表演艺术、综合艺术等形式。它的最大特点就是用颜色、声音、形体、情景等感官可以直接把握的要素来表现人们对生活的理解、情感、愿望和意志，按照审美的规则来把握和再现生动的社会生活，并用美的感染力具体地影响社会生活。

宗教是统治人们的那些自然力量和社会力量在人们头脑中虚幻的、颠倒的反映，是由对超自然实体即神灵的信仰和崇拜来支配人们命运的一种意识形态。

现在流行最广的三大世界性宗教是佛教、基督教和伊斯兰教。宗教是以信仰为特征，由诵经、祈祷、斋戒、膜拜偶像等宗教仪式和其他宗教规则、宗教设施组成的一种精神力量和社会势力。愚昧和生存环境的狭隘是导致原始宗教产生的主要根源。在阶级社会中，宗教存在和发展的主要原因是阶级剥削和阶级压迫。劳动人民无法理解和摆脱现实生活的苦难，于是祈求神灵的保佑，并憧憬"来世"获得幸福。历代的剥削阶级都利用宗教的规劝作用，达到安定社会、维护剥削和统治的目的。

哲学是系统化、理论化的世界观。它既是一门学问，又是一种意识形态。哲学以逻辑论证为特征，与其他意识形态相比更具有概括性，更完整地反映了人们对客观世界及其本质的认识。哲学是最抽象的、理论性最强的社会意识形态，它从最一般的原则高度指导人们的社会实践，支配人们的思想。哲学的这一特点决定了它在社会观念结构中发挥着十分重要的作用。但是，哲学是以提供理论观点和思维方式、揭示价值本质和人生奥秘的形式，通过对自然、社会、人类思维的最一般规律的阐述，通过影响人生价值观念、营造人类精神家园、建构人类实践和交往模式而间接为经济基础服务的，所以哲学的作用只能借助其他形式的社会意识（包括科学）作为中介才能发挥。

科学从其研究对象上可以划分为自然科学、社会科学和思维科学等，是人们对外在世界规律和本质的正确反映。它是用概念、判断、推理和假说等逻辑形式表述的知识体系，它反映的是人与外在世界之间的认识关系。

政治法律思想是阶级社会特有的意识形态。政治思想是人们关于社会政治制度、政治生活、国家、阶级或社会集团及其相互关系的观点、理论的总和。法律思想是关于法的关系、规范和设施的观点、理论的总和。政治思想和法律思想的联系极其密切，广义的政治思想就包括法律思想。政治和法律是经济最直接、最集中的表现。因此，政治法律思想也是对经济基础最直接、最集中的反映。它们作为一定阶级的最直接的思想表现，往往处于意识形态的核心地位。正是在这个意义上，马克思说，它们只能是"经济必然性的执行者"[①]。

文化结构的功能即文化结构对社会生活的作用，是通过各种观念要素相互补充、相互渗透、相互影响来实现的。在现实中，文化结构作为一个整体，形成了一种强大的精神力量。

第一，文化结构具有意识形态的功能。观念形态的文化属于意识形态的上层建筑。意识形态反映社会现实，又能动地反作用于社会现实，这种能动的反作用突出地表现在对社会现实的维护和批判上。一定社会的主流文化总

① ［德］恩格斯：《致尼·弗·丹尼尔逊》，《马克思恩格斯选集》第4卷，人民出版社，1995年，第715页。

是维护这个社会的经济制度和政治制度，反对和批判来自敌对的意识形态的攻击。这种文化领域中的斗争往往表现为意识形态领域里的斗争。

第二，文化结构具有文明传承的功能。人类社会优越于动物界的根本在于实现了由生物遗传机制向社会遗传机制的飞跃。文化具有约定的符号系统和特定的物质载体，不仅能把每一代人在实践中获得的知识和技能积累、储存、传递下去，而且可以对它们进行复制和交流，使社会信息超越个人直接经验的范围，突破时间和空间的限制，把过去、现在和未来，直接经验和间接经验联系起来。文化的这一传承功能使人类社会的发展呈现出连续性的特点。

第三，文化结构具有人格教化的功能。人创造文化，文化又塑造人。这是因为任何一种形式的文化，从其内在本质来说都是一定社会精神的展现，它要求人们按照特定的规范和准则进行人格塑造，或者说，文化是一种无形的力量，它通过传授和学习，内化为人的品格、气质和能力。所谓人的社会化过程就是接受文化的培育和熏陶的过程。即使没有受过正规教育，家庭环境和社会风气也往往使人耳濡目染，为这种社会文化所同化。“橘生淮南则为橘，生于淮北则为枳。叶徒相似，其实味不同，所以然者何？水土异也。”人的不同往往是由于不同生长环境的和文化教养所形成的。对于一个民族来说，文化的这种功能集中表现为建构民族心理、塑造民族性格、形成民族传统。所以，文化也是民族的灵魂和血脉，是凝聚民族的精神纽带。

第四，文化结构具有社会调控的功能。文化的大部分内容作为观念形态的上层建筑，在发挥自身能动的反作用时，主要不是采取强制的方式，而是作为人们行为和社会运转的调节器，统一社会群体的意志和行动，协调社会秩序，规范各种不同的社会行为。具体地说，就是指导人们的目标选择，引导人们的价值取向，最大限度地实现社会生活的良性循环。

文化作为一种历史的积淀和社会意识的潜流渗入社会心理的深层，与人们的生活方式、思维模式、行为准则、道德情操、审美情趣、处世态度及风俗习惯融为一体，成为人们一生下来就濡染其间的精神家园。借用马克思的话说，这一精神家园是“一本打开了的关于人的本质力量的书，是感性地摆在我们面前的人的心理学”①。说文化是人的精神家园，这本身就内在地包含和肯定了文化结构的功能。

二、精神生产及其特点

精神生产属于思想意识领域，它有广义和狭义之分。广义的精神生产，

① ［德］马克思：《1844年经济学哲学手稿》，《马克思恩格斯全集》第42卷，人民出版社，1979年，第127页。

是指一切精神现象的产生、创造及其过程，即马克思所说的“思想、观念、意识的生产”。狭义的精神生产，是指人们通过自己的脑力，对反映在头脑中的客观现实和以往的思想资料进行加工、整理，创造出精神产品及其物化形式的实践活动。作为社会意识活动的精神生产与物质生产既有联系又有区别。精神生产从起源来说，是人类自身生产和物质资料生产基础上的产物，其产生和发展表现为自然的历史过程，这是精神生产与物质生产同为社会生产所具有的共同点。但二者的区别也是显而易见的，具体表现在以下几个方面。

第一，从生产的性质来看，创造性、新颖性是精神生产及其产品的突出特点。精神生产是脑力劳动者进行的自觉的、创造性的、探索性活动，它主要依赖人脑的思维活动，产品的生产不会按照一个模式、一个程序来进行，应具有新颖性。精神生产如果不能创造出以往没有的新东西，就不会被社会认同，就会失去它的魅力。无论是艺术，还是科学，如果只是陈陈相因、千人一面，是没有价值的。物质生产强调的是标准化，其实质是批量性的规模化生产。

第二，从生产的产品来看，观念性是精神生产及其产品的根本特点。精神生产本质上是人类的主观精神活动，它对源于客观世界的原料进行精神上的制作。这种原料可以是物质客体，也可以是精神客体。现实的精神产品离不开一定的物质形式，但物质的形式或形态在这里只是精神产品的载体，它的使用价值基本上不由物质的自然属性决定，而是由寓于产品中的科学、艺术与历史内涵来决定，物质生产的产品其使用价值基本上是由物质的自然属性决定的。

第三，从主体的自由度来看，精神生产是“自由的生产”。因为精神生产是思维的创造活动，而对人的思想是不能采取强制手段的。在精神生产领域里，人们高度发挥自己的认识能力、想象能力和审美情趣，在精神生产中再现自身、创造自身。任何真正的科学发现、艺术创作，离开脑力劳动者的自由劳动是不会出现的。在物质生产中，各种分工和其他条件限制了人的自主性，尽管也在不断地变换劳动形式，但不可能改变其外在的强制性。

第四，从主体的对象化来看，精神生产还具有明显的个性特征。这是因为精神生产是劳动者自主发挥思维创造力的过程，主体的思维方式、思想方法又因人而异，其产品往往打上创造者个人或团体的印记。所谓“文如其人，画如其人，戏如其人”，就是这个道理。物质生产活动通常要以劳动者的直接协作来实现，往往采取一个模式、一个程序重复进行。在现代社会，物质产品一般都难以打上劳动者个人的印记。

第五，从生产的时空限制来看，精神生产具有时空超越性。精神生产尽管要以人脑作为物质基础，其创造的内容也要受历史条件的制约，但这些并不能改变精神生产者在进行思维活动时，可以运用联想、想象、概括等方法不受时间、空间和实体的约束进行思维创造，既可以体现过去，又可以展望未来；既可以对某一过程进行分解，又可以把现实中并不关联的事物在观念上、逻辑上统一起来。物质生产明显地受到时间、空间的制约，劳动者必须在一定的时间、一定的地点和一定的条件下才能生产出物质产品。

精神生产作为社会生产中的“特殊种类的生产”，不仅表现在与物质生产和日常意识活动的区别上，而且更重要的是它具有相对独立性的特点。精神生产的相对独立性，是指精神生产作为不同于物质生产和人类自身生产的领域，有其独特的观念形式和发展规律，既依赖于物质生产，又反作用于物质生产。精神生产的成果对社会的经济和政治具有能动的反作用，这是精神生产相对独立性的最重要、最突出的表现。这种反作用往往表现为通过把不同集团、阶级，尤其是统治阶级的利益要求内化为人的思想、情感、意志，以支配人们的行动，从而影响社会的经济结构和政治结构来实现的。这种反作用集中体现在意识形态维护或批判现实社会、调控社会和人的活动这两大功能上。这种反作用表现在质上，就是它对社会发展发生影响的性质，即促进还是阻碍社会的发展；表现在量上，就是它影响社会发展的程度深浅、范围大小、时间久暂等。这里的关键是作为社会文化结构重要内容的意识形态掌握群众的广度和深度。正如马克思和恩格斯所说：“思想根本不能实现什么东西。为了实现思想，就要有使用实践力量的人。”[①]毛泽东更加深刻地指出：“代表先进阶级的正确思想，一旦被群众掌握，就会变成改造社会、改造世界的物质力量。”[②]

三、发展先进文化

在当代中国，不仅要发展以新型科学技术为标志的先进生产力，要发展民主政治，而且要发展先进文化。

（一）发展先进文化是社会进步的必然要求

马克思主义哲学是从人的生产实践，从人的劳动中审视文化的。文化是人的本质力量的对象化，是人类创造性劳动的结晶，也是人类进步与迈向自由的尺度。社会生产力愈发展，物质文化、制度文化和精神文化愈发达，人类迈向自由王国的脚步也愈益迫近，也就是说，文化进步的宗旨在于使人类获得自由。人的自由可以理解为从自在达到自为，伴随着这一过程的是文化的产生和发展。

---

① ［德］马克思，恩格斯：《神圣家族》，《马克思恩格斯全集》第 2 卷，人民出版社，1957 年，第 152 页。

② 毛泽东：《人的正确思想是从哪里来的？》，《毛泽东文集》第 8 卷，人民出版社，1999 年，第 320 页。

所以，文化的发展也就是化“自在之物”为“为我之物”的过程。“为我之物”是被认识了的，这对人来说就有个求真的问题；“为我之物”是合乎人的利益要求的，这对人来说就有个向善的问题；“为我之物”又是人欣赏观照的对象，这对人来说就有个审美的问题。在此基础上，产生出科学之真、道德之善、艺术之美。这些都可以说是“为我之物”的体现，都是人类自由劳动的产物。因此，恩格斯说：“文化上的每一个进步，都是迈向自由的一步。”① 人类的自由也就在于达到真善美的统一。由此可见，文化在人与社会的发展中起着重要的作用。在当今时代，精神生产的创造性和历史继承性已经成为现代社会文明发展的催化剂。发展先进文化是社会进步的必然要求。

文化是综合国力的重要标志和重要组成部分。所谓综合国力，是指国家的整体实力，包括自然资源、经济、政治、军事、外交、科技、教育及国民素质和民族凝聚力等，是各种物质因素和精神因素相互作用的综合体。文化是精神力量的代表，它以精神财富的身份显示综合国力。随着社会的发展，世界已经进入信息时代，经济全球化趋势日益凸显，知识经济初现端倪，创新浪潮在全球涌动，生产社会化程度不断提高，以知识创新为特征的新经济正在蓬勃兴起。当今日趋激烈的国际竞争是综合国力的竞争，而且越来越突出地表现在科技力量、知识力量和文化力量的竞争上。同时，随着社会的发展，人们精神上的需求也日益提高，繁荣文化事业对于满足人民日益增长的精神需求，促进人的全面发展，提高人们的生活质量是必需的。所以，先进的文化将为经济发展与社会全面进步提供思想保证、精神动力和智力支持。

当今世界，文化与经济和政治相互交融，在综合国力竞争中的地位和作用越来越突出。文化的力量深深熔铸在民族的生命力、创造力和凝聚力之中。因此，高举先进文化的旗帜，倡导先进文化的理念，奏响先进文化的旋律，已是时代的要求、历史的呼唤和人民的心声。

（二）发展先进文化，必须把握先进文化的前进方向

所谓先进文化就是适应生产力发展要求，反映最广大人民群众的利益，能推动社会进步、代表未来发展方向的，并在诸多思潮的较量中日益显示其生命力的文化。先进文化的先进性是指一种由人的自觉参与实现的历史发展的进步性，它包含两方面的含义：一是与事物发展的本质和规律相符合，反映、体现和代表事物发展的必然性；二是与历史主体——人民群众的需要和意愿相符合，反映、体现和代表推动社会历史发展的应然性。这两者充分体现了文化发展的

① ［德］恩格斯：《反杜林论》，《马克思恩格斯选集》第 3 卷，人民出版社，1995 年，第 456 页。

价值目标和价值尺度。一个健全的社会应该是一个重视文化和教育的社会，只有这样的社会才具有发展的内在基础和永恒动力。

从哲学的角度来看，把握先进文化的前进方向要注意以下几个方面：

从文化发展的横向考察，把握不同文化形态的多元互补。众所周知，文化在世界上的存在是以不同的民族、国家和地区来分布的，这种分布并非只具有空间意义，还由于文化形态的不同表现为世界文化的多样性。每一民族都有自己独特的文化，它根源于各种特殊的人种、语言、地理环境和自然条件等。正是由于这些多方面的因素，在人类漫长的物质生产和精神生产过程中，出现了生产方式、生活方式、思维方式和情感方式的巨大差别，产生了一定的文化传统和文化体系。从历史主义的态度来看，提倡文化发展的多元性有利于克服不同文化形态之间的偏见，感受不同民族文化的价值和魅力。历史进入 21 世纪，西方工业文明呈现出种种矛盾和困境，人们越来越感到，不同文化形态之间的平等交流与对话，对于克服当代文化发展的困境十分必要。也就是说，不同文化形态的个性价值正是文化互补的前提条件、内在原因和填补差异的有效切入点。所以，我们应探索不同文化形态之间在深层结构和内在本质方面的共同点、结合点及进一步协调发展的生长点，并在对世界新文化的积极创造中达到文化的真正互补和融合。

从文化发展的纵向考察，把握当今文化发展的加速态势。在马克思主义哲学中，交往、实践和文化三者都属于同一序列的表征人的类本质的范畴。如果我们把文化看作人的本质力量的对象化和自我确证，那么交往和实践对于人类来说也具有同样的本体意义。交往扩大了人们的生活视野，实践增强了人们的劳动能力，使人们对既定的文化世界有了新的价值发现。相应地，在这种对客体文化世界意义和价值的发现中，主体能力和素质逐步增强，主体自我意识也逐步走向自觉。在这种主体客体化和客体主体化的循环中，随着人类交往范围的扩大和实践活动的深入，文化发展的加速度趋势是有目共睹的。可以说，人类文化越向当代延伸，文化的加速度发展便越加明显。文化发展的加速度趋势一方面极大地改变了人们的物质文化时空环境，另一方面也导致了人们的内在精神生活的发展变化。“一万年太久，只争朝夕”，人们的文化消费、人文追求、时尚体验、想象空间等都发生了巨大的变化。

着眼于文化发展的整体性，把握未来全球文化的一体化走向。近代工业文明的发展促进了世界文化的交流。对于这一点，马克思和恩格斯在《共产党宣言》中曾有过十分生动的描述：“各民族的精神产品成了公共的财产。民族的片面性和局限性日益成为不可能，于是由许多种民族的和地方的文学形成了一种世界的文学。"[①]其中所讲的"世界的文学"，就是指工业文明促成的统一的世界文化格局。人类历史发展到今天，全球文化一体化格局已呈现出更为清晰的图景。尤其是20世纪中叶出现的电视机、电子计算机和通信卫星，三者联为一体造成了信息接收的同步效应，从而为人类实现整体发展提供了条件。在全球文化时代，人类的区域文化、民族文化不再相互隔离，也不可能再有孤立的自身发展。"过去那种地方的和民族的自给自足和闭关自守状态，被各民族的各方面的互相往来和各方面的互相依赖所代替了。"[②]这种社会的开放必然导致文化的开放和文化的融合。所以我们可以预测，世界各民族文化走向全球文化的一体化，可能会给民族文化带来种种困难和挑战，但更多的是为民族文化的更新和发展创造了机遇。多元文化并存时代的文化冲突，必将被统一文化时代的文化对话和融合所代替。

着眼于文化发展的交融性，把握哲学社会科学的重要作用。哲学社会科学是人类精神文化的精髓，是社会文化结构的重要内容；马克思主义及其哲学思想是时代精神的精华，是当之无愧的先进文化。把握先进文化的前进方向，必须重视哲学社会科学的重要作用。党的十六大特别强调指出："坚持社会科学和自然科学并重，充分发挥哲学社会科学在经济和社会发展中的重要作用。"在当今世界，科学技术对社会发展的巨大作用是毋庸置疑的，但是，决不能因此否定哲学社会科学的作用。科学技术本身的发展也无法离开哲学社会科学的作用和影响。自然科学研究本身及使科学技术转化为现实生产力的过程都是人和社会组织主导和参与的过程，都离不开哲学社会科学的支持和保障。哲学社会科学和自然科学犹如车之两轮、鸟之两翼，共同推动着社会的发展。哲学社会科学以其不断提高生产的组织和管理水平，以及提高劳动者素质方面的作用，日益成为推动生产力发展的重要因素。在建设社会主义政治文明的实践中，哲学社会科学对于推动党和政府决策的科学化、民主化、社会管理的法制化，发挥着越来越重要的咨询和参谋作用。哲学社会科学是社会主义精神文明建设的重要组成部分，对提高全民族的理论思维能力，树立正确的世界观、人生观和价值观，提高思想道德境界和科学文化素质都起着直接的促进作用。

（三）努力建设中国特色社会主义文化

中国共产党历来重视先进文化的建设，在新民主主义革命时期，就把新民

① ［德］马克思，恩格斯：《共产党宣言》，《马克思恩格斯选集》第1卷，人民出版社，1995年，第276页。

② ［德］马克思，恩格斯：《共产党宣言》，《马克思恩格斯选集》第1卷，人民出版社，1995年，第276页。

主主义文化建设视为党的整个事业不可缺少的重要组成部分；在社会主义建设时期，又把培养“四有”新人作为发展社会主义文化的根本任务。面对新的历史任务，中国共产党要始终代表中国先进文化的前进方向，通过大力发展社会主义文化，建设社会主义精神文明，不断提高全民族的思想道德素质和科学文化素质，为我国经济发展和社会进步提供精神动力和智力支持。

中国经过30多年的改革开放，在许多方面与发达国家缩小了差距，进入全面建设小康社会、开创中国特色社会主义事业新局面的时期。中国的社会主义现代化事业是物质文明、政治文明和精神文明相辅相成、协调发展的事业，应该有繁荣的经济、民主的政治，也应该有繁荣的文化。繁荣社会主义文化要立足于改革开放和现代化建设的实践，着眼于世界文化发展的前沿，发扬民族文化的优秀传统，汲取世界各民族的长处，体现时代精神和民族精神，在内容和形式上积极创新，不断增强中国特色社会主义文化的吸引力和感召力。同时要大力发展科学、文化和教育事业，构建社会主义思想道德体系，普及科学知识，弘扬科学精神，充分发挥自然科学和社会科学在经济和社会发展中的重要作用，努力提高全民族的思想道德素质和科学文化素质，形成健康向上的精神状态和社会风气。这些都依赖于社会主义的精神生产。社会主义精神生产的根本任务就是以科学的理论武装人，以正确的舆论引导人，以高尚的精神塑造人，以优秀的作品鼓舞人，培养一代又一代有理想、有道德、有文化、有纪律的公民。社会主义精神生产必须体现中国先进文化的前进方向。只有这种文化，才能从观念形态上反映当代中国先进生产力的发展要求，在思想精神上代表当代中国最广大人民的根本利益，反映和鼓舞人民群众的创造精神，促进社会的全面进步。也只有这种文化才能满足当代中国人民日益增长的精神文化需求，才是凝聚和激励全国各族人民的重要力量，才是我国综合国力的重要组成部分和重要标志。因此，我们必须从保证社会主义事业兴旺发达和民族振兴的高度，深刻认识中国特色社会主义文化的重要性，重视并加强中国先进文化的建设。

四、观念形态的社会功能

观念形态即意识形态具有多方面的社会功能，主要有对社会存在的认识和评价功能，对社会生活的调控和创新功能等。

第一，对社会存在的认识功能。意识形态之首要的和基本的功能是认识社会存在，意识是对社会存在的反映，在实践的基础上产生认识，拿着这些认识还可以去认识别的事物。人的社会存在既包括人的自然关系，又包括人的社会关系；既包括人自身的本质活动——社会实践，又包括人类实践的对象和环境——自然与社会。所以，反映社会存在的观念形态可以概括为人的自我意识、关于自然的意识及关于社会的意识。意识形态的各种思想和观点尽管在内容和形式上互有不同，但它们有一个共同的特点，即都是在一定社会存在的基础上产生和形成的，都是对社会存在的反映，主要是对社会物质资料生产方式及其运动过程的反映。只不过这些反映有的直接一些，有的间接一些，有的具体一些，有的抽象一些。

意识形态依赖和反映社会存在的本质特点决定了它的具体性、历史性。社会历史条件不同，社会物质资料的生产方式不同，意识形态也就不同；社会存在发生了变化，意识形态必然或迟或早地发生相应的变化。抽象的、超历史的、一成不变的意识形态是不存在的。

第二，对社会现实的评价功能。已经形成了的意识形态不仅反映着社会现实，而且评价着社会现实。在评价的基础上会发生两种情况——肯定或否定，进而导致对社会现实的两种态度——维护或批判。

维护功能：一般来说，同一性质的社会经济形态、政治形态和意识形态之间总是相互维护的，即一定的经济和政治形态维护相应的意识形态，一定的意识形态也维护相应的经济和政治形态，如坚持四项基本原则就是对社会主义基本经济制度、政治制度的维护。

批判功能：一定的意识形态对于与自己性质相对立的经济和政治形态采取批判的态度，这与它维护同一性质的经济和政治形态是同一功能的两个侧面。在这里，意识形态对社会现实维护和批判的功能是辩证统一的。在意识形态对社会现实的维护之中内含着对社会现实不合理的东西的批判，因而是在更高层次上对符合必然性的社会现实的维护。

显然，在反映社会现实中形成的意识形态，既包含着关于社会“是如何”的意识，又包含着社会“应如何”的意识。这就是关于社会状态的“本然”认识与“应然”认识。“本然”认识侧重反映社会的实际状况，是社会的现实意识；“应然”认识偏重反映社会的发展趋势，是社会的理想意识。当社会现实不能完全满足人们的需要时，人们就以自己的行动来改变现实，以满足自己的需要，而指导人们行动的正是理想意识。

第三，对社会活动的调控功能。社会是由人构成的，人的活动是社会生活的实在内容。人的活动都是有意识的，意识形态在个人、群体、社会各个层次上支配着人们的活动，使这些活动在观念上是有目的的，在行动上是合乎目的的，从而在一定程度上满足人的需要，实现人的发展。意识调控人的活动的过程因人的活动的性质和规模而异，简单的活动有较为直接的、简单的调控；复杂的活动有通过一系列间接环节实现的复杂的调控。随着人的需要由低层次向高层次上升，满足相应需要的活动也由简单向复杂演化。

意识形态对社会和个人活动的控制和调节大致包括以下四个基本环节：其一，确定活动目标。根据以往的实践经验形成对活动目标的计划，提出可行性方案，选择、确定现实活动的目的和方式。在观念中对准备展开的活动过程进行虚拟实验。设想、预测并进一步论证活动的可行性和规划活动的程序。其二，执行活动方案。依照一定的活动计划进行活动，将计划有步骤分阶段地展开实施。随时掌握活动中发生的情况，随时对活动进行调控，以保证活动目的的实现。其三，调整修改方案。当原计划由于种种原因不能全部实现时，及时选择备用方案或制定新方案。其四，信息反馈。把整个活动结果的信息反馈给继续进行的新的活动过程，以便减少其盲目性和不必要的损失。

在意识形态的调控功能中，控制和调节是紧密相连的两个侧面。控制侧重对人的活动的稳定性的把握，它力图使人的活动按照一定的计划、方式达到特定的目的；调节则侧重对人的活动的变动性的反应，它依据现实情况及时部分地改变原定的活动计划、方式，以便达到目的。这两个方面又是不可分割的。失去调节的控制是僵化的控制，不可能真正达到目的；失去控制的调节是盲目的调节，根本无目的可言。作为意识形态重要功能之一的调控只能是控制与调节的统一。

第四，对社会生活的创新功能。社会生活包括物质的和精神的两个方面。意识形态的创新功能也相应地表现在两个方面，意识可以超越社会现实的局限而创造出新的观念，更突出地表现为在新观念指导下实际地改变社会现实，创造新的社会状态。意识形态的这种创新功能是人类意识能动性的最高表现。

意识形态的创新首先是社会意识本身的创新。意识形态之间是相互影响的，人的意识是一个内涵丰富而又生动多变的精神世界，由无数个人的意识相互作用、相互影响、彼此交流而形成整个意识形态。意识形态在反映社会存在的同时，又创造出在现实中尚不存在的事物的观念形态，这是内容上的创新。随着内容上的创新，原有的意识形式不能完全适应，又必然产生新的意识形式。意识形态在内容和形式上的不断创新，使其本身不断得到发展。马克思主义关于未来共产主义社会的伟大设想就是意识形态创新的具体体现。

意识形态创新并不局限于其本身，它还通过人的实践活动创造出新的社会状态。意识形态的创新本身源于实践的需要，也只能在指导实践的过程中实现，它必然使实践活动具有新的内容和形式，并导致实践结果的创新，即创造出新的物质财富和精神财富，同时也创造出新的人本身。

意识形态的各种功能都是完整的意识形态功能的不同侧面，其间贯穿着内在的统一性。我们只有从整体上全面地加以把握，才能真正发挥意识形态的应有作用。

第四节　社会的文明进步

一、人类文明及其构成

所谓文明，是指人类进步和开化的状态，是人类改造自然、完善自我的历史过程的不断体现，是人类在社会历史发展过程中创造的各种成果和财富的总和。文明是人类在认识世界和改造世界的活动中逐渐形成并发展起来的。文明的形式是多样的。人类通过改造客观世界的实践，一方面改造了自然界，创造出丰富的物质成果；另一方面改造了社会，其成果是新的生产关系和新的社会政治制度的建立和发展。这就产生了人类社会的物质文明和政治文明。在改造客观世界的同时，人的主观世界也得到改造，从而使人的精神生活和精神文明得以发展。

物质文明是指社会物质生产和人们经济生活的进步状态。它意味着人类利用自然、改造自然从而获得物质财富的程度。因此，物质文明就是人类改造自然界的物质成果和人类在经济领域里创造的财富的总称。它包括生产力的状况、生产的规模、社会物质财富积累的程度、人们日常物质生活条件状况等。生产实践是物质创造的源泉，物质财富是物质文明的成果。所有的物质文明成果都被人类用于生产和消费两方面，或者用于对文明的再创造和再生产，或者用于满足人类生存与发展的需要和消费。物质文明构成人类社会生活和社会发展的物质基础。

政治文明是指社会政治制度和政治生活的进步与发展状态。政治文明概念的提出，是对社会文明认识的发展，丰富和发展了唯物史观关于社会文明的理论。政治文明包括民主制度、法律制度、领导方式与执政方式、决策机制、行政管理体制、司法体制、人事制度、权力监督和约束机制等方面的内容。社会制度包括政治制度、经济制度和文化制度，政治制度在其中起着主导的和核心的作用。政治制度本身有先进与落后、文明与不文明之分。先进的、文明的政治制度对社会发展起推动作用，落后的、不文明的政治制度对社会发展起阻碍作用。在我国的社会主义建设中，发展和建设文明的政治制度，亦即发展和建设社会主义政治文明，是全党和全国人民的一项十分重要的任务。

精神文明是指社会的精神财富和人类精神生活的进步状态。它表明人类在改造客观世界的同时，也改造主观世界，从而提高精神财富的丰硕程度和精神生活的状况。社会实践是精神文明的源泉，精神财富和精神生活是精神文明发展的成果。精神文明的成果用于对文明的再创造与再生产，用于满足人们的精神生活的需要。精神文明的成果一般表现在社会教育、科学、文化知识的发达和人们思想、政治、道德水平的提高上，前者主要反映人类认识世界的能力和智慧的发展程度，后者主要反映社会思想关系状态和人们的精神生活境界。

在社会生活中，物质文明、政治文明和精神文明这三个方面总是相互联系、相互渗透和相互转化的。物质文明是其他两个文明的基础，决定并制约着其他两个文明。政治文明和精神文明同时也反作用于物质文明，表现为政治文明为物质文明提供政治动力和政治保障，精神文明为物质文明提供精神动力和智力支持。建设中国特色社会主义，就是物质文明、政治文明和精神文明三者相互作用全面发展的过程，就是经济、政治和文化全面进步的过程。在社会有机体中，经济、政治、文化是相互制约和相互作用的，因此，三种文明的发展状况是社会发展水平的基本标志。中国特色社会主义的发展目标就是要实现经济、政治和文化的协调发展。

在当代，生态文明应该说是文明的一种新的形态，它是针对工业文明的片面发展、科技的不当应用方式给人类社会的存在和发展带来负面效应而提出的新要求。在生产资料掌握在少数人手中的社会，当生产资料所有者为追求高额利润而掠夺自然时，生态问题很难解决。在我国，生态文明的建设不能离开社会主义的改革、发展和制度建设。没有物质文明建设的成就，改善生态的投资就会受限制；没有精神文明建设的成就，不树立新的发展观、环境观、道德观，不确立既改造自然又保护自然的新观念，就不会有正确的生态观；没有制度文明的建设，不把保护生态问题制度化、法制化，就会使生态建设流于形式。当然，生态文明建设的成就也有利于物质文明，有利于人的精神和思想道德境界的提高，有利于政治文明的建设，有利于真正使我们的管理者、我们的政府工作人员成为人民利益的代表，一句话，有利于人和社会的全面发展。因此，我们要在正确认识和处理物质文明、政治文明和精神文明关系的同时，大力关注生态文明建设，防止任何片面性。

二、文明状况是社会发展水平的基本标志

社会发展反映着社会领域中上升的、前进的或进步的变化。从这个角度来说，社会发展意味着社会进步。社会的发展或社会的进步体现在人类文明的发展中。文明是一个社会历史范畴，是与野蛮、愚昧和无知相对的，它标志着人类社会进步的程度和开化的状态。文明是指社会发展中进步、积极、合理成分的总和。社会发展程度越高，人类文明的发展水平也就越高，反过来，人类文明状况也就成为社会发展水平的基本标志。

在物质文明、政治文明与精神文明的关系中，马克思主义认为物质文明是

政治文明和精神文明的基础，是社会发展的根本标志。例如石器、青铜器、铁器的出现和广泛运用，都曾给人类社会发展带来根本性的变革。恩格斯曾依据人类早期物质生活的不同特点，即以采集天然物为生、能够饲养动物和种植植物、出现剩余生产物因而开始财富的积累等，来划分蒙昧时代、野蛮时代和文明时代。政治文明是人类社会政治生活中相对于政治蒙昧、政治落后，甚至政治反动表现出的一种政治进步状态，也是人类社会进步的集中体现和重要标志。例如资本主义社会用民主共和、政党政治和法治代替了封建社会的君主专制、宗派政治和人治。这是人类政治文明史上的重大进步，对巩固资产阶级的国家政权，促进社会发展，发挥过重要作用。精神文明是一定社会形态在精神方面的重要标志，在社会发展中起着导航、指向的作用。精神文明着眼于塑造和提高人的思想道德素质和科学文化素质，连接着现实世界与理想世界，解决的是理想信念和科学认识问题。

人类文明的进步不是直线前进的，而是一个螺旋式上升的过程。人类社会的发展是在经历蒙昧时代、野蛮时代以后，进入文明时代的。人类文明的进步是相对的，而不是绝对的。相对于奴隶社会的文明和封建社会的文明，资本主义社会的文明取得了巨大的发展。一方面，资本主义社会创造了奴隶社会和封建社会无法比拟的、空前丰富的文明成果，资本主义社会在物质文明、政治文明与精神文明等各方面都取得了历史性的进步。另一方面，资本主义文明的发展呈现出扭曲的形式，人民群众创造了社会的物质财富和精神财富，推动了文明的发展，但他们创造的文明不仅不能由自己自由地享用，反而成为剥削、压迫、奴役自己的手段，创造了文明的群众成为文明的工具和奴隶。

社会主义社会的发展改变了社会和文明发展中的扭曲形式。社会主义消灭了剥削制度和阶级压迫，为社会主义社会文明的发展开辟了广阔的道路。社会主义社会的物质文明，应该是先进技术武装起来的、高效率的社会化的生产力，以及在生产发展基础上的人民越来越富裕的物质生活。社会主义社会的政治文明是由以公有制为主体、多种所有制经济共同发展的基本经济制度决定的，是根据人民当家做主的政治理念设置的社会主义政治制度和社会主义法治方法的运用，是比资本主义民主政治更高阶段的社会主义民主政治的完善和发展，是人类历史上最高的政治文明。与其他精神文明一样，社会主义社会的精神文明分为文化方面和思想方面。文化方面，主要有同社会主义生产方式的巩固和发展需要相适应的教育、科学、文学艺术、新闻出版、广播电视、卫生体育等项事业的发展和人民群众知识水平的提高，其中包括健康、愉快、生动活泼、丰富多彩的群众性娱乐活动；思想方面，包括马克思主义的世界观和科学理论，共产主义的理想、信念和道德，与社会主义相适应的主人翁思想、集体主义思想、权利义务观念和组织纪律观念，为人民服务的献身精神和共产主义劳动态度，以及爱国主义和国际主义等。社会主义社会精神文明的思想方面决定了它与资本主义社会精神文明的不同，它是社会主义制度的重要标志，是社会主义制度优越性的重要表现。

一切对历史的思考都受思考者历史观的影响。不同时代的人对文明的探讨只能是具有不同时代文明程度的人对以往文明的衡量。尽管如此，人类文明的发展状况就是一定社会发展水平的基本标志，这是确定不移的。

三、社会进步表现为经济、政治、文化的协调发展

社会进步也被称为社会发展。所谓社会发展是指包括社会经济、政治、文化等各领域在内的全面发展。其中经济发展包括国内生产总值和国民收入的增长，各种产品质量的提高，贸易和财富的扩大，经济制度的调整创新，经济结构的优化升级等；政治发展包括政治制度的改进，民主程度的提高和民众参与范围的扩大，政府机构工作效率和廉洁水平的提高，法制的健全等；文化发展包括教育、科技进步，文艺、体育繁荣，人民的思想道德文化水平提高，社会精神文明建设加强等。

（一）在社会有机体中，经济、政治、文化是相互制约和相互作用着的

马克思主义认为，社会是一个由相互联系的诸要素组成的整体，它具有特定的结构和功能，并遵循一定的规律而发展。作为一个发展着的有机体，社会以实践为基础，而实践主要是人以自身的活动来引起、调整和控制人与自然之间物质变换的过程。正是这一过程孕育出三种关系，即人与自然的关系、人与社会的关系、人与思维的关系。人们对这三种关系的改造和完善活动，形成了社会的三大结构（物质经济结构、社会政治结构、社会文化结构）和三大领域（物质生活领域、政治生活领域、精神生活领域）。相应地，人类社会的文明就由三个文明（物质文明、政治文明、精神文明）组成。经济活动体现了人类在改造自然过程中处理的人与自然的关系；政治活动体现了人类在改造社会过程中处理的人与人的关系；精神活动体现了人类在改造主观世界的过程中处理的主观与客观、人与自我的关系，这就是经济、政治、文化三者之间的基本区别，它们的发展分别标志着一定社会在物质生产和物质生活、政治活动和政治生活、精神生产和精神生活这三个方面的进步程度。但是，经济、政治、文化作为社会有机体的基本构成，三者之间又存在着密不可分的内在联系：经济是社会存在和发展的物质基础，它对政治、文化等其他活动具有决定作用；政治是经济和文化的集中表现，在社会中处于主导地位，它与国家政权直接相连，决定着

经济和文化的发展方向；文化是一定社会的经济和政治在观念形态上的反映，对经济和政治的发展起着巨大促进作用。

一定社会的经济、政治和文化是统一而不可分的，全面把握三者的相互关系，使它们相互促进，协调发展，才能遵循社会发展的客观规律，推动社会的全面进步。实现三者的协调发展不仅与生产力发展水平有关，而且与社会制度有关。如果社会制度不合理，那么生产力再发达，物质产品再丰富，也无法实现社会的全面发展。只有高度发达的生产力、丰富的物质和精神产品与先进合理的社会制度相结合，社会的全面发展才能得以实现。在资本主义社会，资本统治一切，而资本的本性是价值增值，资本从经济、政治、文化各个途径在“自由、自愿”面纱的掩盖下强制和迫使社会的一切方面都服从和服务于价值增值的目的。资本主义在其发展的历史过程中是不会离开价值增值的目的来考虑社会的全面发展问题的。只有物质财富极大丰富、人民精神境界极大提高、每个人自由而全面发展的共产主义社会才是实现社会全面发展的理想社会。

（二）实现经济、政治和文化的协调发展是中国特色社会主义发展的基本目标

社会主义社会是全面发展、全面进步的社会。党的十六大报告指出：“全面建设小康社会，开创中国特色社会主义事业新局面，就是要在中国共产党的坚强领导下，发展社会主义市场经济、社会主义民主政治和社会主义先进文化，不断促进社会主义物质文明、政治文明和精神文明的协调发展，推进中华民族的伟大复兴。”实现经济、政治和文化的协调发展就是中国特色社会主义发展的基本目标。要理解这一深刻含义，需要我们从以下三个方面进行把握。

首先，实现经济、政治和文化的协调发展是对人类社会协调发展趋势的正确回应。纵观人类社会发展史，人类社会的发展是一个不断由低级阶段向高级阶段、由野蛮到文明、由落后到进步的自然历史过程，其中既有必然性，又有人的能动性，而推动人类社会发展的根本动力，在于人类社会的基本矛盾即生产力与生产关系、经济基础与上层建筑的辩证运动。社会发展是为了满足人类日益增长的多种利益需要的过程，是一个整体进步的过程，换言之，协调发展是人类社会发展的必然趋势。正是由于这个原因，人类社会的历史特别是世界近代以来的历史出现了一个由不协调（即片面发展）逐渐到协调（即全面发展）的过程，并且当今社会正朝着更加协调的方向发展。当代中国共产党人遵循人类社会发展规律，顺应人类社会协调发展的方向和要求，强调在坚持以经济建设为中心，大力解放和发展生产力的同时，必须注重社会的协调和整体发展。社会主义社会作为人类历史上崭新的社会形态，是以经济建设为重点的全面发

展、全面进步的社会，追求经济、政治、文化协调发展，是对人类社会协调发展这一必然趋势的科学揭示和正确回应。

其次，实现经济、政治和文化的协调发展是对世界各国发展经验教训的科学借鉴。社会协调发展问题提出之前，人们对发展的理解都是片面的，特别表现在单纯追求经济的增长上。第二次世界大战以后，特别是20世纪60年代以后，人们通过对单纯经济增长模式的反思，提出了新的发展观，强调发展是整体的、综合的和内生的，主张经济发展必须与社会发展保持均衡，为社会协调发展提供了新的模式。把发展等同于经济增长、把经济增长等同于工业化的发展模式，随着时间的推移退出了历史舞台。社会发展必须走经济、政治、文化协调发展之路，这是世界各国发展实践的经验教训给我们的宝贵启示。可见，经济、政治、文化协调发展的观点是对世界各国发展实践经验教训的科学借鉴和创造性运用。

再次，实现经济、政治和文化的协调发展是对中国特色社会主义内在要求的深刻把握。新中国成立以来，我们党对社会协调发展重要性的认识不断加深，并对如何实现社会的协调发展做出艰辛探索，其中既有成功的经验，也有失败的教训。改革开放特别是党的十三届四中全会以来，我国胜利实现了现代化建设“三步走”战略的第一步、第二步目标，人民生活总体上达到小康水平。但是，我国正处于并将长期处于社会主义初级阶段，现在达到的小康还是低水平的、不全面的、发展很不平衡的小康，人民日益增长的物质文化需要同落后的社会生产之间的矛盾仍然是我国社会的主要矛盾，等等。这就是我国社会发展面临的基本现实。在这样一个特殊国情和社会发展阶段的基础上，除了坚定不移地走经济、政治、文化协调发展的道路外，我们别无选择。可见，经济、政治、文化协调发展的观点是对中国特色社会主义内在要求的深刻把握和战略筹划。

综上所述，社会主义现代化建设的伟大实践，归根结底是推进社会主义经济、政治、文化建设，发展社会主义市场经济、社会主义民主政治和社会主义先进文化，不断促进经济、政治、文化协调发展的伟大实践。实现这三者的协调发展也就是中国特色社会主义发展的基本目标。

第八章　社会发展规律与历史主体的作用

人类社会发展是自然史的过程。在人类社会的动力系统中，生产力与生产关系的矛盾、经济基础与上层建筑的矛盾是社会最基本矛盾，是推动人类社会发展的根本动力；科学技术是人类社会发展的巨大杠杆；革命的阶级斗争是推动阶级社会发展的直接动力；改革是社会主义社会的自我完善和发展。社会历史是人的自觉创造，其中人民群众是历史的创造者，历史人物在历史中起着特殊的作用，无产阶级政党是最广大人民根本利益的忠实代表。

第一节　社会发展的基本规律

一、人类社会发展是自然史的过程

人类社会要比自然界复杂得多，一方面，它是整个世界进化的高级产物，社会意识及其对社会活动的作用使社会变得更加复杂；另一方面，人们反思和改造自身要比认识和改造客观对象艰难得多。正因为这样，自古以来关于人类社会的本质，始终存在着分歧和争论。马克思主义产生以前，唯心史观一直占据统治地位。

唯心主义历史观认为，人类社会的本质是人的意志、意识活动或心理活动的产物。在他们看来，人与动物的根本区别就在于人有意识，人与动物活动的根本区别就在于人是由意识决定和支配的，动物是由自身的本能支配的，因此，对人的观察和思考，就应该探究其行为背后的意志的力量。唯心史观认为，那些伟大的英雄一定都是意志力坚强的人，他们的意志决定着人类历史的命运，推动着历史的发展，而那些意志薄弱的人只能是实现伟人的意志和目的的工具。唯心主义历史观必然导致唯意志论和英雄史观。如果历史真的是由少数英雄人物的意志决定的话，那么我们只需要研究这些英雄人物的所思所想、主观意图，还有什么客观规律可言？还有什么历史科学可言？

除了英雄史观外还有一种神学历史观也将人类社会的本质归结为精神力量，认为人类社会的进退有度、兴衰有序，并非人力所能左右，这一切都是由超越于人类和自然之上的伟大的神力决定的。一个人无论怎样精明伟大，一个社会无论如何进步或反动，背后总有一只无形的手掌握着，人只能像历史舞台上的木偶，被上帝的手所牵引。人如果想要过上好日子，只有虔诚地朝拜神灵，敬畏神灵，以祈求神灵保佑和赐福。这样一来，人的社会主体性和历史规律的客观性就完全湮没在神的虚幻的灵光之中。

近代以来，神学目的论遭到自然神论和社会学地理学派的批判。前者兴盛于17、18世纪的英、法等国，他们从宇宙生成问题入手，从中找到自然界发展的“规律”。在他们看来，上帝在创造了世界和自然规律后，就不再干涉世上事务了，完全由自然规律支配一切。这种看法不过是把世界的创造和运行分离开来，似乎上帝只负责创造，然后世界就按照上帝确定的秩序运行。自然神论对于人类而言无疑是个解放，使得摆脱上帝束缚的人能在自然的舞台上活蹦乱跳，享受着与自然一样的平等和自由，人可以尽情地发挥自己的聪明才智，尽情享受着天赋的爱情和快乐。但是，自然神论并没有否定神的存在和最后的决定作用，它不过想从神那里分得一份管理和经营自然的权力，以便让人在自然的舞台上充分展示自己的自然天性。

18至19世纪的社会学地理学派在强调自然环境对人和人类社会的决定作用的同时否定了神学对人类社会的干预。在他们看来，地理环境决定人类的心理、嗜好和气质，进而决定社会的政治制度和社会形态的更替。到了19世纪，这一理论由原来的反封建、反神学的性质转变成为资本主义的侵略扩张辩护。既然地理环境决定了人的禀性和社会制度的好坏，那么不同地区的人的禀性的优劣和社会制度的好坏自然是不同的，根据自然竞争中的优胜劣汰的法则，资本主义向其他“野蛮和落后”地区的侵略和扩张也就是天经地义的了。地理环境决定论把地理环境在人类社会中的作用无限夸大，根本看不到社会基本矛盾和人民群众在社会发展中的决定性作用。

历史唯物主义在实践的基础上，用唯物辩证法研究人类社会，在人类历史上第一次正确地解决了人类社会和自然界之间的关系，科学地说明了人类社会的本质及其发展规律。

马克思认为，人类社会是一个自然的历史发展过程。这表明，人类社会的发展过程尽管打上了人的主观意志的烙印，但从其本质来看，依然与自然界一样，是由事物本身的矛盾推动，并按其固有的规律存在和发展的。我们可从以下几个方面来理解：

第一，从纵向来看，人类和人类社会是自然界长期发展的结果，是自然深化过程中一个有机的环节。社会与自然之间这种血脉关系决定了其存在和发展依赖于自然界中，甚至可以说，人类本身就是自然界的一个有机组成部分。如果把人类从自然界中抽取出来，自然的进化虽不完美，但自然毕竟还是自然；

而人类一旦脱离自然，就一天也不能存活下去，因为，没有自然，人就没有血肉之躯，也将失去大自然给予人的生命的源泉和动力。

第二，从横向来看，有了人，就产生了世间最美丽的花朵——智慧，从此就有了意识与物质的对立，解决二者的关系成为唯物主义与唯心主义的分水岭。历史唯物主义与历史唯心主义的分歧并不在于承认不承认社会意识对人类社会的作用，而在于怎样看待它的作用。能否把社会意识当成社会存在和发展的决定性力量？历史唯物主义当然是持否定态度的，在历史唯物主义看来，如果从个人行为的表面来看，的确是思想动机决定着人的行动，但应该再进一步追问，是什么决定了人的思想动机。我们就会发现，在人的思想动机背后隐藏着更深刻的社会原因，是由当时的经济、政治等历史原因决定的；而且思想动机的最终实现需要通过具有客观性和社会历史性的实践来完成。人的思想动机能否实现及实现的程度，并不取决于动机本身是否崇高和神圣，而取决于动机是否与社会发展的规律相符合及符合的程度。

第三，从社会的动力系统来看，所谓全能的神显然是不存在的；自然环境虽然对人类社会的存在和发展起着一定的作用，但这种作用只是相对的、有限的，它不可能成为人类社会存在和发展的决定性因素。在人与自然的关系上，自然环境是人类生存和发展的必要条件，却不是充分条件，因为人类社会的组织结构要比自然界复杂高级得多。历史唯物主义认为，人类社会是由经济、政治、文化构成的复杂的有机体，推动社会有机体运动的根本动力是它自身内部的基本矛盾，即生产力与生产关系、经济基础与上层建筑的矛盾，人类社会正是按照社会基本矛盾的运动规律存在和发展的。

第四，从价值系统来看，人从自然中来，而且生活在自然之中。尽管站在文明进化的顶端，但是人从没有放弃对生命自然状态的追求。可以这样说，“自然而然”是人生活的基本价值追求，审美境界是人生存的最高境界。人要想“诗意地栖息于大地”，就必须有超越于生存之上的物质基础，并有充足的闲暇。如果没有必要的生活资料的保障，人就不可能享受“自然而然”的生存状态。

由此看来，人类社会在本质上是一个复杂的物质有机体，这个特殊的物质体系有其自身的运动机制，其中社会基本矛盾是推动人类社会发展的根本动力。任何现实的人都是在既定的物质生活条件下从事劳动，它不可能超越现实的物质生活条件。在生产活动中，人也必须遵循物质自身的客观规律。从这个意义上说，人类社会的存在和发展是客观的。人类社会的存在和发展也有其自身的发展规律，即社会规律。我们可以像对待自然规律那样对社会规律进行研究和考察，我们可以透过人类社会各种表象，看到其内在的本质和发展趋势，并对其进行精确的检验和预测。在历史唯物主义理论的指导下，对人类自身的发展进行纵向和横向的比较，只有这样对人类社会的研究和考察才可能真正成为科学。

二、生产力和生产关系的矛盾运动及其规律

在人类社会的动力系统中，生产力和生产关系是最基本的矛盾。其中生产力反映的是人与自然之间的关系，即人在与自然的物质能量交换过程中获得物质资料的能力；生产关系反映的是人们在物质资料生产过程中结成的人与人之间的关系。这两重关系是维系人类社会存在和发展的最基本的关系。因为，人要活着，就必须消费，而人获取消费资料的方式与动物根本不同，是通过生产劳动来实现的。生产劳动不是单个人的独立活动，而是群体的合作，群体结合的方式不是人能随心所欲决定的，而由当时人与自然的实际关系来决定。这样一来，生产力与生产关系的统一就构成现实的社会生产方式。生产力和生产关系是维系生产劳动的最基本的要素，二者的矛盾成为推动生产劳动过程的根本动力。

在生产方式这一矛盾体系中，生产力与生产关系之间的关系其实就是内容与形式的关系。作为内容的生产力是最活跃、最革命的因素，处于经常不断的变化之中；作为形式的生产关系，则在它所能容纳的生产力发展的范围内保持相对稳定。在生产方式内部，生产力和生产关系是相互作用的。生产力决定生产关系，生产关系对生产力有能动的反作用。

生产力对生产关系的决定作用表现在：

第一，生产力的性质和水平决定生产关系的性质和形式。人与自然之间的关系是以工具为媒介的，不同时期生产工具的使用表现了不同性质的生产力。马克思正是通过生产工具的使用和沿革来判断社会的经济发展状况，如石器、青铜器、手推磨、蒸汽机等。为了满足人们不断增长的欲望和要求，生产工具总是不断地被发明和改进，而每一种生产工具都决定了人们的结合方式，如果生产工具发生了变化，人们的结合方式自然也要随之变化。如在封建社会，牛拉犁的耕作方式就决定了小农经济的生产方式；到了资本主义社会，机械化使生产的动力系统发生彻底的改变，劳动资料和劳动者在资本的统治下被牢牢地绑在机器的齿轮上。21 世纪是知识经济的时代，科学技术在生产力的发展中起着越来越重要的作用，知识的创新就成为各国发展生产力最关键的因素。随着知识的日益普及和提高，知识阶层成为劳动的主力军，他们成为现代生产发展的中坚力量。

第二，生产力的发展决定生产关系的变革。生产力是生产方式中最活跃的因素，它永远不会停留在一个特定的状态中。这是因为，在任何时候，人们都希望以最少的能量付出获得最大的劳动报酬，为此就必须不断发明和改进生产

工具，以此来提高自己的生产和生活水平。当生产力发展到一定程度，旧的生产关系不能继续适应生产力发展的要求，成为束缚生产力发展的桎梏，这时就必须改变旧的生产关系，使之与生产力的发展水平相适应。生产关系适合生产力的发展要求是历史发展的必然，是社会历史发展的客观规律。当然，生产关系随着生产力的发展而发生变革，并不是自发实现的，只有通过历史主体的自觉活动才能实现。

生产力决定生产关系，但生产关系并不是消极被动地受生产力决定，它反过来影响生产力，对其存在和发展起着不同的作用。生产关系对生产力的反作用是巨大的，具体表现在以下几个方面：

首先，当生产关系与生产力的发展要求相适合的时候，它就会有力地推动生产力的发展。这时的生产关系能实现生产诸要素较好的结合，使人力资源和生产资料达到合理的配置和结合，使劳动者生产的积极性和创造性得到充分的发挥，从而能在单位时间内创造更多的物质财富。在历史上，每当生产关系得到合理的调整和变革，都会带来生产力的巨大发展和劳动效率的极大提高。例如早期资本主义生产关系的确立，把劳动者从土地的束缚中解放出来，使知识与资本相结合，成为资本家不断改进工具、提高劳动生产率、获取更多剩余价值的巨大动力，从而推动社会的全面进步。马克思在《共产党宣言》中指出："资产阶级在它的不到一百年的阶级统治中所创造的生产力，比过去一切世代创造的全部生产力还要多，还要大。"①

相反，当生产关系与生产力的发展不相适合时，它就会严重地阻碍生产力的发展。这种不适合通常表现为两种情况：当生产关系落后于生产力的发展时，这种陈旧的、过时的生产关系就会阻碍新的生产力的发展，包括压抑劳动者的生产积极性，以及阻碍先进生产工具、技术的采用。另一种情况就是生产关系超越生产力的发展，在生产力还没有发展到一定程度的情况下，人为地、想当然地改变生产关系，结果不仅不能促进生产力的发展，反而成为生产力发展的阻力和障碍。我们在这一问题上曾有过沉痛的教训。当我们进入社会主义建设时期时，一味强调社会主义生产关系的先进性，并错误地认为生产资料所有制越"大"越"公"就越先进，期望以此来促进生产力的发展，结果，人为超越生产力的生产关系严重地阻碍了生产力的发展，极大地限制了社会主义制度优越性的发挥。

在生产方式内部，生产关系相对于生产力而言，具有相对的稳定性。在二者的矛盾运动中，生产关系与生产力最初是基本适合的，变革最早是从生产工

① ［德］马克思，恩格斯：《共产党宣言》，《马克思恩格斯选集》第 1 卷，人民出版社，1995 年，第 277 页。

具开始的，随着生产工具的改进和变革，原有的生产关系已经不再适合生产力的发展，这时候，生产关系就阻碍新兴的生产力的发展。但这种状况不可能长期存在下去，也就是说，生产关系对生产力的阻碍作用是相对的、有限的，它只是在原有的生产方式中起消极作用。当生产力与生产关系的矛盾冲突达到极点时，也就是说，如果不变革生产关系生产力就再也不能继续发展的时候，这时生产力的发展就一定会突破旧的生产方式，与新的生产关系相结合，在新的生产方式中获得新的发展。在生产关系与生产力的矛盾运动中，我们可以看到二者的矛盾运动过程：生产关系与生产力由基本适合到不适合再到新的基本适合的否定之否定过程，这既是生产关系自我调整和适应的过程，也是生产力排斥旧生产关系、接纳新生产关系的过程。

生产力与生产关系之间的辩证关系反映了社会经济中内在的、本质的、必然的联系，即生产关系一定要适合生产力状况的规律。作为人类社会的基本规律，它普遍存在于人类社会生活中，并且贯穿人类社会发展过程的始终。这一规律表明：在人类社会发展过程中，特别是在生产方式的矛盾运动中，生产力始终是决定性的因素；生产关系的性质和变化发展，生产关系变革的方向及其形式，最终都取决于生产力的状况。这一规律要求我们在社会主义现代化建设中必须根据生产力的状况及时调整生产关系，使之与生产力的发展要求相适合。

三、社会形态是经济基础和上层建筑的统一

马克思主义认为，人类社会的发展历史是不同社会形态合乎规律地不断更替的历史，而整个社会犹如一座复杂的建筑物，有它自己的基础，也有其上层建筑。马克思正是借助这一比喻形象地概括出经济基础和上层建筑这两个历史唯物主义的基本范畴。他指出：一切社会制度都是暂时的；人类社会由较低级阶段的社会形态向较高级阶段的社会形态的发展是历史必然；每一种社会形态都是经济基础和上层建筑构成的统一体。

社会的经济基础即社会的经济结构，是指同生产力的一定发展阶段相适应的占统治地位的生产关系的总和。经济基础和生产关系基本上指的是同一客观对象，相对于生产力来说，它是生产关系；相对于上层建筑来说，它是经济基础。社会的经济结构，即经济基础，就是生产关系多方面的有机统一。但是，作为一定社会的经济基础，不等于一定社会现实存在的一切生产关系的总和。它是指这个社会占统治地位的生产关系各个方面的总和，而不包括旧生产关系的残余和新生产关系的萌芽。经济基础作为占统治地位的生产关系，其本身是一个多环节或多方面统一的、结构有层次的体系。在生产关系的总和中，起决定作用的是生产资料的所有制关系，它是生产关系的基础，也是经济基础中的

基础。

一定社会的经济基础之所以是指该社会中占统治地位的生产关系，这是因为：首先，只有占统治地位的生产关系才能规定整个社会的性质、面貌和发展方向。其他不占统治地位的生产关系，尽管对社会进程也产生着不容忽视的重要影响，但它对社会的性质、面貌和发展方向不具有决定的作用。其次，只有占统治地位的生产关系才能明确区分不同的社会形态。从历史上看，一种生产关系往往可以在三种社会形态中分别以萌芽状态、统治状态和残余状态而存在，只有把占统治地位的生产关系看成该社会的经济基础，才能把不同的社会形态从本质上区别开来。

经济基础是社会的物质关系，是人们在社会生产中必然发生的、不以人的意志为转移的、同生产力的一定发展阶段相适应的一种客观实在的关系。它是全部社会关系中的第一性的、原始的、基本的关系，是划分社会形态的客观基础。

社会的上层建筑是指建立在一定社会经济基础之上的社会意识形态，以及与此相应的各种制度和设施的复杂系统。

在阶级社会中，上层建筑包括政治上层建筑和思想上层建筑两部分。政治上层建筑包括国家政权、政治、法律制度，以及军队、警察、法庭、监狱等设施。政治上层建筑属于人们之间的政治关系，它的作用就在于，通过各种强制力来维持特定的经济基础，调控社会生活。思想上层建筑包括政治、法律、道德、宗教、艺术、哲学等各种观点。它们构成一定社会的意识形态观念体系。

政治上层建筑和思想上层建筑虽然各自具有相对独立性，但是它们不是互不相干的，而是相互联系、相互影响的。首先，政治上层建筑是通过人们的意识形成的，都是以一定的社会观点、思想体系为指导并与之相适应而建立起来的。其次，政治、法律设施一旦建立又影响着社会意识形态，为一定阶级的意识和思想的地位与作用提供保证。再次，政治上层建筑和思想上层建筑都是对经济基础的反映，其中政治处于主导的地位，它是经济基础的集中反映。政治不仅直接维护自己的经济基础，而且强烈地影响上层建筑中的其他部分。社会意识的各种形式，不仅决定于经济基础，而且还受政治的制约。国家政权是上层建筑的核心部分。在社会意识形态的各种形式中，政治、法律思想居于主导地位，对其他各种意识形态起着统率作用，因为政治、法律思想是经济基础和阶级关系最直接、最集中的反映。

马克思在《〈政治经济学批判〉序言》中曾首次把社会关系分为物质关系和思想关系，并且认为上层建筑属于社会的思想关系。之所以属于社会的思想关系，这是因为，从社会存在和社会意识的关系来看，上层建筑属于社会意识的范畴，它是人们根据经济基础的要求，并通过人们的意识而形成的。例如，社会主义社会的上层建筑，就是根据科学社会主义思想建立的社会主义国家制度，以及制定的社会主义法律和道德规范等。因此，上层建筑相对于作为经济基础的物质关系而言，它是第二性的、派生的思想关系。当然，与这种思想关系相适应的政治、法律制度和设施，与作为这种关系的观念形态（政治、法律观念等）不是等同的。根据恩格斯的分析，可以把政治、法律制度各设施叫作思想的“物质的附属物”。这种“附属物”既然是“物质的”，当然就与纯精神的东西相区别。但是，它毕竟附属于一定的政治思想，从它的根源来说，归根结底是由经济关系决定的，总是受到一定思想观念支配的，因而它毕竟是派生的、第二性的东西。因此，不能把这部分上层建筑划入社会的物质关系的范畴。

社会形态是指同生产力发展的一定阶段相适应的经济基础和上层建筑的统一体。历史上的任何一种社会形态都是由其特定的经济基础和上层建筑形成的。只有从经济基础和上层建筑的统一来进行考察，才能把握一种社会形态的全貌。

从古至今，人类社会已经出现过五种基本的社会形态，即原始社会、奴隶社会、封建社会、资本主义社会和社会主义社会。那么，区分不同社会形态的客观标准是什么呢？马克思指出：“生产关系总和起来就构成所谓社会关系，构成所谓社会，并且是构成一个处于一定历史发展阶段上的社会，具有独特的特征的社会。古典古代社会、封建社会和资产阶级社会都是这样的生产关系的总和，而其中每一个生产关系的总和同时又标志着人类历史发展中的一个特殊阶段。”[①]这就是说，建立在一定生产力发展水平之上的经济基础是区分社会形态的直接的、客观的标准。

需要指出的是，生产力作为社会历史发展的最终决定力量，当然会影响到社会有机体的各个方面，但直接规定社会形态性质的并不是生产力。生产力只有通过生产关系——经济基础，才能对社会性质发生作用。当然，生产力虽然不能直接规定社会形态性质，不能作为划分社会形态的标准，但这并不等于说社会形态的存在和转化可以离开生产力，相反，一定的社会形态是与生产力发展的一定阶段相适应的经济基础和上层建筑的统一体。

历史唯物主义关于社会形态的理论为我们正确地认识人类社会，提供了科学的基础。这一理论说明：

第一，社会形态是具体的、历史的。从古至今，人类社会出现过的五种基本形态都不是永恒的，它的经济基础和上层建筑都有其生产、发展和灭亡的历史。因此，研究社会生活，应当从具体的有特殊本质的社会出发，而不是像资产阶级社会学家、历史学家那样从“一般社会”“永恒社会”出发。

① ［德］马克思：《雇佣劳动与资本》，《马克思恩格斯选集》第 1 卷，人民出版社，1995 年，第 345 页。

第二，社会形态是客观的。社会生活尽管纷繁复杂，但它不是杂乱无章的，不是各种现象的偶然堆积。人类社会的发展是有规律的。社会形态是奠基于一定生产力之上的一定经济基础和上层建筑的统一，上层建筑是由经济基础决定的，经济基础又由一定的生产力所决定。这样，我们就有可靠的根据把社会形态的发展看作如同自然发展史一样的客观的历史发展过程，因而也就有可能像自然科学研究现象那样用精确的眼光研究社会，也才会有真正的社会科学。人们只有正确地认识社会发展客观规律，才能有效地改造社会，否则就要受到规律的惩罚。

第三，社会形态是多种多样的。与任何事物一样，社会形态是复杂的、多种多样的，这是由经济基础和上层建筑统一的具体性决定的。在每一个具体的社会形态里，既有社会这个社会形态自己的经济基础和上层建筑，又有旧社会形态的经济基础和上层建筑的残余与未来的新社会形态的经济基础和上层建筑的萌芽。在人类社会发展的进程中，除了上述五种基本社会形态以外，还存在若干非典型的或过渡性的社会形态，如半殖民地半封建社会就是非典型的，我国的新民主主义社会是过渡型的。即使是同一种社会形态，由于各个民族、各个国家的具体条件不同，也会有不同的表现。同是资本主义社会，在美、英、法各国，就各有其特点；同是社会主义社会，在我国和其他社会主义国家，也互有区别。因此，在对社会形态进行考察时，必须对这些复杂情况进行全面的、具体的分析。但是，绝对不能用这种特殊性来否定人类社会发展的普遍规律。

四、经济基础和上层建筑的矛盾运动及其规律

为了真正了解社会形态的自然历史过程，就需要进一步揭示经济基础和上层建筑的辩证关系，揭示它们的相互作用和矛盾运动，以及上层建筑必须适合经济基础发展要求的规律的基本内容。

经济基础和上层建筑共处于社会形态这一矛盾统一体中，它们的关系是辩证统一的关系，这就是经济基础对上层建筑起反作用，上层建筑依赖于经济基础，经济基础又反作用于上层建筑。

首先，经济基础决定上层建筑，这种决定作用主要表现在以下两个方面：

一方面，经济基础的需要决定上层建筑的建立，经济基础的性质决定上层建筑的性质和基本内容。经济基础是上层建筑的直接基础，生产力对上层建筑的最终的决定作用只有通过经济基础才能实现。无论政治的还是思想的上层建筑，都直接产生于经济基础领域，有什么样的经济基础，或迟或早就会有与之相适应的上层建筑。每一个社会形态中，人们在确立自己政治的和思想的上层建筑时，归根结底都是从巩固和发展经济基础的需要出发的。另一方面，经济

基础的变化决定上层建筑的变化和发展方向。马克思说："随着经济基础的变更，全部庞大的上层建筑也或慢或快地发生变革。"①经济基础变了，上层建筑也随着改变，这在新经济基础代替旧的经济基础时表现得尤为明显。

其次，上层建筑对经济基础具有反作用。上层建筑对经济基础的反作用就在于，它一定要以各种方式为自己的经济基础服务，这种服务主要表现在：

在服务方向上，一方面，一定的上层建筑，总是运用国家政权、法律等政治力量和宣传、教育手段，来帮助自己的经济基础形成、巩固和发展；另一方面，一定的上层建筑又总是同那些阻碍自己巩固和发展的社会势力展开斗争，又同威胁自己生存的新的经济基础和上层建筑的萌芽做斗争，为自身经济基础的巩固和发展开辟道路。这两个方面是相辅相成的。上层建筑服务于经济基础的过程，就是在"保护自己"和"排除异己"的对立统一中实现的。

在服务方式上，上层建筑通过对社会生活、经济生活的控制来为经济基础服务。没有上层建筑的控制作用，整个社会生活、经济生活就会陷于混乱。上层建筑为经济基础服务的方式是多样的，如动员作用、组织作用等。通过这些不同的方式调动各方面的积极性，组织社会经济生活，借助强制的机构进行监督，使整个社会机器能够正常地运转起来。

在服务效果上，上层建筑对经济基础既可以起促进作用，也可以起阻碍作用。当上层建筑为适应生产力发展状况的先进的经济基础服务时，它就会促进生产力的发展，成为推动社会前进的积极的或进步的力量；反之，当它为不适应生产力发展状况的腐朽的经济基础服务时，它就会束缚生产力的发展，成为阻碍社会前进的消极的或反动的力量。

经济基础的决定作用和上层建筑的反作用，这二者在唯物辩证的历史观中不可偏废。既要看到经济基础的决定作用，又要看到上层建筑的反作用。只见经济基础的决定作用，不见上层建筑的反作用，就会导致机械唯物主义；反过来，只见上层建筑的反作用，不见经济基础的决定作用，就会导致历史唯心主义。只有唯物辩证地看待经济基础和上层建筑的相互关系，才能彻底坚持历史唯物主义。

经济基础和上层建筑的相互作用构成社会形态的内部矛盾运动。在社会形态的矛盾运动中，经济基础相对于社会生产力来说虽然是相对稳定的，但它终究是不断发展变化的。即使是在相对稳定阶段，经济基础也会发生量的变化和某些局部质的变化，这种变化往往不能立刻在上层建筑中得到反映，上层建筑不能立即随之而变化。这样，在经济基础和上层建筑之间就必然会出现某些不

① ［德］马克思：《〈政治经济学批判〉序言》，《马克思恩格斯选集》第3卷，人民出版社，1995年，第33页。

适合的情形。要解决这个矛盾，就必须通过对上层建筑的某些不适合的环节不断地进行改革、调整和充实，使它不断完善。经济基础和上层建筑矛盾运动的基本过程是：上层建筑和经济基础从基本适合到不适合，经过矛盾的解决在新的基础上达到新适合，循环往复，不断推进社会向前发展。这一矛盾运动也像生产力和生产关系的矛盾运动一样，普遍地存在于一切社会形态之中，并贯穿每个社会形态发展过程的始终，是推动社会形态更替的根本动力和根本原因。

经济基础与上层建筑之间的矛盾运动是一个不断由量变到质变的发展过程。在这种新的上层建筑适应经济基础的要求而建立的时期里，新的上层建筑由于它是适应经济基础的需要而建立的，因而总的来说是先进的，上层建筑与经济基础之间是基本适合的。但是随着生产力的发展，经济基础也在不断地变化、变革，到了一定程度，原来适合经济基础要求的、具有进步意义的上层建筑，就会变成不适合经济基础要求、腐朽的上层建筑，就会阻碍社会生产力的发展。这时，旧的上层建筑与经济基础变革要求之间就会出现尖锐的矛盾。随着这种矛盾的日益激化，就必然会提出上层建筑改革的根本要求。由此可见，经济基础与上层建筑相互作用的矛盾运动是遵循着一种客观规律的，这一矛盾运动体现着经济基础和上层建筑之间的内在的、本质的、必然的联系，形成社会发展的又一基本规律，这就是上层建筑一定要适合经济基础状况的规律。

上层建筑一定要适合经济基础状况的规律表明，经济基础决定上层建筑，上层建筑的发展变化一定要适合经济基础状况，即适合经济基础的性质、水平和客观要求；当上层建筑不适合经济基础的发展和变革要求时，就必然引起上层建筑的改革和变革。上层建筑不可能长期落后于经济基础的发展或经济基础变革的要求。在上层建筑和经济基础的相互作用的矛盾运动中，它们总是随着生产力的发展，由基本适合到不适合，又由不适合变为基本适合的过程，二者是对立统一的，旧矛盾解决了，实现了对立统一，同时又孕育着新的矛盾，还要继续不断解决。可见，上层建筑一定要适合经济基础状况的规律，概括了经济基础和上层建筑相互作用、矛盾运动的全部关系和内容。

上层建筑一定要适合经济基础状况的规律与生产关系一定要适合生产力状况的规律一样，也是社会发展的普遍的、客观的规律，它的存在是不以任何人的意志为转移的，是贯穿人类历史发展的两对社会基本矛盾运动规律，它们的共同作用形成整个社会的矛盾运动。其中，生产关系适合生产力状况的规律是人类社会发展的最根本规律，它决定着上层建筑适合经济基础状况的规律，规定着后者作用的内容、性质和方向。

没有生产关系一定要适合生产力状况的规律，就没有上层建筑一定要适合经济基础状况的规律；同时，生产关系适合生产力状况规律的实现，又有赖于上层建筑适合经济基础状况规律的实现。生产关系适合生产力状况的规律和上层建筑适合经济基础状况的规律，互相制约，互相促进，推动人类社会由低级到高级、由简单到复杂和不断发展。

第二节　社会发展的基本动力

一、社会基本矛盾是社会发展的根本动力

人类社会是一个内容丰富、结构复杂的社会有机体，是由诸多矛盾构成的。其中生产力和生产关系之间的矛盾、经济基础和上层建筑之间的矛盾是基本矛盾。这两对矛盾之所以构成社会的基本矛盾，是由以下原因决定的：第一，生产力与生产关系的矛盾、经济基础与上层建筑之间的矛盾是贯穿人类社会始终的矛盾，它们之间相互作用，推动着人类社会从低级向高级发展；第二，这两对矛盾相互结合构成整个社会的基本结构，并规定社会形态的本质特征；第三，在人类社会复杂的矛盾体系中，生产力与生产关系的矛盾、经济基础与上层建筑的矛盾，是其他一切社会矛盾的根源，规定和制约着其他各种社会矛盾的存在和发展；第四，它们在矛盾运动中体现的内在的、本质的、必然的联系，构成人类社会发展的基本规律，即生产关系一定要适合生产力状况的规律和上层建筑一定要适合经济基础状况的规律。

生产力和生产关系的矛盾、经济基础和上层建筑的矛盾并不是平行发展的，而是交互作用的。相对来说，生产力和生产关系的矛盾更为根本，它决定和制约着经济基础和上层建筑的矛盾。这是因为，有什么样的生产力，就决定有什么样的生产关系；占统治地位的生产关系的总和构成社会的经济基础，有什么样的经济基础，就决定有什么样的上层建筑，生产力和生产关系的矛盾的发展决定着经济基础和上层建筑的矛盾的发展。同时，生产力和生产关系矛盾的解决，又依赖于经济基础和上层建筑矛盾的解决。生产力发展到一定阶段，要求经济基础进行根本变革，而旧的上层建筑总要千方百计地维护旧的经济基础，阻碍经济基础的根本变革。因此，要解决生产力和生产关系的矛盾，就必须先解决经济基础变革的要求和阻碍其变革的旧上层建筑之间的矛盾，这样才能解决生产力和生产关系的矛盾，才能达到解放生产力的目的。

在社会基本矛盾的动力系统中，生产力是社会发展的最终决定力量。这是因为：

第一，从社会存在和发展的角度来看，社会的存在和发展是以物质资料的生产为前提的，没有生产力就不可能进行物质资料的生产，人类就不可能生存，

更谈不上发展。

第二，从社会活动与生产活动的关系来看，物质资料的生产活动是人类社会最基本的活动，其他的一切活动都建立在它的基础之上。离开了物质资料的生产活动，其他的一切活动就失去了物质基础，而物质资料生产活动是由生产力的发展状况决定的。

第三，从社会进步的角度来看，衡量一切社会进步的标准从最根本的意义上说，应该是社会生产力的发展程度。只有社会生产力发展了，才能带动其他领域的全面发展和进步。

第四，从社会基本矛盾的内部系统来看，生产力直接决定生产关系并进而间接地决定上层建筑。正是在生产力发展的推动下，人类社会实现生产方式的变革和社会形态的更替。在社会基本矛盾系统中，生产力始终是最革命、最活跃的因素，是推动社会进步和发展的原动力。物质生产力是社会发展的最终决定力量，物质生产是全部历史最深厚的根基和出发点，这是历史唯物主义一元论的根本观点。在社会发展的根本动力问题上，我们要反对历史多元主义和历史相对主义，前者在强调多元动力时把人的主观意志也说成根本动力之一，后者则在强调相对性时否认生产力是社会发展的最终决定力量。

坚持生产力是社会发展最终决定力量的原理，要求我们在实际工作中始终坚持生产力标准，它是衡量党的路线、方针和政策是否正确的标准，也是判断我们一切工作是非得失的根本标准，更是衡量一切社会制度是否进步的最终标准。在我国的社会主义改革中，必须紧紧抓住这个根本标准不动摇。邓小平提出的“三个有利于”，把“是否有利于发展社会主义社会的生产力”作为首要的也是最根本的标准。由此可见，有利于生产力发展的标准是衡量我们一切工作最终的、最根本的标准。

二、阶级斗争是社会发展的直接动力

阶级产生以后，就必然会有阶级斗争。恩格斯指出，原始社会解体以后，“全部历史都是阶级斗争的历史，即社会发展各个阶段上被剥削阶级和剥削阶级之间、被统治阶级和统治阶级之间斗争的历史”[①]。

什么是阶级斗争？阶级斗争是指经济利益根本对立的两大对抗阶级之间的对抗和冲突。正如列宁所说，阶级斗争“就是一部分人反对另一部分人的斗争，无权的、被压迫的和劳动的群众反对特权的压迫者和寄生虫的斗争，雇佣工人

① ［德］恩格斯：《1883年德文版〈共产党宣言〉序言》，《马克思恩格斯选集》第1卷，人民出版社，1995年，第252页。

或无产者反对私有主或资产阶级的斗争”[①]。阶级斗争的根源在于阶级的物质利益的根本对立，一切阶级斗争都是由于经济利益引起的，围绕经济利益而进行的。历史唯心主义根本不知道这种阶级斗争的根源，正如恩格斯所说，“旧的、还没有被排挤掉的唯心主义历史观不知道任何基于物质利益的阶级斗争，而且根本不知道任何物质利益”[②]。

在历史上，阶级斗争有两种情况；一种是，在阶级对抗的社会里，被剥削阶级为了摆脱被剥削、被奴役的地位，进行反对剥削阶级压迫的阶级斗争；另一种是，在一种社会形态转变为另一种社会形态的过程中，代表新的生产关系的新兴剥削阶级，反对旧的腐朽的剥削阶级的阶级斗争。一般来说，各阶级在阶级斗争中会形成代表自己利益的政治集团、政治组织，在近代和现代，这就是政党。政党是阶级中最积极的、最有组织的部分，代表不同的阶级利益的政党之间的斗争，集中地表现了阶级斗争。

阶级斗争是阶级社会发展的直接动力。在阶级社会里，生产力和生产关系的矛盾集中表现为代表先进生产关系的革命阶级与代表腐朽生产关系的反动阶级之间的矛盾，通过革命阶级反对反动阶级的斗争，先进的生产关系才能代替腐朽陈旧的生产关系，社会才能前进。恩格斯说：“自从原始公社解体以来，组成为每个社会的各阶级之间的斗争，总是历史发展的伟大动力。”[③]阶级斗争对历史发展的作用主要表现在两个方面：

第一，突出地表现在各个阶级社会更替的质变过程中。历史上各个社会形态的更替都是通过阶级斗争实现的。在阶级社会里，当旧的生产关系已经成为生产力发展的桎梏时，就不可避免地发生尖锐的阶级冲突。占统治地位的剥削阶级必然要利用为它服务的上层建筑去维护已经腐朽的生产关系的建立和发展。历史上从来没有一个剥削阶级自动地放弃过自己的统治地位，退出历史舞台，只有通过代表生产力发展要求的先进阶级和人民群众的阶级斗争，推翻反动阶级的政权，才能使一种过了时的社会形态被另一种新的更高级的社会形态所代替。

第二，阶级斗争对历史的推动作用还表现在一个社会形态本身发展的量变过程中。例如，在封建社会里，农民反对封建地主进行的各种形式的阶级斗争，虽然不能从根本上推翻封建制度，但是打击了当时的封建统治，因而也就多少

---

① ［苏］列宁：《给农村贫民》，《列宁选集》第 1 卷，人民出版社，1972 年，第 443 页。

② ［德］恩格斯：《社会主义从空想到科学的发展》，《马克思恩格斯选集》第 3 卷，人民出版社，1995 年，第 739 页。

③ ［德］恩格斯：《国际社会主义和意大利社会主义》，《马克思恩格斯全集》第 22 卷，人民出版社，1965 年，第 560 页。

推动了社会生产力的发展，推动了封建社会的发展。

阶级斗争的形式是多种多样的，有经济斗争、政治斗争和思想斗争三种形式。这三种斗争形式密切联系，互相配合，缺一不可。经济斗争是政治斗争的基础，政治斗争是阶级斗争的最高形式，思想斗争是经济斗争和政治斗争的反映，并给经济斗争和政治斗争以巨大推动。在资本主义社会里，无产阶级只有灵活运用各种斗争形式，才能促进革命事业的发展。

无产阶级专政的建立是阶级斗争在新形势下的继续，在不同国家、不同的历史发展阶段有不同的表现。在资本主义向社会主义过渡的时期里，存在着激烈的两个阶级、两条道路的斗争，这是由这个时期的经济结构和阶级结构决定的。过渡时期兼有资本主义和社会主义两种社会经济结构，因此，这个时期存在着正在生长的社会主义与逐渐衰亡的资本主义的斗争。在社会主义改造基本完成和社会主义制度确立以后，社会的经济结构和阶级结构发生了根本变化，阶级斗争的情况也就必然发生变化。

在我国，生产资料所有制的社会主义改造基本完成之后，进入到社会主义社会。以生产资料公有制为基础的社会主义经济制度、人民民主专政的社会主义政治制度和马克思主义在意识形态领域中的指导地位已经确立，剥削阶级已经消灭，我们面临的主要矛盾是人民群众日益增长的物质文化需要与落后的生产之间的矛盾，阶级斗争已经不是主要矛盾。但是，阶级斗争还将在我国社会的一定范围内长期存在，并且在某种条件下还有可能激化。这是由国内和国际的因素决定的。

从国内来看，剥削制度和剥削阶级在各方面的遗毒不可能在短时间内清除干净，剥削阶级的残余分子还存在，还在进行种种破坏活动。建设高度发达的社会主义民主政治所必需的一系列经济文化条件还很不充分，还不可能完全防止某些社会成员发生腐败变质现象，不可能杜绝极少数剥削分子和敌人的产生，甚至出现不同利益的集团、阶层。从国外来看，我们还处在复杂的国际环境中，国际社会主义和资本主义两种制度的激烈斗争必然会反映到国内。只要国际上还存在着敌视社会主义制度的反动势力，国内的阶级斗争就不可能完全消失。

不过，社会主义社会的阶级斗争不同于过去历史上两大对抗阶级之间的阶级斗争，而是一种特殊形式的阶级斗争，是历史上阶级斗争在社会主义条件下特殊形式的遗留，阶级斗争已经不是我国社会主义的主要矛盾，其特点主要有：第一，阶级斗争的对象已不是完整的剥削阶级，阶级斗争的形态已不是完整的两大对抗阶级之间的斗争，即广大人民同各种反社会主义分子之间的斗争。尽管形形色色的反社会主义分子已经失去了赖以存在的经济基础，不能形成一个阶级，广大人民与他们之间的斗争仍然具有阶级斗争的属性。第二，阶级斗争已经不再是主要矛盾，不能以阶级斗争为纲。处理阶级斗争问题必须服从和服务于社会主义现代化建设。阶级斗争还在一定范围内长期存在。第三，从总的发展趋势来看，阶级斗争是逐步趋向减弱和缓和的，但在某种条件下，阶级斗争还可能激化，特别是在帝国主义加紧对社会主义“和平演变”的情况下，国际与国内敌对势力遥相呼应，企图颠覆社会主义共和国，因而阶级斗争有时仍然相当激烈。第四，“和平演变”与反“和平演变”是阶级斗争的一种特殊形式。我们党在现阶段的基本路线——“一个中心，两个基本点”，是反对“和平演变”的强大的思想武器。

在认识和处理社会主义阶级斗争的问题时要防止两种倾向，既要反对阶级斗争扩大化，又要反对阶级斗争熄灭论的观点。

在社会主义社会，要正确处理一定范围的阶级斗争必须严格区分和处理两类不同性质的矛盾。敌我矛盾是矛盾双方在根本利益对立和冲突的基础上的矛盾，是对抗性的矛盾。广大人民同反对社会主义的敌对势力、敌对分子之间的矛盾，构成敌我矛盾，这种敌我矛盾就是社会主义条件下阶级矛盾的主要表现。人民内部矛盾是人民利益一致基础上的矛盾，一般地说，它是非对抗性的矛盾。剥削阶级作为阶级消灭之后，在人民内部矛盾中，大量的是不具有阶级内容的矛盾。但是也有少量的属于人民内部的阶级矛盾，也有些矛盾是阶级斗争在人民内部的影响和反映。

不同性质的矛盾用不同的方法解决，这是马克思主义的一个重要原则。敌我矛盾一般采用专政的方法来解决，人民内部的矛盾只能用民主的方法来解决。所谓民主的方法，毛泽东概括为“团结—批评与自我批评—团结”，即从团结的愿望出发，经过批评或者斗争，使矛盾得到解决，从而在新的基础上达到新的团结。改革开放以来，在社会主义市场经济条件下，人民内部矛盾出现了许多新的情况和变化，具有了新的特点。正确对待和处理这些矛盾是新时期的重要任务之一。

三、社会革命是历史的火车头

社会革命是社会历史发展的必然现象。代表生产力发展要求的先进阶级，要推翻反动阶级的统治，实现国家政权的更替，就必然要通过社会革命。社会革命是阶级斗争的最高表现。

社会革命是一种社会形态向另一种更高的社会形态发展的质的飞跃，是革命阶级推翻反动阶级的统治，用先进的社会经济制度和政治制度代替腐朽的社会经济和政治制度，实行整个社会制度的根本变革。社会革命的首要的和基本的标志是国家政权从反动阶级手中转移到革命阶级手中，是社会制度的质变。

那种不触动统治阶级的政治、经济制度，只是在这个社会形态中实行个别方面的变革，即使是重大的变革，也不能称为社会革命。那种同一阶级内部各阶层和社会集团间掌握政权的变换，或反动阶级对革命政权的篡夺，更不能称为社会革命。

革命是历史的火车头。社会革命对推动社会历史的发展具有重大作用。首先，社会革命是阶级社会由低级向高级发展的决定性手段和环节。因为，当旧的生产关系阻碍生产力的发展时，旧的上层建筑又会极力维护旧的生产关系，严重阻碍生产力的发展，这时，只有代表生产力发展要求的革命阶级，通过社会革命，改变旧的生产关系和上层建筑，才能实现社会形态的更替，解放生产力，推动社会发展。其次，社会革命是被压迫被剥削阶级劳动群众的盛大节日。革命的变革越深刻，人民群众的发动就越广泛；人民群众发动得越广泛，革命的改造就越深刻。再次，社会革命还能使革命阶级和广大群众从中受到锻炼、教育和改造，增长才干。

从资本主义转变为社会主义，根本途径是进行社会主义革命。马克思主义者并不一般地拒绝改革，并不反对为争取日常的改良进行的斗争。无产阶级通过日常的改良可以积蓄革命力量，但改良要服从革命，不能代替革命，因为改良只能使旧制度发生量的变化，不能实现社会制度的质的飞跃，它是革命的副产品和辅助方法。

社会革命是社会内部的经济原因引起的。社会革命的最深刻的根源是社会基本矛盾的发展。马克思说："社会的物质生产力发展到一定阶段，便同它们一直在其中运动的现存生产关系或财产关系（这只是生产关系的法律用语）发生矛盾。于是这些关系便由生产力的发展形式变成生产力的桎梏。那时社会革命的时代就到来了。"[①]这就是说，当旧的生产关系严重阻碍生产力的发展，旧的上层建筑竭力维护其旧的经济基础，阻碍社会前进时，代表生产力发展要求的革命阶级就要起来进行革命，打碎旧的上层建筑，变革束缚生产力发展的旧的生产关系，解放生产力，建立和发展适合于生产力发展的新的生产关系。生产力和生产关系这种矛盾尖锐化状况是社会革命的经济前提。

社会革命除了社会经济前提和条件外，还需要社会的政治条件。阶级矛盾的发展，阶级力量的对比，阶级斗争的激化，就是社会性革命的政治条件。革命的主观条件是，革命阶级的觉悟程度和组织程度极大提高，形成足以摧毁反动政权的强大革命力量。对于无产阶级革命来说，无产阶级政党的成熟程度是革命阶级主观条件成熟程度的集中表现。马克思主义革命理论的指导，对于动

① ［德］马克思．《〈政治经济学批判〉序言》，《马克思恩格斯选集》第 2 卷，人民出版社，1995 年，第 32—33 页。

员和组织群众，指导群众的革命行动，具有十分重要的意义。

革命的类型是根据革命的内容和革命的历史任务确定的，人类社会历史上有过各种类型的革命，由于革命所要解决的社会矛盾各有其特殊性，一般可以分为：新兴地主阶级反对奴隶主阶级的革命；资产阶级反对封建地主阶级的革命；无产阶级反对资产阶级的社会主义革命。此外，还有殖民地和半封建半殖民地国家的民族民主革命等。

无产阶级的社会主义革命是人类历史上最深刻、最广泛、最彻底的革命，与历史上其他类型的革命有根本区别。以往的包括资产阶级革命在内的一切革命，都是以一种剥削形式代替另一种剥削形式，而社会主义革命是无产阶级团结最广大的人民群众的革命行动，它的任务是彻底消灭一切剥削制度，创造条件使阶级社会过渡到无阶级社会。

四、社会改革是社会主义发展的直接动力

社会改革是在一定程度上，为了解决生产关系不适合生产力发展状况，上层建筑不适合经济基础发展的某些部分或环节，使该社会制度得到存在和发展，而对现存的制度、体制做一定的调整和革新。社会革命与社会改革是整个人类社会发展过程中既互相区别又互相联系的两个环节。社会革命是社会根本制度的变革，是社会发展中质的飞跃。社会改革是同一社会形态对某些不适应的方面和环节的调整，不改变该社会制度的根本性质，是社会发展中的量变或部分质变。社会改革往往与社会革命相互联系。在人类社会发展过程中，当生产关系对生产力发展的障碍越来越大，当旧社会制度向新社会制度过渡的趋势明显，出现新的社会制度的萌芽时，往往会涌现改革的潮流。然而这时社会改革的任务是极其艰巨的，旧制度的维护者会进行疯狂的抵制和破坏，使改革夭折。在这种情况下，社会进步只有通过社会革命才能实现。

社会改革对社会发展的作用主要表现在：第一，它可以巩固新生的社会制度或使原有社会制度持续存在并获得一定程度的发展，从而促进社会生产力的发展和社会进步。一种新生社会制度的改革，主要任务是建立和完善社会制度，同时要消灭旧制度的残余，为社会生产力的发展创造有利条件。一种原有制度的社会改革，主要任务是对生产关系和上层建筑中不适应的部分或环节进行某些局部调整，使其能在一定时期和一定程度上推动生产力的发展与社会进步。第二，它可以为新社会制度的诞生做量变或局部质变的准备。在人类社会发展过程中，在一种制度发展的后期，生产力发展的障碍越来越大，向新社会制度过渡的趋势越来越明显，并且出现新的社会制度的萌芽，这时社会改革的任务，就是既要为推进社会制度变革创造一定的思想政治条件以促进生产力发展，

又为社会革命准备物质条件。

社会主义改革是社会主义发展的强大动力，因为社会主义社会的基本矛盾仍然是生产力与生产关系、经济基础与上层建筑的矛盾，必须不断改革生产关系与上层建筑中与生产力发展不相适应的方面，才能使社会主义社会充满生机和活力。但是社会主义社会的改革具有自身的特性，它不同于阶级社会的社会改革。社会主义的改革是在坚持社会主义基本制度的前提下进行的，是社会主义的自我完善和发展，是自觉地、主动地调整生产关系与生产力不相适应的部分，调整上层建筑与经济基础不相适应的部分，从而推动生产力的发展和社会各方面的进步。

十一届三中全会以来，党在分析社会主义初级阶段的主要矛盾的基础上，制定了党在社会主义初级阶段的基本路线。党的十五大再根据邓小平理论和党的基本路线，提出了党在社会主义初级阶段的基本纲领，进一步明确了什么是有中国特色社会主义的经济、政治和文化，怎样建设它的经济、政治和文化。

党的基本路线，或者说党的总路线，是党在一定历史时期为解决社会主要矛盾、完成党的主要任务而制定的总方针、总政策，是制定各项具体方针、政策的根本指南。

1978 年 12 月召开的十一届三中全会，确立了一心一意搞现代化建设的政治路线，把党和国家的工作中心转移到经济建设上来，做出了改革开放的战略部署，并且随即提出要坚持四项基本原则，“一个中心，两个基本点”的思想开始形成，从而为党在新时期的基本路线的形成奠定了基础。

1987 年，十三大制定了党在社会主义初级阶段的基本路线：“领导和团结全国各族人民，以经济建设为中心，坚持四项基本原则，坚持改革开放，自力更生，艰苦创业，为把我国建设成为富强、民主、文明的社会主义现代化国家而奋斗。”社会主义必须与现代化相结合，这是时代的要求。社会主义只有建立在现代化的基础上，才能巩固自己。不以经济建设为中心实现现代化，社会主义就有丧失物质基础的危险。

改革开放是强国之路。首先，改革开放是发展生产力的必由之路。邓小平指出：“我们所有的改革都是为了一个目的，就是扫除发展社会生产力的障碍。”[①]邓邓小平一再指出，改革是解放生产力，改革也是发展生产力，改革是中国发展生产力的必由之路。

其次，改革是社会主义社会发展的直接动力。十一届三中全会以后，邓小平总结了历史经验。他指出，我们的社会主义基本制度是个好制度，必须坚持，

① 邓小平：《对中国改革的两种评价》，《邓小平文选》第 3 卷，人民出版社，1993 年，第 134 页。

但体制方面存在着弊端。正是体制上的这些弊端束缚了生产力的发展。所以，必须从根本上改革束缚生产力发展的经济体制，解放和发展生产力。这样就科学地阐明了社会主义社会的发展动力问题。

第三，不改革，社会主义事业就会被葬送。邓小平指出："建立社会主义经济基础以后，多年来没有制定出为发展生产力创造良好条件的政策。社会生产力发展缓慢，人民的物质和文化生活条件得不到理想的改善，国家也无法摆脱贫穷落后的状态。这种情况，迫使我们在一九七八年十二月召开的党的十一届三中全会上决定进行改革。"①几十年的实践证明，旧的那一套体制是不成功的。如果不从根本上加以改革，全党工作重点虽然转移了，但生产力还是发展不起来，还是摆脱不了穷社会主义的命运。因此，早在十一届三中全会时，邓小平就尖锐地指出："如果现在再不实行改革，我们的现代化事业和社会主义事业就会被葬送。"②

第四，对外开放也是改革。邓小平把对外开放同改革联系在一起，指出这是决定中国命运的大事。邓小平一再阐明，现在的世界是开放的世界，中国的发展离不开世界，关起门来搞建设是不行的。中国长期停滞，发展很慢，一个重要原因就是闭关自守，处于同世界隔绝的状态。邓小平指出，建设社会主义现代化必须实行对外开放，而且要全方位地开放。要把对外开放作为一项国策，长期坚持下去。

第五，改革实质上是一场革命。1985 年 3 月，邓小平明确指出："改革是中国的第二次革命。"③他说："改革的性质同过去的革命一样，也是为了扫除发展社会生产力的障碍，使中国摆脱贫穷落后的状态。从这个意义上说，改革也可以叫革命性的变革。"④社会革命是为了根本改变阻碍生产力发展的障碍，具体地说，就是要从根本上克服原有的经济体制的弊端，从计划经济体制转变为社会主义市场经济体制，这不是对原有经济体制细枝末节的修补，而是对体制的根本性变革。从这个意义上说，改革确实是革命，而不是改良。

第六，改革是社会主义基本制度的自我完善和发展，是一个长期的发展过程。改革是为了兴利除弊，完善和发展社会主义制度，绝不是也不允许否定我

---

① 邓小平：《对中国改革的两种评价》，《邓小平文选》第 3 卷，人民出版社，1993 年，第 134 页。

② 邓小平：《解放思想，实事求是，团结一致向前看》，《邓小平文选》第 2 卷，人民出版社，1993 年，第 150 页。

③ 邓小平：《改革是中国的第二次革命》，《邓小平文选》第 3 卷，人民出版社，1993 年，第 113 页。

④ 邓小平：《对中国改革的两种评价》，《邓小平文选》第 3 卷，人民出版社，1993 年，第 135 页。

们的社会主义基本制度。社会主义经济体制和其他方面体制的弊端完全可以通过社会主义制度本身加以解决。改革是社会主义基本制度的自我完善和发展。因此，社会主义改革是要长期进行的。我们要从建设中国特色社会主义的历史高度，着眼于长远来看改革开放，坚持改革不动摇。邓小平提出，判断改革实践得失成败的根本标准，主要看是否有利于发展社会主义的生产力，是否有利于增强社会主义国家的综合国力，是否有利于提高人民的生活水平。

总之，社会发展是一个系统工程，社会各方面的力量是推动社会发展的动力。社会历史规律表明，生产力是社会发展的最终决定力量。生产力决定生产关系，进而决定整个社会关系的基本面貌，决定社会发展的历史进程。因此，我们党提出了生产力标准，把是否有利于解放和发展生产力作为判断我们的路线、方针、政策正确与否的根本标准，作为判断我们的工作是非得失的根本标准，作为判断社会制度是否优越和进步的根本标准。

五、科学技术进步是推动社会发展的巨大杠杆

生产力是社会发展的最终动力。生产力由实体性要素和非实体性要素构成，非实体性要素就是科学技术。在当今的时代，科学技术已经成为第一生产力，对社会发展具有巨大的作用。因此，科学技术是社会发展动力系统中的重要动力。

科学技术是人类认识和应用客观规律保护与改造世界的知识和能力的结晶。人类发展史上，社会生产力的每一次飞跃与发展，人类社会一切文明与进步，都离不开科学的重大发现与技术的重大发明及其广泛应用。科学技术发展愈加迅猛，应用更加广泛，科学技术已经成为先进文化发展的重要因素，成为人类文明进步的原动力。

科学在本质上是一种积极的、进步的、对社会发展起推动作用的力量。科学的作用又具有直接和间接之分。对于物质生产，科学可以直接渗透于其中，并作为现实生产力的要素促进其发展；对于社会变革，科学则以间接的方式通过生产力作用于其中。

第一，科学技术可以转化为现实的直接的生产力。生产力首先是一种物质力量，其发展是自然历史过程。但是，与自然界纯粹的物质力量不同，生产力是人类本质力量的对象化和体现，因此必然渗透着主体性。其主体性又包括两个方面，即目的性和对客观规律的认识，也即人类在改造自然的过程中，要遵循两个尺度——人的内在需要尺度和客观外在规律尺度相统一的原则。在遵循客观规律的基础上，使客体按照人的目的发生变化，使世界更适合人类的生存和发展。因此，完全意义上的社会生产力就应该包括两个方面，即物质生产力和精神生产力。精神生产力既包括精神生产者从事精神生产的能力，也包括物质生产中的智力因

素。从形态来看，科学技术属于精神生产的能力，它不是人类历史上积淀下来的改造自然的物质力量，而是如马克思所说是人类对自然的理解，是知识形态上的生产力，是生产力发展的一个方面、一个形态。停留于观念形态的科学属于社会意识，只是一种潜在的生产力，只有与物质生产力的实体性要素结合，科学才能进入生产力，并构成生产力的重要方面（即精神生产力）。已经与生产力实体性要素相结合的科学就是技术，或者说，成为现实生产力的科学是以技术的形态存在的。科学技术对生产力的具体作用主要表现为：

首先，没有科学技术就没有生产力。物质生产力不能脱离精神生产力。正是由于人的智力因素物化于人与自然的相互作用过程中，生产力才与一般自然力相区别，而且这种人类智力因素物化的程度越高，生产力的水平也就越高。如果说，原始生产力中只是包含着简单的知识，或者说生产力中的精神因素只表现为简单的技能，那么近代和现代生产力没有科学技术就根本不能发展。因此，生产力是一种包含着人类智力的物质力量，离开作为人类智力结晶的科学技术就不可能有生产力，也不可能理解生产力与纯粹自然力的区别。

其次，没有科学技术就没有生产力的发展。生产力水平的高低不是取决于人们生产什么，而是取决于人们怎样生产，用什么劳动资料进行生产。所以，生产工具是生产力水平的指示器，而生产工具的发展是与科学技术的进步同步的。没有科学技术的进步，既成的生产工具无从改进，新的生产工具也无从发明。在生产力中，劳动者是首要的因素，而劳动者劳动能力的提高不是取决于其体力的提高，而是取决于其智力的提高。劳动者智能和素质的提高，又取决于科学技术的水平及劳动者对科学技术的掌握，科学技术则通过提高劳动者的素质来推动生产力的发展。

第二，科学技术是推动社会改革的重要力量。科学技术对社会变革的作用与对生产力的作用不尽相同，不是直接实现而是间接实现的。这种间接体现在：首先，科学技术通过促进生产力的发展来推动社会变革。马克思说："人们所达到的生产力的总和决定着社会状况。[①]"科学技术通过推动生产力的发展来间接推动社会的变革，为新制度的诞生和巩固提供物质基础和保证。其次，科学技术通过参与新思想和新理论的形成，间接推动社会变革。列宁说过，没有革命的理论，就没有革命的运动。革命理论的创立，需要以正确的哲学世界观和方法论为指导，而哲学思想的每一进步又都离不开科学的进步和发展。正如恩格斯所说，推动哲学前进的主要因素是自然科学和工业的强大而日益迅猛的进步。科学是哲学进步的动力之一，科学又通过先进的哲学

① ［德］马克思，恩格斯：《德意志意识形态》，《马克思恩格斯选集》第1卷，人民出版社，1995年，第80页。

思想为先进的政治思想和革命理论提供思想素材，即以哲学为中介间接参与革命理论的建立，为社会革命开辟道路。

由此可见，科学以生产力为中介为社会变革提供物质基础，以哲学世界观为中介为社会变革提供思想基础。正因为如此，马克思认为："蒸汽、电力和自动纺机甚至是比巴尔贝斯、拉斯拜尔和布朗基诸位公民更危险万分的革命家。"[①]也正是在这个意义上说，科学技术才是最高意义上的革命力量。

第三，新技术革命与现代社会发展。新技术革命是20世纪初与19世纪末的自然科学革命，以及由此引发的一系列技术革命的总称。新技术革命是社会发展的巨大杠杆，它使社会发生了全面而深刻的变化。这种影响主要表现为：

首先，推动生产力的发展，使生产力达到了前所未有的水平。作为第一生产力的科学技术不是指以往的科学技术，而是指在新科学技术革命中产生的各种高新科技。高新科技对生产力的作用主要表现为：一方面，高新科技为生产力开辟了广阔的领域。科学技术的全面发展，为生产的发展开辟了更多的领域。另一方面，高新科技优化了产业结构。新科技革命不仅引起生产力的量变，而且优化了产业结构，使其发生了质的变化。从宏观来看，新科技革命使社会由原来主要是两个产业，即第一产业（农业）和第二产业（工业）发展为四个产业，即第三产业（服务业）和第四产业（信息业），并使产业结构由第一产业和第二产业为主向第三和第四产业转化。此外，产业结构还由劳动密集型向知识密集型转化，出现了许多所谓"朝阳工业"，即高科技工业。从微观来看，新科技革命促进了企业内部系统功能的发挥，表现为管理的科学化和生产力内部结构的优化。现代科学技术为生产管理的科学化提供了理论（如系统论）、手段（如计算机）和方法等。

其次，对社会革命有巨大的作用。科技革命与社会不同，本身不具有政治意义，但它具有生产功能，能够通过促进生产力的变革间接推动社会革命。世界近代史上前两次科技革命都通过生产力的变革引起了社会革命。第一次科技革命是与资产阶级革命相联系的，蒸汽时代巩固了资本主义生产方式，最终确立了资本主义制度在全世界的统治地位。第二次科技革命是与社会主义革命相联系的，电气时代资本主义进入垄断资本主义即帝国主义时期，从而加剧了社会矛盾，导致帝国主义战争的爆发和无产阶级革命的来临。新科技革命像前两次科技革命一样，其发展方向与社会革命的总趋势是同向的，因此必将推动社会革命的到来。新科技革命通过促进生产力的发展，已经并将继续加深资本主义基本矛盾；通过提高工人阶级的知识水平，为社会革命准备了更高素质的物

① ［德］马克思：《在〈人民报〉创刊纪念会上的演说》，《马克思恩格斯选集》第1卷，人民出版社，1995年，第774页。

质力量；新科技革命通过发展生产力巩固社会主义制度，为从资本主义向社会主义的过渡提供了物质基础。因此，新科技革命引起的社会革命的结果只能是社会主义。

再次，为解决全球问题提供了条件。当今世界人类面临的共同问题之一是环境与发展问题。这些问题是超出国家、民族和意识形态的全球性问题。资本主义的生产方式既促进了经济的高速发展，又造成了资源破坏、能源短缺、环境污染、贫富悬殊等全球性问题。这些问题已经危及人类的共同利益，解决这些问题已经成为全人类的共同任务。为此，人们提出了可持续发展战略。为了社会的可持续发展，人们必须注重社会的全面进步。新科技革命为人类解决全球问题创造了一定条件。因为只有认识生态规律，才能解决生态问题。新科技革命为认识生态规律创造了条件。当然，全球问题的解决不仅仅是一个技术问题，它还有社会制度问题。剥削制度不消灭，资产阶级为追逐高额利润而掠夺资源、破坏环境的现象就不会消灭。只有消灭了阶级和剥削制度，生产的目的才是满足人民的物质文化生活需求，环境与发展问题才能真正得以解决。

新科技革命的浪潮震荡着整个世界，它给社会带来的影响是全方位的和十分深刻的。哪个国家不重视这场革命，哪个国家就难以自立于世界民族之林。我们要振兴中华，实现民族复兴的伟业，就必须实行科教兴国的战略。党的十八大报告指出："科技创新是提高社会生产力和综合国力的战略支撑，必须摆在国家发展全局的核心位置。"科技的进步与教育的发展是一致的，只有大力发展教育，才能提高全民族的科学文化素质，而只有提高全民族的科学文化素质，才能把先进的科学技术转化为生产力，实现社会主义现代化。因此，党和政府将"科教兴国"作为国家的发展战略是具有深远意义的。

第三节　人民群众是历史的主体

一、社会发展的客观规律和历史主体的自觉活动

历史唯物主义从社会存在决定社会意识，生产方式是社会发展的决定力量的基本观点出发，把社会的发展规律看作一个自然历史过程，揭示出人类历史变迁和社会发展具有的内在的客观规律性；同时，历史唯物主义又从实践是社会生活的本质和社会的存在方式的认识出发，把社会的发展看作人的创造活动过程，说明社会历史发展又具有与自然界不同的特殊性。人类社会的历史是社会发展的客观规律与社会历史主体的人的自觉活动相统一的过程。

社会历史规律存在并实现于历史主体的人的实践活动之中。没有人的存在

及其活动，也就没有人类社会及其历史。构成社会结构要素的生产力和生产关系、政治上层建筑和社会意识形态等本身就是人的实践活动的产物。社会历史规律就是生产关系一定要适合生产力状况的规律、上层建筑一定要适合经济基础状况的规律，因此，社会历史规律存在于人的实践活动中，社会的“自然历史过程”恰恰是通过历史主体的人的自觉创造活动实现的。历史发展的内在的客观规律实质上是人们实践活动遵循的规律。

承认社会历史是人的创造活动的结果，并不等于承认人们可以随心所欲地创造历史，人们创造历史的实践活动受到社会客观规律的制约。人们各式各样的思想动机能否实现以及实现的程度，取决于是否符合社会发展客观规律的要求及符合的程度。历史是由人的有目的、有意识的活动创造的这一事实并不能抹杀历史规律的客观性。人的活动总是受到社会各种条件及其规律的制约。对此，恩格斯指出：“历史是这样创造的：最终的结果总是从许多单个的意志的相互冲突中产生出来的，而其中每一个意志，又是由于许多特殊的生活条件，才成为它所成为的那样。这样就有无数互相交错的力量，有无数个力的平行四边形，由此就产生出一个合力，即历史结果，而这个结果又可以看作一个作为整体的、不自觉地和不自主地起着作用的力量的产物。因为任何一个人的愿望都会受到任何另一个人的妨碍，而最后出现的结果是谁都没有希望过的事物。所以到目前为止的历史总是像一种自然过程一样地进行，而且实质上也是服从于同一运动规律的。”[①]

人的自觉活动受到社会历史客观规律的制约，并不是意味着人在社会历史规律面前是无能为力的。社会客观规律和人的自觉活动是统一的，二者统一的基础是实践。人的自觉活动不能改变社会发展的客观规律，但是可以在实践中自觉地认识并运用社会历史规律。历史唯物主义承认社会发展规律的客观性，正是为了把人的自觉活动建立在坚实可靠的基础上。人对社会历史规律认识得越深刻，他在创造历史的实践活动中的自由度就越大。

二、人民群众是历史的创造者

历史是人的历史，是通过人的活动实现的。因此，历史唯物主义在考察了社会基本矛盾、阶级、国家、社会革命及社会意识之后，就要进一步研究人在历史中的作用。研究人在历史上的作用，必然涉及如何看待人民群众和个人在历史上的作用的问题，这就是历史观问题。历史唯物主义首先肯定人民群众是历史的创造者，同时充分肯定个人在历史上的作用。正确理解群众、阶级、政

① ［德］恩格斯：《致约·布洛赫》，《马克思恩格斯选集》第4卷，人民出版社，1995年，第697页。

党、领袖的关系，掌握这一历史唯物主义的基本观点，就能使我们牢固树立群众观点，深入贯彻党的群众路线。人民群众是一个历史范畴，在不同的国家、不同的时期、不同的历史条件下，人民群众包括不同的具体内容。但是，无论在什么情况下，人民群众的主体部分是直接从事物质资料生产的劳动群众，包括体力劳动者和脑力劳动者。我们说人民群众是历史的创造者，主要是强调劳动群众在创造历史中的伟大作用。

人民群众在历史发展中的决定作用主要表现在以下三个方面：

第一，人民群众是社会物质财富的创造者。人类社会赖以生存的物质生活资料是由劳动者（包括体力劳动者和脑力劳动者）创造的。劳动群众是生产力的首要因素，是社会物质资料生产的直接承担者，离开了劳动群众，人们所需的吃、穿、住、用等物质资料就无法解决，社会就无法存在下去。社会生产力的发展，也是劳动群众在生产劳动中不断改善工具的过程。从原始社会的粗糙的石器，到现代化的机器，无一不是劳动群众在长期的生产斗争实践的基础上发明和创造出来的。作为生产力的重要因素的生产技术，从最原始的农牧业生产技术，到现代化高度发展的科学技术，也无一不是劳动群众长期生产实践的经验总结。没有劳动人民年复一年地从事生产劳动实践，就没有生产力的发展，就不会有新的生产方式的出现，就没有文明的进步。

第二，人民群众是社会精神财富的创造者。社会精神财富，包括科学理论、文学艺术等，人们往往误认为都是文人、学者、科学家们创造的，与劳动人民无关。其实，社会精神财富归根结底仍然是劳动人民创造的。首先，任何从事精神生产的人都需要有一定的物质生活资料，而物质生活资料是由劳动人民的生产实践活动提供的。其次，任何精神产品都是实践经验的总结和概括，最丰富的实践是劳动人民的生产斗争、阶级斗争和科学实验等社会实践经验。科学研究的成果和优秀的文学作品都是劳动人民的实践经验的总结和升华，如我国古代的医学名著《本草纲目》，就是总结人民群众与疾病作斗争的经验不断丰富和发展起来的；我国文学名著《水浒》《三国演义》《西游记》是在民间口头文学的基础上，经过加工整理形成的。不仅如此，在劳动群众中还出现了许多伟大的科学家、发明家、思想家和艺术家，如赵州桥的设计者和建造者李春，活字印刷术的发明者毕昇，蒸汽机的发明者瓦特，电灯、电影的发明者爱迪生，唯物主义哲学家狄慈根等，都是一些工匠，本身就是劳动群众。我们当然不能否认从事脑力劳动者的知识分子在创造精神财富中的重要作用，但是他们只有与劳动群众紧密结合才能充分发挥作用，如果脱离了劳动群众就不会有什么成就。

第三，人民群体是社会变革的决定力量。在历史过程中，当生产关系不适合生产力的状况时，必须进行社会制度的变革，社会才能前进。在社会制度的变革中，起决定作用的是劳动群众。一切真正的革命运动，实质上都是劳动人民自己去动摇或者摧毁那些腐朽的社会制度的斗争。奴隶们的英勇斗争冲垮了奴隶主的反动统治，为新兴的地主阶级的上台创造了有利的条件；无数次农民起义使封建王朝土崩瓦解，为资本主义的兴起铺平了道路；无产阶级和人民群众的革命斗争埋葬了资本主义的制度，开创出社会主义新社会。我们国家在共产党的领导下推翻了“三座大山”，在这一革命斗争中，劳动人民发挥的伟大作用尤为明显。他们积极参加革命战争，支援革命战争，使帝国主义侵略者和反动派陷入汪洋大海之中，谱写了一曲曲人民战争的光辉篇章。正如毛泽东说：“人民，只有人民，才是创造世界历史的动力。”[①]

我们说人民群众是历史的创造者，是指人民群众是推动历史发展的决定力量。至于参与历史活动，使某一时期的历史成为什么样子，则所有的阶级、阶层、社会集团和个人都起了作用，但反动阶级和集团并没有推动历史前进，而是阻碍历史前进，他们不是历史的创造者。认为“所有阶级共同创造历史”的观点是完全错误的。

人民群众创造历史的作用是受到历史条件的限制的。这些历史条件主要有经济条件（生产力和生产关系状况）、政治及科学文化程度等。在不同的历史条件下，人民群众创造历史的作用是不同的，特别是生产关系、社会制度，对人民群众创造历史的作用影响最大。例如，历史上的奴隶阶级、农民阶级，作为当时的人民群众的主体，虽然在创造物质财富、精神财富和进行社会变革中，发挥了决定作用，但是仍存在不少局限：一方面由于他们不是先进生产方式的代表者，他们的斗争不能建立新的社会制度，他们自身的经济地位、政治地位和文化程度又较低，因而创造历史的作用受到了很大的限制；另一方面，他们受到奴隶主阶级和地主阶级的剥削和压迫，在经济上、政治上、思想文化上都遭到极大的压抑和摧残，智慧和力量不能充分地发挥出来，创造历史的作用也就难以充分发挥。到了资本主义社会，无产阶级是人民群众的主体，它虽然也处于被剥削、被压迫的地位，其创造历史的作用还是受到很大程度的限制。随着社会主义社会的建立，剥削阶级占统治地位的社会强加给劳动人民的限制被打破了，他们能够充分发挥创造历史的作用，但仍然存在着其他方面的限制。在社会主义初级阶段，这种限制还比较明显，如生产力水平还不高，社会主义生产关系和上层建筑还不可能一下子很完善，人民群众的科学文化水平还较低等。另外，无产阶级政党的路线、方针、政策正确与否，也直接影响人民群众创造历史作用的发挥。中华人民共和国成立 60 多年来的经验教训充分说明了这一点。人民群众创造历史的作用是一

① 毛泽东：《论联合政府》，《毛泽东选集》第 3 卷，人民出版社，1991 年，第 103 页。

个逐步得到充分发挥的过程。随着社会主义建设的深入，无产阶级政党的方针、政策的日趋完善，人民群众必将越来越充分发挥自己创造历史的作用。

人民群众创造历史的理论运用在我们党的工作中就具体化为群众观点和群众路线。群众观点是无产阶级政党的基本观点，它主要包括以下内容：

首先，相信群众，依靠群众。相信群众自己解放自己，尊重群众的首创精神，自觉地把自己当作群众的一员。这是坚持人民群众创造历史的理论在实践中的必然体现。正如毛泽东所说，马克思主义者从来都认为，无产阶级的事业只能依靠人民群众。应该使每一个同志懂得，只要我们依靠人民，坚决地相信人民群众的创造力量是无穷无尽的，因而信任人民，和人民打成一片，那就任何困难也能克服，任何困难都不会压倒我们，而只会被我们所压倒。也正如邓小平所说，中国共产党坚定地信守马克思主义的这一条真理：人民群众是历史的创造者，人民身上的枷锁，只有靠人民群众自己的双手来打破；人民的幸福生活，只有靠人民群众自己的双手来创造。

其次，一切从人民的利益出发，全心全意为人民服务。这是无产阶级政党的性质决定的，也是历史唯物主义的基本要求。人民群众是历史的创造者，是社会历史的主体。作为无产阶级先锋队的共产党当然只能是人民利益的代表，其所做的一切，出发点和归宿都只能是无产阶级和广大人民群众的根本利益。

再次，一切对人民群众负责。对人民群众负责是一切言论行动的最高准则，要把对党负责和对人民负责统一起来，要为了人民的利益而坚持真理，修正错误。

最后，向人民群众学习。人民群众是真正的英雄，因此要向群众学习，甘当群众的小学生。党的群众路线与群众观点密切相关，就是将群众观点具体贯彻到实际工作中去。毛泽东对党的群众路线做了完整明确的概括，即“从群众中来，到群众中去”。他说：“在我党的一切实际工作中，凡属正确的领导，必须是从群众中来，到群众中去。这就是说，将群众的意见（分散的无系统的意见）集中起来（经过研究，化为集中的系统的意见），又到群众中去作宣传解释，化为群众的意见，使群众坚持下去，见之于行动，并在群众行动中考验这些意见是否正确。然后再从群众中集中起来，再到群众中坚持下去。如此无限循环，一次比一次地更正确、更生动、更丰富。”[①]党的十一届六中全会通过的《关于建国以来党的若干历史问题的决议》中也对群众路线做了高度概括：“群众路线，就是一切为了群众，一切依靠群众，从群众中来，到群众中去。”

① 毛泽东：《关于领导方法的若干问题》，《毛泽东选集》第 3 卷，人民出版社，1991 年，第 899 页。

三、杰出人物在历史中的作用

人类社会中一切单个人在社会历史的发展中都起着一定的作用，按其对社会历史影响的大小和知名度大小，可以分为普通个人和杰出人物两类。但这个区别只是相对的而不是绝对的，如在较小的范围内算是杰出人物，在较大范围内则只是普通个人。普通个人的作用不可忽视，一名普通工人，他的生产劳动对全社会来说可能是微不足道的，但他仍然或大或小地会影响到工厂生产计划的完成，有时甚至会起到重大的作用；一名普通战士在战斗中是否勇敢善战，也常常会影响到一块阵地的保持和丧失，影响到一次进攻的成功或失败；一位普通干部是否符合革命化、年轻化、知识化、专业化的要求，是否尽职尽责做好本职工作，充分发挥自己的作用，对于他所在的地区、单位的生产和工作能否迅速发展也有影响，有时会发生重大的影响。所以，作为普通个人的工人、农民、战士、知识分子、国家干部等，都要充分认识自己在社会历史发展中所起的一定作用。

在普通个人中，会涌现出一部分有突出才干的、富有创造性的、能做出较大贡献的人，我们称之为人才。社会主义建设迫切需要人才，包括领导决策、经济建设、科学技术、文化教育、政治思想工作等方面的各类人才，一个地区、单位、企业的生产和工作能不能搞上去，关键在于有没有一批人才。人才的出现，需要有客观条件和主观条件。作为个人，要通过刻苦学习钻研和深入实践，发挥主观能动性，使自己成为对国家对人民有用之才，争取为人类社会的发展做出更大的贡献。

所谓杰出人物，是指那些在历史上能够反映时代要求，代表先进阶级或集团的利益，站在历史潮流前头引导人民群众前进的英雄人物或领袖人物，以及对人类有卓越贡献的思想家、科学家、艺术家等，他们对社会历史的发展能够起重要推动作用。那些反动阶级和反动集团的首领，其活动违背历史发展的趋势，阻碍和延缓社会进步前进，虽然其中有的人也有很高的知名度，但不能称为杰出人物。

杰出人物是适应社会发展的需要出现的，是人民群众造就的。在社会发展的进程中，特别是在酝酿着社会变革的转折时代，客观上提出了以新的社会制度代替旧的社会制度的任务时，代表历史发展趋势的先进阶级和人民群众，为了摧毁旧制度，建立新制度，迫切需要造就出自己的杰出人物，以便由他们来集中自己的意志和智慧，提出自己的理论，动员、组织领导本阶级和人民群众进行革命斗争。这样，杰出人物就会或迟或早地在人民群众的伟大斗争中涌现出来。例如，20世纪革命潮流不断高涨，我国现代经济又有了一定的发展，工人阶级迅速壮大并登上了历史舞台，人民大众与封建主义、帝国主义、官僚资本主义的矛盾空前激化，中国革命的时代到来了，于是产生了毛泽东、周恩来、刘少奇、朱德等杰出人物，成为中国人民的革命领袖。历史一再表明，每一时代都需要有自己的杰出人物，如果没有这样的杰出人物，就要创造这样的人物来。这表明杰出人物的出现具有历史的必然性。恩格斯说："恰巧某个伟大人物在一定时间出现于某一国家，这当然纯粹是一种偶然现象。但是，如果我们把这个人去掉，那时就会需要有另外一个人来代替他，并且这个代替者是会出现的，不论好一些或差一些，但是最终总是会出现的。"①这里深刻地阐明了杰出人物出现的必然性和偶然性的辩证统一关系。

杰出人物对历史的促进作用主要表现在两方面：一方面，先进阶级的政治代表人物提出的先进思想能够成为社会变革的先导，他们在革命斗争中起着"倡导者"和"发起人"的作用。一般来说，杰出人物比同时代的其他人站得高些，看得远些，当新的历史任务提到日程上来的时候，他们就会提出进步的思想、纲领、口号，动员广大人民群众去解决这些历史任务。另一方面，先进阶级的政治代表人物是广大群众和先进阶级进行革命斗争的领导者和组织者。他们在革命斗争中起着核心和中流砥柱的作用。人们在进行变革社会的斗争中，如果没有集中统一的组织领导，是不可能取得胜利的。

杰出人物作用的大小受到主观和客观条件的决定。客观条件，就是他们所处的时代、环境和他们代表的阶级的历史作用。例如，有些占统治地位的剥削阶级的政治代表在特定的历史条件下反映了历史发展的趋势，他们的所作所为对历史的发展也起某种推动作用，但由于受其所代表的阶级的历史局限，他们的作用也是有限的。主观条件，就是杰出人物认识历史发展趋势和反映人民群众要求的正确程度，以及他们的才能、知识、性格和品质等，这些对于发挥他们的历史作用都具有不同程度的影响。

列宁指出，无产阶级领袖是无产阶级政党内"最有威信、最有影响、最有经验、被选出担任最重要职务而称为领袖的人们所组成的比较稳定的集团"②。无产阶级的阶级本性、历史使命、实际运动决定和培养了自己的领袖优于其他任何阶级领袖的品质，赋予他们其他一切历史人物不可比拟的作用。

无产阶级领袖不是一个人，而是一批人，是一个领袖集体。他们集中党和群众的经验和智慧，实行革命家的集体领导。列宁说："谁都知道，群众是划分

① ［德］恩格斯：《致瓦·博尔吉乌斯》，《马克思恩格斯选集》第 4 卷，人民出版社，1995 年，第 733 页。

② ［苏］列宁：《共产主义运动中的"左派"幼稚病》，《列宁选集》第 4 卷，人民出版社，1995 年，第 151 页。

阶级的；……阶级是由政党来领导的；政党通常是由最有威信、最有影响、最有经验、被选出来担任最重要职务而称为领袖的人们所组成的比较稳定的集团来主持。”[①]

无产阶级领袖是适应无产阶级革命实践的需要而产生的。为了取得斗争的胜利，无产阶级必须有代表自己利益的政党和领袖。如果没有本阶级的政党和领袖的领导，是不能实现自己的历史使命的。

无产阶级的历史使命和历史地位决定了无产阶级领袖具有不同于其他阶级领袖的特点。无产阶级领袖所处的时代，是一个彻底消灭剥削、消灭压迫、消灭阶级的时代，是人类由阶级社会向无阶级社会过渡的时代。这样的时代必然要造就出在实践上和理论上都为以往的杰出人物所不可比拟的伟大人物。如果没有这样的伟大人物，是担当不起这样时代赋予的历史任务的。无产阶级领袖代表的是一个大公无私，有远大远见，最富于革命的彻底性、组织性、纪律性和团结性的阶级。由这样的阶级造就的领袖经历的群众斗争不论在深度上和广度上都远远地超出历史上的一切群众斗争。在这样的群众斗争中，必然能够选择出适应这个伟大斗争需要的最卓越的领袖人物。这些特点使无产阶级领袖在历史上能够发挥伟大的作用。

无产阶级领袖的伟大作用在于：第一，无产阶级领袖能够创立革命理论和党的纲领、路线、方针、政策。第二，无产阶级领袖能够团结群众，做群众的公仆，为群众的根本利益而坚持不懈地努力奋斗。第三，无产阶级领袖善于从群众中来，到群众中去，站在斗争的前列，领导群众战胜艰难险阻，去夺取革命的胜利。总之，无产阶级领袖是最能代表人民的利益，集中人民的智慧，自觉地按照社会发展的客观规律领导人民前进的伟大人物。因而，他们能够得到广大群众的衷心拥护和爱戴。他们与群众的血肉关系是团结革命力量争取胜利的重要保证。

四、中国共产党是中国最广大人民根本利益的忠实代表

无产阶级政党是工人阶级的先锋队组织。中国共产党是中国工人阶级的先锋队，同时也是中国人民和中华民族的先锋队，是中国特色社会主义事业的领导核心。中国共产党只要始终成为中国最广大人民根本利益的忠实代表，我们党就能永远立于不败之地，永远得到全国各族人民的衷心拥护并带领人民不断前进。中国共产党始终代表人民的根本利益，这是对马克思主义人民观的发展。

---

① ［苏］列宁：《共产主义运动中的“左派”幼稚病》，《列宁选集》第4卷，人民出版社，1995年，第151页。

中国共产党始终坚持历史主体与价值主体相统一的人民观。所谓历史主体，是指人民群众是历史的创造者和历史发展的根本动力。所谓价值主体，是指人民群众是自己创造的历史成果的享用者，是中国共产党全部理论和实践的根本评价者。中国共产党坚持历史主体——价值主体相统一的人民观。正因为如此，中国共产党才可能成为人民利益的忠实代表。

共产党始终将人民群众视为历史主体。列宁指出："生气勃勃的创造性的社会主义是由人民群众自己创立的。"[①]党的十六大报告指出："发展必须相信和依靠人民，人民是推动历史前进的动力。"把人民群众视为历史主体，是共产党与资产阶级政党的重要区别。资产阶级政党把人民群众视为实现政治目的的历史的工具。共产党恰恰相反，把自己视为无产阶级完成其历史使命的政治工具。把人民群众视为历史主体，也是共产党与空想社会主义的重要区别。空想社会主义者把无产阶级视为有待先知先觉解放的受苦的一群，而共产党则恰恰相反，认为无产阶级的解放完全是自己的事业。共产党所以能够成为人民利益的代表，根本之点就在于把人民群众视为历史主体。因为，同情人民只是伦理情感问题，热爱人民只是阶级立场问题，而只有把人民视为历史发展根本动力才是历史观的根本问题，属于科学的问题，这是共产党与唯心史观彻底决裂的根本标志。

共产党始终将人民置于价值主体地位。人民作为价值主体包含两重含义：

其一，人民群众创造的一切历史成果（历史客体）都应为了满足人民群众（历史主体）的需要，因此人民的利益高于一切。热爱人民、为了人民，将人民创造的一切成果归功于人民，而不是满足狭隘集团的私利，这正是共产党与资产阶级政党阶级立场、政治态度和价值观念的分水岭。共产党是无产阶级的政党，它没有任何与无产阶级利益不同的特殊利益。无产阶级是人类历史上最后一个阶级，它只有解放全人类才能最后解放自己。因此，无产阶级的利益就是人民群众的根本利益，共产党也就成为人民群众根本利益的代表。

其二，共产党必须把人民作为价值评价的主体。一方面，人民群众是对共产党的理论和实践进行评价的主体。共产党的先进性不是自封的，只能由人民群众进行判断。另一方面，共产党也必须以人民的利益作为价值评价的根本标准。正如毛泽东所说，共产党人的一切言论行动，必须以合乎最广大人民群众利益，为最广大人民群众所拥护为最高标准。由此可见，共产党的理论和实践的出发点、检验标准及最终归宿都是人民的利益。

中国共产党从诞生起就面临着两大历史使命：一个是实现民族独立和人民解放，另一个是实现民族复兴和人民富裕。为了实现这两大奋斗目标，共产党

① ［苏］列宁：《全俄中央执行委员会会议文献・答左派社会革命党人的质问》，《列宁全集》第33卷，人民出版社，1985年，第53页。

人披肝沥胆，筚路蓝缕，抛洒热血，领导中国人民进行了艰苦卓绝的斗争。20世纪中叶，中国共产党终于实现了第一个奋斗目标——民族独立和人民解放。现在，在中国共产党的领导下，中国人民正为实现第二个目标——民族复兴和人民富裕而励精图治、不懈奋斗。中国共产党改变了近代中国积贫积弱、任人宰割的悲惨命运，建立了初步繁荣昌盛的强大国家。

第九章　社会进步与人的全面发展

揭示社会进步和人类历史发展的总趋势，实现人的全面发展和解放，是马克思主义哲学的最终目标。为了实现社会进步，就要研究社会进步的内在根据及其标准。为了探讨人的全面发展，就必须正确认识人的本质和人的价值。人的本质不是抽象的，而是具体的，人是社会动物，具有社会性；人的价值是自我价值与社会价值的统一；要正确处理个人自我价值与为社会、为他人做奉献的关系，树立正确的人生观。人类历史发展的总趋势是一个由低级到高级、由必然王国到自由王国跃进的过程，共产主义是人类社会发展的理想境界。

第一节　社会历史进程及其特点

一、社会进步的内在根据

在社会发展的方向问题上，不同的哲学有不同的观点，大致有以下几种：第一，社会倒退论。这种观点认为，人类社会不是在进步而是在倒退。中国古代的老庄哲学就有这种思想，他们主张回到更为原始的状态去，反对人类在科技和生产的基础上进行发展社会的活动。在现代西方社会中，社会倒退论的思想也有较大的市场。持这种观点的人认为，人类对自然的开发和利用已经远远超出了地球所能承载的限度。人类相互之间的争斗，能源、环境、人口、生态等各种危机，科学技术的负面作用，以及人类对科技的失控等因素，这一切使人类社会不是在进步，而是在倒退。第二，社会循环论。这种观点认为，社会运动不过是周而复始地在原地兜圈子而已。与自然界中四季更替、昼夜循环一样，社会历史也只是在循环，表面来看，新事物层出不穷，实质上却没有变化。第三，社会进步论。在社会历史发展方向问题上，大多数思想家持进步论的观点，但是，对于社会进步的动力和原因观点各不相同。有的认为是理性，有的认为是绝对精神，也有的认为是历史人物，还有的认为是某种神秘的力量。

马克思主义哲学在社会发展方向问题上也坚持进步论的观点。但是，对社会进步原因的不同看法使马克思主义与其他社会进步论区别开来。马克思主义剩余价值理论的发现及唯物史观的创立，不仅实现了人类思想上的革命，而且揭示出社会进步的实质和必然性。社会进步是对人类社会发展总趋势的概括，它是指社会物质生活、政治生活和精神文化生活的进化与变革。它突出地表现在社会形态从低级向高级的飞跃过程之中每一旧的社会形态被新的社会形态代替之后，社会生产力都会获得前所未有的巨大进步，社会的物质生活、政治生活和精神文化生活都会得到显著改善与发展，社会历史也因此被推进到一个新的发展阶段。即使在同一个社会形态内部，社会也会通过剧烈或缓和的改革向前发展，只不过没有新旧两个社会形态更替时那么明显罢了。

社会进步这一历史趋势是由社会的内在矛盾和人民群众的根本利益决定的。首先，社会基本矛盾是社会进步的最深刻的原因和动力。生产力和生产关系、经济基础和上层建筑的矛盾运动从根本上推动了社会向前发展。其次，社会在变化发展过程中的辩证否定（即“扬弃”）也决定了社会进步具有必然性。新社会通过对旧社会的辩证否定而诞生。新的社会形态吸收和保留了旧的社会形态中的积极的、对新的社会形态的发展有价值的因素，抛弃了陈旧、消极和无用的成分，再加上自身产生的新内容，新社会形态有旧社会形态不可比拟的优越性。最后，社会进步与人民群众的根本利益和要求是一致的。社会进步，即社会在物质生活、政治生活和精神文化生活方面的提高，符合广大人民群众的利益和要求，因此必然会得到绝大多数人的支持和拥护。

社会进步通过社会文明的发展来体现。社会文明是衡量社会进步的尺度，是社会进步的重要标志。社会文明也称“文明”，指人类社会的进步和开化状态。它是一个历史范畴，是相对于野蛮和愚昧而言的。社会文明是社会历史发展的产物，是人类活动的积极成果。社会文明随着历史的发展而发展。在不同的社会领域，文明表现为物质文明、政治文明和精神文明。

物质文明是人类改造自然过程中获得的物质成果的总和，它表现为人们物质生产的进步和物质生活的改善及提高。一般来说，物质文明与生产力的发展紧密联系，由生产力水平的高低决定。政治文明是人类社会政治发展取得的积极成果，表现为人的政治素质的提高、政治观念的变革、政治关系的协调、政治制度的完善等。精神文明是指人类改造客观世界和主观世界的精神成果的总和，是人类精神生产的发展水平及其积极成果的体现。精神文明包括两个方面的内容：一是教育科学文化方面，是指社会的教育、科学、文化、卫生、体育等方面的发展状况，包括相关的物质设施、机构的规模和水平，以及人们在这些方面具有的素质和达到的水平。二是思想道德方面，包括社会的政治思想、道德面貌、社会风尚，人们的世界观、信念、理想、觉悟、情操及组织性和纪律性等方面的状况。

社会物质文明、政治文明和精神文明的有机统一构成整个社会的文明。社会进步表现为整个社会文明的全面发展。物质文明是政治文明和精神文明的基础，是整个社会文明的物质前提，社会物质生产的发展促进物质文明的长足进步，也就为人们从事政治和思想文化活动提供充足的时间与必要的物质条件，物质文明发展的程度制约着政治文明、精神文明的发展。政治文明是物质文明和精神文明的重要保证。政治文明不仅决定着物质文明和精神文明的性质发展方向，而且以强有力的政治力量保证物质文明和精神文明的顺利发展。中国特色社会主义政治文明的基本特征是党的领导、人民当家做主和依法治国三者的有机整合和辩证统一。加强社会主义政治文明建设，推动社会主义民主政治不断完善发展，实现社会主义民主政治的制度化、规范化、程序化，确保国家的统一和政治稳定，这对于我国物质文明和精神文明建设具有至关重要的意义。精神文明是物质文明和政治文明的必要条件与智力支持。精神文明中，无论教育科学文化方面还是思想道德方面，对于物质文明和政治文明的发展都是不可缺少的。特别应该看到社会的精神文明与物质文明、政治文明存在着某种程度的交叉渗透现象。例如：作为精神文明的重要内容的科学技术，正是生产力中极为重要的要素。又如：社会精神文明发展的重要表现之一便是人的思想政治道德觉悟的提高，这也正是政治文明进步的重要内容。离开了精神文明的发展，无论物质文明还是政治文明都必然丧失其应有的价值，失去必要的思想基础和文化底蕴，社会照样会走入歧途。因此，发展社会文明必须坚持推动整个社会文明的全面进步。

在社会进步和发展过程中，历史主体起主导和决定作用。历史主体就是历史发展过程中从事物质活动和精神活动等实践的人们。历史主体包括人民群众和历史人物，其中，人民群众是历史主体的基本部分。人民群众是历史的创造者，在历史发展中起决定作用。人民群众有不断地提高自身物质生活和精神生活水平的要求与愿望，这就促使人民群众不断地从事实践活动，提高实践活动的水平，在实践中满足自己的要求，并在这一过程中促进自身的全面发展和社会进步。历史主体在社会进步中的主导作用首先通过对社会发展方向、道路的选择表现出来。其次，历史主体在历史活动中的计划性、目的性也是其主导性的一个重要表现。历史主体还通过不断提高自身的素质促进社会的进步。

二、社会进步的衡量标准

人们对社会进步的衡量标准的认识经历了一个发展过程。20 世纪 50 年代，西方社会兴起了一股研究社会发展的热潮，其中一个重要内容就是关于衡量社会发展的标准问题。当时的经济学家认为经济增长就是社会的进步和发展，衡量的标准就是人均国民生产总值及其增长率。后来，人们在对发展中国家的研究中发现，发展中国家“有增长而无发展”即“没有发展的经济增长”现象十分普遍，进而对社会进步标准问题进行反思，提出从经济社会的协调发展、从一切人的发展和人的全面发展来衡量社会的进步与发展。

马克思第一次科学地、系统地对人类社会的历史发展做了全面研究，创造性地研究了社会发展的动因、阶段，创立了马克思主义理论。在马克思主义理论中就包含有社会发展和进步的理论。在社会进步和发展的标准问题上，马克思主义认为衡量社会进步的尺度有两个，即历史尺度和价值尺度。

历史尺度是指物质生产中的生产力尺度。社会进步根源于社会基本矛盾，特别是生产力和生产关系的矛盾。社会进步需要物质基础，因而评价社会进步的标准首先应该从社会的物质生活、物质生产中去寻找。虽然社会进步的具体表现是多样的，但是，最终衡量社会进步发展的历史尺度，还是要看社会生产力发展的高度及能够满足社会需要的广度和程度。生产力是社会发展的最终根源和基础，也是社会进步的客观历史尺度，是社会进步的最高标准。

把生产力作为衡量社会进步的最高标准，不能离开生产关系孤立地看生产力。评价历史发展和进步，不仅要看生产力，而且要看生产关系的性质。这是因为，高度发达的生产力和充实的物质财富只是为提高人类的物质文化生活水平提供了可能性。物质财富的分配及物质财富的功能并不直接取决于生产力，这种可能性能否变成现实取决于生产关系的性质。因此，衡量社会进步，必须把生产力与生产关系结合起来考虑。

衡量社会进步的价值尺度就是人的尺度，即社会在生产力、物质方面取得的成果对人有什么价值，它是否有利于人和社会的健康发展。与以往的社会形态相比，资本主义社会在它建立起来的不长时期内，在生产力发展方面取得了巨大进步。但是，在一段时间里，它并没有为社会和人的健康发展带来应有的结果。第二次世界大战结束以后，西方资本主义国家开始重视衡量社会发展和进步的标准问题，认识到不能只用生产力、经济的增长甚至也不能只用经济的发展来衡量社会的进步和发展，而是要把社会、人的健康发展看作衡量社会进步和发展的重要因素。

在社会进步和发展的衡量标准问题上，马克思主义两个尺度的观点有以下特点：第一，突出了生产力对社会进步和发展的决定作用，并把生产力与生产关系结合起来，坚持唯物史观的基本观点。第二，注重人的发展，以人为本。生产力的发展只为人和社会发展提供了物质前提，人的发展才是社会发展和进步问题的核心。第三，重点突出，并且有强烈的辩证性。衡量社会进步的因素可以列出很多，如经济的、文化的、政治的、教育的等，但是，其中生产力的发展及在其基础上的物质财富的丰富，人和社会的发展是最为核心和关键的内容。历史尺度即生产力尺度或物的尺度体现了社会进步标准的绝对性。没有这一尺度，社会进步和发展就失去了根基；在价值尺度即人的尺度上，则体现社会进步标准的相对性。对于人和社会的全面健康发展来说，不同时期，要求不同，侧重点不同，人们的认识水平也不同，因此，社会进步的标准有相对性。对生产力标准的认识要与生产关系及人的发展、社会的发展联系起来，不能仅仅把生产力的发展水平当作社会进步的唯一标准，防止在生产力高度发展的基础上出现人和社会畸形发展的局面。

三、社会历史发展的决定性和选择性

社会历史的发展是合目的性与合规律性的统一，是自然历史过程与人的自觉创造过程的统一。这一过程具体表现为社会历史发展是决定性与选择性的统一。

社会历史发展的决定性实质上就是社会发展自身具有的客观规律性，这种规律性是在人类实践过程中形成的。把握社会规律的特点，对社会规律与自然规律的关系有正确的认识和理解，是我们正确把握社会进步决定性的重要条件。有些哲学家、历史学家认为，社会发展没有什么规律性可言，因为只有可以重复的事情，才谈得上规律，而历史事件都是一次性的、个别的，因此，社会历史没有什么规律。有的哲学家甚至说，“历史规律”这一概念本身是用语的矛盾。历史事件确实不可能重复，如美国独立战争、法国大革命、日本明治维新、中华人民共和国成立等历史事件都是独一无二的。那么，社会历史有规律与历史事件不可重复，这二者是不是矛盾的呢？一般来说，规律有客观性、稳定性、普遍性、重复性等特点。但是，规律的重复性是指一定条件具备时，某种合乎规律的联系就会出现或发生作用，而不是指事情或事件本身的完全重复。社会历史中的规律的重复性并不是指历史事件的重复，而是指不同事件中包含着共同的本质的必然的联系。例如，1640 年英国革命、1789 年法国革命、1911 年中国辛亥革命等，这些并不重复的历史事件包含和体现着资产阶级革命的共同规律。社会规律正是在众多不可重复的历史事件中体现出来的。从共性方面来看，自然规律和社会规律都是规律，二者都有上述提到的那些特点。但是，自然规律和社会规律又是有区别的，自然规律是自发实现的，社会规律的实现则要通过人的有意识的活动。就重复性而言，自然事件实际上也不可能百分之百地完全重复，自然规律的重复性同样不能简单地理解自然事件的重复，而应理解为事件中联系的展现和发生作用。

社会历史发展的选择性是指，在对社会规律认识和把握的基础上，社会主体在一定范围内，有意识、有目的地进行社会实践活动，以实现自己的目标。在一个具体民族的社会现实生活中，其内部的基本矛盾和外部的各种条件往往纵横交错，相互作用，相互影响，为这个民族的发展提供了由多种可能构成的“可能性空间”，人们可以根据自己的需要及内外条件，在其中进行选择，并以

此为根据，指导实践活动。在历史的转折点上，选择对于一个民族来说，显得十分重要。不同的选择会给一个民族的发展进程带来不同的巨大影响。那么，在众多的可能性中，到底选择哪一种，往往取决于该民族的自身因素及外部的影响。

一般来说，影响一个民族做出选择的重要因素有以下几个：

第一，该民族对历史必然性、历史规律及本民族特点的把握程度。历史发展的方向和规律对于一个民族来说至关重要。对此如果没有充分正确的认识，选择只能是盲目的；同时，对自身的特点缺乏清醒的认识，也不可能做出正确的选择。近代中国，灾难深重，列强入侵，“中国向何处去”成为摆在中华民族面前的严峻问题。经过长期艰苦的探索，中华民族选择了社会主义，从而超越了资本主义。这是一次伟大的历史性选择，它与中华民族对历史必然性及自身特点的把握有着直接联系。

第二，该民族的利益。不同的民族及同一民族处于不同的发展阶段，有着不同的利益。民族利益是一个民族对自己的社会发展进行历史性选择的直接动机，它影响和规定该民族对自己历史方向和进程的选择。

第三，民族、国家之间，社会之间或社会内部的交往。一个民族的社会发展固然根源于其内部的生产力和生产关系、经济基础和上层建筑之间的矛盾，但是，任何一个国家或民族总处在与其他民族或国家的交往之中。它不一定非要等自身矛盾发展到尖锐的地步才进行必要的选择，可以在交往中，借鉴其他民族或国家发展过程中的类似的选择。从中华民族走社会主义道路的选择中，我们也可以看出这个道理。

社会历史发展的决定性和选择性之间并不矛盾。社会历史发展的决定性着眼于社会历史发展的总方向和总趋势，选择性则着眼于某个民族或国家的具体的发展方向和道路。社会历史发展的决定性和选择性的统一使社会历史发展过程呈现出另一个辩证的性质，即统一性和多样性。

四、社会发展道路的统一性和多样性

社会发展道路的统一性是指不同的民族或国家在发展进步的过程中，有共同的发展轨迹可寻，总的方向和道路有相似之处。社会发展道路的统一性表现在社会运动总是呈现出由低级到高级、由简单到复杂的过程。在对人类历史发展深入研究和考察的基础上，人们概括出五种社会经济形态的理论，即人类历史的发展在总体上，一般都要经过原始公社的经济形态、奴隶主占有制的经济形态、封建主占有制的经济形态、资本家占有制的经济形态和社会主义公有制的经济形态，并且这些社会经济形态在社会发展过程中依次实现更替。

社会发展道路的多样性是指不同国家、民族在一定条件下，可以超越某一种或几种社会形态而跳跃地向前发展，每个国家或民族的发展道路、发展模式不尽相同，呈现出各自的特点。社会发展道路的多样性表现为各国历史发展的不平衡性。例如，中国殷商奴隶制成熟时期，西欧仍处于原始社会，中国封建社会的盛唐时代，西方及世界其他各国都远远落在其后；然而西方从文艺复兴开始大踏步走向资本主义社会时，中国仍然处于封建社会；西欧资本主义至今已有几百年的历史，仍停留在资本主义社会形态，中国资本主义虽然十分薄弱，然而却比西方发达国家更早地进入社会主义社会。

尽管各个国家的历史发展存在着如此重大的不平衡性，世界历史仍然有规律可循，这主要表现在，在每一历史时期，各个国家和民族虽然同时存在几种社会形态的因素，但其中必有一种社会形态的因素处于主导地位，决定着这个国家和民族的社会性质；在世界历史范围内，虽然各国在各种社会形态的发展中，时间上有长短，形式上有差异，但基本上还是遵循着社会发展一般规律。历史潮流不可抗拒，历史车轮不会逆转。社会发展道路既统一又多样，在辩证运动中前进。

社会发展道路的统一性和多样性，不是彼此孤立、互相排斥的，而是辩证地结合在一起的。社会发展道路的多样性是社会发展道路的统一性的表现形式，社会发展道路的统一性存在于社会发展道路的多样性之中。社会发展道路的统一性体现了历史发展的重复性、一般性、客观规律性、历史必然性，是一个体现矛盾普遍性的概念。社会发展道路的多样性体现了历史发展的个别性、具体性、偶然性，是一个体现矛盾特殊性的概念。社会发展道路的统一性和多样性的统一就是历史发展中矛盾的普遍性和矛盾的特殊性的辩证统一。一方面，社会发展道路的统一性通过多样性而存在，正如矛盾的普遍性通过矛盾的特殊性而存在一样。社会发展道路的统一性不是单调的统一，而是建立在社会发展道路多样性基础上的统一性。社会发展道路的统一性正是通过多样化的形态为自己开辟道路，并通过多样化的发展实现自身的。

另一方面，矛盾的特殊性中总是包含着矛盾的普遍性。社会发展的现实表现是丰富多样的。在现实世界中，并没有普遍的社会发展模式，只存在具体的社会发展模式。这种多样化不是历史发展的变态，而是历史发展的常态。同时，在社会发展道路的多样性中又蕴含着统一性。研究社会发展的规律，就是通过社会发展道路的多样性，揭示社会发展道路的统一性。只看到社会发展的多样性，看不到这种多样性中存在的统一性，就会否认社会发展的客观规律性，把历史看作杂乱无章的偶然现象堆积。

只有把握了社会发展道路的统一性和多样性才能科学地认识历史时代。历史时代是在世界范围内，以当时社会形态的主导趋势来划分历史发展阶段的一个综合性概念。在一定时期里，哪种社会形态走在世界历史的前面，居于世界历史的主导地位，代表世界历史的发展方向，是区分历史时代的主要标志。例如，在17世纪，英国爆发了资产阶级革命，建立了高于封建社会形态的资本主义社会形态，它标志着世界历史进入到资本主义时代，通称为“近代”。在一定时期里，世界历史发展的总趋势、总潮流是划分历史时代的一个重要标志。例如，俄国十月革命在世界上建立了第一个社会主义国家，开辟了人类历史的新纪元，使人类历史进入到帝国主义和无产阶级革命的时代，通称“现代”。

俄国的十月革命代表了世界历史发展的总趋势、总潮流，因而成为划分历史时代的标志。在阶级社会中，哪个阶级居于中心地位，代表历史发展的方向，也是区分历史时代的一个标志。例如，19世纪30—40年代，资产阶级开始转变为腐朽、反动的阶级，无产阶级作为独立的政治力量登上了历史舞台，开展了反对资本主义制度的斗争，因而成为时代的中心，决定了时代的主要特征和历史发展的方向。

第二节　人的本质和价值

一、人的本质

人的本质和人性是密切相连的两个概念。人性即人的性质、属性，而人的本质是人性中的关键和核心。从本质和属性的关系来看，本质是更深层的东西，属性表现本质。人们对人的本质和人性的认识有先后、难易之分。一般来说，人们先从人的属性进行认识，然后再从理性的角度去把握人的本质。

人既有自然属性，又有社会属性，二者相互联系。人的自然属性也就是人的生理特征和自然本能。人的社会属性是指人的社会性，如人的生存方式、延续方式、活动方式等。人的自然属性和社会属性是辩证统一的，自然属性是社会属性的前提条件，社会属性则是自然属性的存在形式。人的自然属性，如饮食等，不可能单纯地等同于一般的动物的吃喝，它带有一定的社会性，有文化的因素渗透其中。

对人性及人的本质的认识和把握，经历了漫长的历史过程。在中国，从先秦开始，思想家们就开始对人性问题进行研究和讨论。孟子认为人性善，如“恻隐之心，人皆有之”。荀子认为人性恶，在他看来，“其为善者伪也”。汉代的扬雄主张人性善恶混 ，“人之性也善恶混，修其善则为善人，修其恶则为恶人”。他认为人性要像玉一样经过琢磨才能成善。汉代被称为“群儒之首”的董仲舒认为人性即人的资质，不是全善全恶的，善是教化的结果。他提出“性三品说”，把人性分成三等，人的资质有三品：圣人之性、斗筲之性、中民之性。东汉的荀悦、唐代的韩愈等也有类似的观点。王安石认为前人所谈的性其实是情，而不是性。性反应的是本能，不可以言善恶，发动之后，反映有当否，分出善恶，这才是情。宋代的朱熹以理释性，提出“性即理也”，把人性看作天理的体现，认为人性分为天地之性和气质之性，即天理和人欲，要灭人欲，存天理。明清思想家们对这一问题的看法，在原有的基础上，还带有资产阶级的思想倾向。李贽把自私自利看作永久的人性，这可以看作萌芽中的资产阶级人性论。龚自珍认为人性无善恶，人性是素材，本身并无善恶，善恶是后天产生的。谭嗣同、严复等人则从西方科学和哲学的角度出发谈论人性。

西方哲学对人性和人的本质的研究历史也很悠久。古希腊哲学家德谟克里特、柏拉图和亚里士多德等人都谈到过人性。亚里士多德提出人在本性上是“政治动物”的命题。中世纪欧洲的经院哲学家把人性解释成神性，与神学的绝对统治相适应。针对以神为中心、贬低人的地位的观点，资产阶级思想家旗帜鲜明地提出要尊重人性，以人为中心的思想。他们把人性看成人类的善良天性或者人类的理性。概而言之，西方思想家们有的把人性归结为神性；有的把人性理解为人的自然属性；有的把理性看成人性；有的把人性设想为人的某种固定不变的气质或某种抽象的观念；到了现代，还有人把人的非理性的东西看成人的本性。这些观点由于认识的局限和时代的局限，都未能对人性做出正确的解释，但它们对人性的探讨取得了一些积极成果，为科学地解决人性问题积累了一定的思想资料。

随着社会的发展和人类认识水平的提高，人们对人的本质的看法也达到一个新的认识高度。马克思主义总结人类认识的成果，第一次对人性做出了科学的解释。历史唯物主义不否认人是自然的存在物，人的肉体组织决定人有吃、喝、性行为等机能和欲望。但是，如果离开人的社会活动抽象地考察这些机能和欲望，把它们看成人类活动唯一的和终极的目的，则是错误的。历史唯物主义从人们的物质生产活动、物质生产关系出发，去说明全部社会关系，进而说明社会的人的人性或人的社会性；即使是人的某些自然属性，也不能不具有社会的形式，带有社会的色彩。这是人类思想史上第一次找到科学地观察和解决人的问题的基本方法论原则。

人性是人和其他动物的根本区别，这个区别主要在于社会性的劳动。现实社会性的劳动和全部社会生活总是在一定社会形式即生产关系下进行的。离开这种生产关系和其他社会关系，人不仅无法生产，也无法生存，也就不成其为人。生产关系和其他社会关系是形成人性的基本的、决定性的因素。在《关于费尔巴哈的提纲》中，马克思提出了对人的本质的看法："人的本质不是单个人所固有的抽象物，在其现实性上，它是一切社会关系的总和。"[①]由于人们在社会关系中，特别是阶级社会的阶级关系中所处的地位不同，加上各个人在社会生活中的其他差异，如不同的生活环境、文化教养、心理特征等，人们的具体人性也不能不产生种种差异。社会关系随着生产力的发展而不断改变，现实的人性也在不断地演变。

现实的、具体的人性在阶级社会里一般都带有阶级性，当然，阶级性的自觉程度是不相同的。不同阶级间的相互关系往往是复杂的，对立阶级之间的交往也会有某种共同的东西，如用共同的语言交流思想，对于某些事物有共同的爱憎，共同的民族心理素质等。但是，对立阶级之间的相互斗争毕竟是阶级社会历史的主要特征，它不能不对具体的人性产生深刻的影响。

作为各历史时代现实的、具体的人性的抽象，人性概念反映了人类的共性，但这个科学概念的抽象与作为资产阶级人道主义立足点的抽象的人性是有根本区别的。资产阶级抽象的人性论没有认识到也不承认人性的历史演变和分化，只承认一种所谓全人类共有的、永恒的人性。他们认为，资本主义制度符合这种人的本性，因而是永恒正义的。把一种具体人性的表现，即资产阶级自私自利的阶级性，说成一切人固有的天性，这显然是非科学的抽象。

关于人的本质，马克思是从以下三个方面做出科学规定的：第一，比较人与动物、自然界的关系。劳动创造了人以及人的语言和思维，使人与动物界相分离，成为自然界中一种独立的、能动的力量。人的发展过程，就是自己的本质力量不断实现的过程，是不断地创造"属人世界"的过程，也是不断地创造自己本质的过程。动物不会劳动，不会制造工具，只能长期地受制于自然界，永远是自然界中不可能有自我意识的一部分。因此，人的本质是劳动，是社会实践活动。第二，认为生产实践是一种社会性的活动，是在一定的社会关系中存在和进行的。生产不仅是物质资料的生产，也是社会关系的生产。社会关系反过来又成为人从事劳动和其他活动的基础与必要条件。离开一定的社会关系，无法从事任何活动，也无法创造自己的本质。所以从实践的结果来看，人的本质在其现实性上就是一切社会关系的总和。第三，分析实践的动力机制，指明人的需要是人和人类生存与发展的原动力，人们的一切活动都是为了满足需要。需要产生动机，动机促使人去创造、去劳动、去实践，在实践的基础上，人又产生新的需要，驱动人们去开拓更广阔的实践领域和生活领域。人的需要源于人的本能，具有自然性和生物性的一面；而人的需要在本能的基础上，在实践

① ［德］马克思：《关于费尔巴哈的提纲》，《马克思恩格斯选集》第1卷，人民出版社，1995年，第56页。

中得到提升和发展，因此具有社会性。

总之，在人的本质的形成过程中，人的需要是内在根据，实践是途径，社会关系是条件也是结果。如果单从某一方面界定就不可能完整地理解人的本质。把它们统一起来，就可以看出，人的本质就是指人在一定的社会关系中为了满足需要而进行的实践活动的总和。它既涵盖了人的类本质，又适用于人的个体本质，既指人的现实本质，又包含人的理想本质，它具有自然性、社会性和实践性的特点。

二、人的价值

人的价值就是人在社会生活中的价值或意义，它是人的社会关系的一个重要方面。人的价值关系是历史地形成的。人的本质是社会关系的总和，在人的本质中贯穿着价值关系。人的本质与价值关系的产生是联系在一起的。价值的产生和本质是与人类生存和发展的客观过程相联系的。

人类的价值活动，本质上是一种改造客观世界的对象化活动。人的创造力、生命力只是人的潜在价值的表现，而人的生命力、创造力要借助于在他之外的对象来展示。人的价值是对象化劳动能力的发挥，人通过对象化的劳动完善自身和发展自身，这是人与其他动物的本质区别。动物只是按照它所属的那个种的尺度和需要来活动，而人能按照一定的目的和要求进行生产，而且能够把自身内在的尺度运用到对象上去进行创造性生产。人的对象化劳动，就是把自身的智力、体力物化到产品中去，而智力、体力不过是存在于人身上的潜能。潜能也是潜在价值，劳动的产品既是人的潜在价值的表现，也是对人的社会价值的确证。任何一项对象化劳动的产品都是人的个人潜在价值和社会价值的综合体现。人的价值的实现是劳动的对象化过程。

自然界的事物千千万万，但并不都是为满足人的需要而存在着，也并不都是直接就具有满足人的需要的使用价值。人要获得其使用价值，需要支付一定的价值。人不能消极等待获得某种使用价值，只有通过能动的劳动，才能在有用的形式上占有对象。劳动的对象化，本质上是人把自己的需要和目的灌注到对象之中，使对象本身成为人的需要和一定目的的现实。劳动者在物质资料生产过程中消耗脑力和体力，使劳动资料和劳动对象与活劳动相结合，创造出新的物质形式，表现了人的价值的实现过程，也是个人对社会、他人做出贡献的过程。一切社会存在物都是人的对象化劳动创造的，都是人的本质力量和价值的展现。人只有在对象化的社会活动中才能表现出自己的本质力量，才能实现自身的价值。

人的价值的突出特征就是创造性。人以自己的体力、智力为社会、他人做贡献，从事改造客观世界的物化劳动，这种劳动是积极的、创造性的活动。人的创造能力在对象化劳动中实现物质性转化。人的价值不仅在于满足人自身的需要，而且在于进行创造性的劳动，为社会进行再生产活动。人作为社会存在物的最大特征在于，人有意识、有目的地进行对象化劳动，进行价值的创造。人的创造活动已经超出了满足自身需要的本能，是对于自身及社会的全面发展和需要做出的肯定，这是人区别于动物的价值特征。人在价值关系中，不仅是价值的消费者，而且更主要的是价值的创造者。人的价值在于创造价值。

人的价值包括个人价值和社会价值。人与社会双方都存在能否满足对方需要的价值关系。作为个人，他应该尊重他人的利益和社会公共利益，应对他人和社会尽自己的责任，做出自己的贡献；作为社会，它应该维护人的尊严和人的基本权利，满足个人生存和发展的物质文化需要。个人价值与社会价值紧密联系，互为前提，二者不是绝对排斥的关系。

个人在生产和生活过程中，既是价值主体，又是价值客体。一个人以自己的体力和智力的支出做奉献，满足他人和社会的需要；同时他在物质和精神上的需要的满足，又使他依赖于他人和社会。个人无论是从事生产劳动为社会做贡献，还是从他人和社会那里得到需要和满足，都是在一种价值关系中进行的，都离不开人的社会关系。人们的这一价值关系的形成既是历史的又是现实的。

人类历史的每一发展阶段总是面临着一定数量的生产力总和。前一代人传给后一代人的生产力、资金和环境，尽管要被后人改变，但是它们预先规定了后一代人的生活条件，成为后代人创造新生活的基础。人们的价值关系是一个历史范畴，是历史形成的。每一历史时代的价值关系都不是孤立地存在着的，每一代人都享受到前人创造的环境，接受前人提供的物质生活条件。人们用前人创造的物质生活条件来满足自己的需要，同时继续为后人创造条件，从而形成社会的价值关系的连续性。但是，每一代人的自身价值及他们创造的物质价值和精神价值，总是在既定的生产力和生产关系条件下进行的。各个时代的人的价值观念和价值关系都呈现出自己的特殊的内容和形式。正因为如此，才形成不同历史时期价值观念和价值关系的区别和特点。

人的价值的实现是一种历史活动。人的价值的实现依赖于社会的全面发展与进步。马克思和恩格斯所说的人的解放是一个历史概念，它不仅是指人们从落后的生产力和旧的生产方式下挣脱出来，获得思想上和行动上的自由，而且意味着人的新的价值关系的确立及对未来价值目标的选择。

实现人的价值，首先要对个人价值和社会价值的关系有正确的认识。如果认为个人价值与社会价值是绝对对立的，认为社会价值会妨碍个人价值的实现，那就必然导致人们脱离社会实践，远离社会。人们如果不重视社会价值的创造，个人价值的实现也将失去良好的环境，最终会影响个人价值的实现。相反，实现人的价值，必须投身社会实践，因为只有在现实的世界中，并使用现实的手段，人才能发挥自己的潜能，实现人的价值。人的价值的实现不可能在想象中进行，不可能离开社会去实现个人的价值。实现人的价值，离不开社会生产力的发展和进步。社会生产力的发展和进步为人的价值的实现提供必要的物质基础。无论是社会价值还是个人价值的实现，都需要一定的物质基础。社会生产力的发展和进步使人的价值的实现所需的物质基础和条件越来越好，必将有利于人的价值的实现。

实现人的价值，要注重人自身的全面发展。人们应该努力利用以往创造出来的全部文明成果，为人的全面发展服务。人的全面发展是一个实践过程，个人的全面性不是想象的或设想的全面性，而是他的现实关系和观念关系的全面性。在社会实践中，人的现实关系和观念关系反映人们的价值关系。人的现实关系和观念关系的全面性标志着人的价值关系的全面性。人的全面发展意味着人在现实关系和观念关系中不断更新自身，发展自身。在这一过程中，人无论在现实性上还是在观念上，都将全面符合社会历史发展的要求。人的主体性的充分发挥，人的全面发展，越来越显示出人对社会发展的推动价值。社会的发展与进步将促进人的全面发展，为实现人的价值创造更好的条件。

第三节　人的全面发展

一、人的发展和社会发展

随着世界范围的现代化进程的加快，人的全面发展问题越来越被人们所关注，在总结历史经验教训的基础上，人们对发展的认识越来越丰富和全面，可持续发展和人的全面发展被确定为社会发展的主要内容。

人的全面发展，既可以指个人的全面发展，也可以指所有人的全面发展即整个人类的全面发展。从广义上说，人的全面发展是指人类在各个方面都得到发展；从狭义上说，人的全面发展是指个体的体力、智力、心理、品德、能力等各个方面的发展。个人的全面发展是就单个个体而言，而人的全面发展是就整个人类而言的。个人的全面发展和人类的全面发展是辩证统一的。

人是社会的人，人的发展与社会历史的发展相一致。在不同的历史阶段，人自身的发展状况是不相同的。在社会发展的早期阶段，没有社会分工，生产生活资料的活动与求知活动、艺术活动和社会交往活动，以相互的自然形式融合于个体活动之中。那时的人只具有原始的丰富性，无论个人还是社会，都根本谈不上自由而充分的发展。当社会分工和剥削制度发展到资本主义阶段，一方面，劳动者创造出大量剩余产品，使越来越多的人从体力劳动中解脱出来，从事科学、艺术、文化等社会活动；另一方面，劳动者本身被牢牢地禁锢在物质生产的狭小领域，成为机器的附属品。固定分工造成人的片面发展和畸形化。许多进步的思想家，特别是空想社会主义者，曾经尖锐地揭露固定分工和剥削制度对人的压制与摧残。但是由于他们找不到达到人的全面发展的现实道路，所以只能是一种空想。马克思主义在发现社会发展规律的同时，揭示了人本身发展的规律，从而把关于人的全面发展的学说由空想变成科学。

马克思主义把人的发展的历史过程概括为三个阶段：第一个历史阶段是人的依赖关系占统治地位的阶段。这时的个人没有独立性，直接依附于一定的社会共同体。第二个历史阶段是以物的依赖关系为基础的个人独立性的阶段。这时的社会形成了普遍的物质变换、全面的关系、多方面的要求及全面的能力体系。社会关系异化成为物的关系，人的独立性是片面而低级的，人的发展仍然受到社会关系的束缚和压制，但是，这一阶段为人的发展的更高阶段准备了条件。第三个历史阶段是建立在个人全面发展的基础上的自由个性阶段，人们共同的生产能力成为整个社会的财富。这时社会关系不再是异化的力量，不再支配人，而是被人们共同很好地控制着。人们在自觉、丰富而全面的社会关系下，获得自由全面的发展，成为有自由个性的人。只有到了这个时候，人的全面发展的理想才能实现。

在未来的共产主义社会中，人的全面发展的基础和主要表现是劳动性质的改变。共产主义的劳动是自由自主的劳动：第一，它是彻底消灭了剥削和奴役的劳动，是为包括自己在内的全社会而进行的劳动；第二，它不再是单纯的谋生手段，而是生活的第一需要，是乐趣和享受，是快乐和幸福的源泉；第三，它是摆脱了自发分工的劳动，脑力劳动和体力劳动的差别已消灭，每个社会成员能够根据社会需要和个人素质自由地选择职业，使自己的爱好和才能得到充分的发挥；第四，它是由高度发达的科学技术武装起来并得到自觉的科学管理和控制的劳动，劳动效率大大提高，劳动时间大大缩短，从而有充分的时间来从事为养成和发挥每个人的才智、体力、品格和个性所必需的其他各种活动。共产主义社会中每个人的全面发展建立在自觉掌握客观规律的基础上，它是与整个社会的发展协调一致的。

推进人的全面发展与推进经济、文化的发展和改善人民物质文化生活是互为前提和基础的。人越全面发展，社会的物质文化财富就会创造得越多，人民的生活就越能得到改善，而物质文化条件越充分，又越能推进人的全面发展。社会生产力和经济文化的发展水平是逐步提高、永无止境的历史过程。这两个历史过程应相互结合、相互促进地向前发展。我们越来越认识到，人的发展和社会发展的关系正在加强，二者紧密联系，互为前提。一方面，个人的发展、人的发展离不开社会的发展。人的发展总是在一定的社会中进行，需要社会为其提供必要的物质条件、物质环境。在不同的社会环境和社会制度下，人的发展情形大不相同。好的社会环境和社会制度为人的发展提供有利条件，在这种情况下，人的发展进行得比较顺利；反之，社会环境恶劣，社会制度不合理，人的发展必然会遇到阻碍，受到压制。同时，社会发展也离不开人的发展。社会由无数个人组成，每一个社会成员健康全面的发展，构成社会整体健康全面的发展，而且会进一步促进社会全面而快速的发展。

二、人的素质及其全面提高

生理学、心理学意义上的素质是指人与生俱来的某些解剖生理的特点，包括人的神经系统及感觉器官、运动器官的生理结构和功能特点，特别是脑的微观结构的特点。素质与能力的形成和发展有密切关系。素质的缺陷会造成能力发展的障碍。关于素质与能力的关系，人们有两种看法：一是把素质与脑和感官的微观结构联系起来，认为有可能发现天资高的人神经组织特有的形态和功能特点；二是把素质与神经过程的特点（强度、平衡性、灵活性）联系起来，认为能力与高级神经活动类型有关，如神经过程强、平衡而又灵活，就为发展多方面的能力提供可能性。这种生理学、心理学意义上的素质可以称为人的自然素质或先天禀赋。教育学、社会学、哲学等社会科学所说的人的素质，是指以人的先天禀赋为基础，在环境和教育的影响下，形成和发展起来的相对稳定的身心潜能，又指社会进步的文明成果在人的身心结构中的内化和积淀；既可以指人的个体素质，又可以指人的群体素质。我们这里所说的人的素质主要是后者。

人的自然素质有差别，但是，一般来说这种差别是微弱的，而且只是人的总体素质及各种能力形成和发展的前提条件，人的总体素质的形成和发展主要取决于人的社会生活条件，特别是教育和长期从事的实践活动。一个人尽管具有某方面的素质，但如果不接受有关方面的教育和训练，不从事有关方面的实践活动，那么相应的能力是不会得到发展的；相反，素质上虽然有某些缺陷，但是经过教育或实践锻炼可以得到补偿，从而使能力得以发展。

人的素质是一个由生理素质、心理素质和社会文化素质构成的有机系统。生理素质是指人的身体状态、生理机能水平、运动能力水平和对外界环境和外部刺激的适应能力。心理素质由智力因素和非智力因素构成，其中，智力因素有注意力、观察力、记忆力、思维力和想象力等，非智力因素有情感、意志和性格等。心理因素是先天生物因素和后天社会因素的有机统一，在人的素质结构中占有十分重要的地位。社会文化素质由科学素质、道德素质和审美素质构成，它是人的素质结构中最重要的方面，它给人的生理素质、心理素质打上社会的烙印，决定着人的素质的性质。人的素质是一个有机系统，它有自身的一些重要特点，既有遗传性，又有习得性；既有自然性，又有社会性；既有稳定性，又有发展性；既有潜在性，又有现实性；既有共性，又有个性。了解这些特点，可以帮助我们更好地把握人的素质的科学含义。

因为主体的不同，人的素质可以分为个人素质和群体素质，二者是统一的。当我们把主体界定为民族时，人的素质就是指民族素质。当今世界是开放的世界，交往频繁，竞争激烈，民族素质尤为重要。民族素质主要包括教育科学文化素质、思想道德素质、心理及生理素质。通常所说提高全民族的科学文化素质，主要是指教育科学文化素质和思想道德素质。教育科学文化素质能有力地促进科技水平的提高，促进生产力的发展；思想政治道德素质能激励人的主动性和创造性，促进人的内心自律，成为人们前进的精神动力，从而促进社会的发展。

人的素质是社会历史发展的产物，同时给历史以巨大的影响。一个国家的发展，不仅取决于经济发展的水平，而且取决于公民的素质；一个民族的腾飞，不仅表现在经济发展水平的提高，而且表现在人民素质的提高。现代化有三个方面的内容，物质现代化、制度现代化和人的素质现代化，其中，人的素质现代化最为关键，也最为艰难。民族素质对于社会进步的重大影响主要通过劳动者在生产中的地位和作用得到充分的反映。劳动者是生产力中最活跃的因素。劳动者的素质决定着劳动资料和劳动对象的创造与利用。具备一定素质的人是生产力的构成要素，也是生产力发展的推动力量。

个人有较高的素质，是个人全面发展必不可少的前提，也是国家和民族振兴、社会全面发展的基础。科教兴国战略，既是国家发展经济的战略，更是提高全民族素质的战略。放眼世界和未来，各国、各民族都面临更加激烈的竞争。竞争的表现有经济的，有科技的，有政治的，但是，归根结底是民族素质的竞争。无论是发达国家，还是发展中国家，都把国家的未来和民族的希望寄托在提高民族素质上。民族素质水平成为当今世界衡量一个国家综合国力的最重要标志之一。

思想道德素质是民族素质的重要组成部分，它对提高全民族的整体素质有着特别重大的意义。道德素质以精神自律本质体现在人的素质结构中，起着导向、推动和调控的作用。人的思想道德素质一旦形成并巩固下来，就会在他们的创造性实践中发挥巨大作用。一个人既有较高的文化素质，又有良好的思想道德素质，才能具备良好的综合素质。

中华民族有五千年的悠久历史，我们的人民历来就有很多优秀的品德。新中国成立以来，党和国家十分重视道德建设，全民族道德素质有了新的提高。在现阶段，我国处于社会转型时期，许多原有的伦理道德规范已经不再适应时代的发展，社会需要的新价值体系还没有牢固树立起来，一些人在道德观念上产生困惑。另外，由于社会主义市场经济体制还不完善，市场经济的负面效应对党风和社会风气产生较大的不良影响，拜金主义、享乐主义、极端个人主义，以及种种消极腐败现象严重影响人们道德素质的提高。为了适应改革开放、发展社会主义市场经济的新形势，提高全民族素质，中共中央于 2001 年 9 月发出认真贯彻执行《公民道德建设实施纲要》的通知，号召全社会加强社会主义思想道德建设。《纲要》指出了公民道德建设的指导思想，即“以马克思列宁主义、毛泽东思想、邓小平理论为指导，全面贯彻江泽民同志‘三个代表’重要思想，坚持党的基本路线、基本纲领，重在建设、以人为本，在全民族牢固树立建设有中国特色社会主义的共同理想和正确的世界观、人生观、价值观，在全社会大力倡导‘爱国守法、明理诚信、团结友善、勤俭自强、敬业奉献’的基本道德规范，努力提高公民道德素质，促进人的全面发展，培养一代又一代有理想、有道德、有文化、有纪律的社会主义公民”。《纲要》还从我国历史和国情出发，提出了公民道德建设的主要内容，这就是：坚持以为人民服务为核心，以集体主义为原则，以爱祖国、爱人民、爱劳动、爱科学、爱社会主义为基本要求，以社会公德、职业道德、家庭美德为主要着力点。

人的素质的提高只有通过长期艰苦细致的教育才能逐步实现。教育承担着提高社会公民素质的重任，它直接影响我国社会主义现代化建设的进程。邓小平早在 1985 年就指出：“我们国家，国力的强弱，经济发展后劲的大小，越来越取决于劳动者的素质，取决于知识分子的数量和质量。一个十亿人口的大国，教育搞上去了，人才资源的巨大优势是任何国家比不了的。有了人才优势，再加上先进的社会主义制度，我们的目标就有把握达到。”[①]提高人的素质是经济和社会发展对教育的要求。中国有 13 亿人口，人的素质高就成为一种优势，素质低则成为包袱。培养与现代化要求相适应的数以亿计高素质的劳动者和数以千万计的专门人才，发挥我国巨大人力资源的优势，将关系到 21 世纪社会主义事业的全局。教育是提高人的素质的基础。

① 邓小平：《把教育工作认真抓起来》，《邓小平文选》第 3 卷，人民出版社，1993 年，第 120 页。

三、自由王国与必然王国

对于人而言的必然和自由是指人在客观世界中的活动所处的两种不同的状态。与自由相对的必然，是人在尚未认识客观世界的规律和人本身的规律时，其行动受盲目必然性支配和束缚的状态。这时，客观规律作为一种异己的力量统治和支配着人，人的行动没有自由。与必然相对的自由是人根据对必然性的认识支配对象，即在认识客观规律的基础上运用客观规律为自身的生存和发展服务。在这种状态中，人并没有也不可能摆脱客观规律对自己的制约，而是由于人在实践中正确反映和有效利用了客观规律，人的行动从盲目受制于客观变为具有主体的自主性（即自由）。

就一般的意义而言，自由是与受限制相对立的。人只有摆脱了外在力量的限制才会感到无拘无束，才会感到自由。因此，自由就是对外在限制的摆脱。哲学家们对于自由的这种一般含义是普遍认同的，但是在如何才是摆脱外在限制，以及如何才能摆脱外在限制的理解上存在着根本的分歧。旧唯物主义把自由理解为人对必然的认识和服从。旧唯物主义认为，客观世界存在着严格的因果必然性，人每时每刻都会受到因果必然性的制约，但人可以凭借理性的力量认识必然，服从必然，清除必然对人的外在强制，获得自由。旧唯物主义的自由观是建立在机械的因果决定论基础上的消极被动的自由观，它要求主体只是适应客观、顺从客观，这不过是把客体的外在强制原封不动地变成了主体的内在自制，仍然是一种严格的限制，谈不上什么自由。这种自由观最终陷入宿命论。唯心主义是把主体抽象化为一种创造客体的精神实体，认为客体是主体的创造物，认为客体对主体的外在限制只是一种外观、一种假象，它在实质上是由主体所统摄、控制的，因此，主体是绝对自由的，是无条件的、无限制的。

与旧唯物主义和唯心主义两种片面的自由观不同，马克思主义哲学以积极能动的社会实践的观点来说明人的自由的本质，认为自由是一个主体性范畴，是人的主体性最充分的体现，人“是由于有表现本身的真正个性的积极力量才得到自由”[①]。诚然，人不能不顺应客体，不能不受到外在客观必然性的限制，但是，人不是外在必然性的奴隶，而是驾驭和利用外在必然性的主人。他能够运用自己的实践力量去打破外在的限制，这才是人的自由之所在。必然是物质世界具有的客观规律，是事物的内在本质和必然联系。

客观世界遵循其固有的规律，客观世界的规律同时也是支配人自身的规律。无论外部世界的规律还是支配人自身的规律，作为客观必然性都对人的存在和

---

① ［德］马克思，恩格斯：《神圣家族》，《马克思恩格斯全集》第 2 卷，人民出版社，1957 年，第 167 页。

活动具有强制性。人不能摆脱客观必然性的制约，不能走出客观必然性限定的范围去寻找自由，这就是人的自由的限度。然而，必然性规定的可能性范围仍是相当广阔的。必然性总是要通过大量的偶然性表现出来，并通过偶然性为自己开辟道路，因而必然性实现的具体形式和途径是多种多样的，是人可以选择的。有了选择的余地，也就有了自由的空间。这是人的自由的客观根据。可见，尽管人的存在和活动受到客观必然性的限定，但人在必然性规定的可能性范围内仍然能够根据自己的需要做出选择，并通过实践把选定的可能性变为现实，获得自由。

自由以必然为根据。正是由于事物有客观必然性可循，人的意识才能有预见性；也正是由于客观必然性提供了选择的可能性，人的意识才能有选择的自由。必然既是自由的限度，也是自由的根据。人只有在必然性提供的可能性范围内进行选择才有自由。人在进行选择时，主体的内在尺度必须与外在尺度（即客体尺度）相结合，而在把握外在尺度的基础上才能正确地运用内在尺度。这就要借助于对事物的认识。认识了事物的客观必然性，才能把握内在尺度可能运用的范围。恩格斯说："人对一定问题的判断越是自由，这个判断的内容所具有的必然性就愈大。"[①]自由的判断就是自由的选择，即借助于对事物的认识来做出决定的那种能力，它体现着把握事物外在尺度和运用主体内在尺度的统一。

自由与必然是相互依存的。真正的自由并不排斥必然，而是立足于必然。人对客观规律的认识总是具体的、相对的，因而人在任何时候获得的自由都是有条件的、相对的，没有绝对的自由。也就是说，自由与必然的区分是相对的。人的实践活动中，很少有完全没有被认识的客观规律，也很少有已经完全认识了的客观规律。人们从必然中获得的总是相对的自由，只不过随着实践和认识的发展，人的自由程度越来越高，而人的活动服从盲目必然性的领域会越来越小。从必然到自由是一个历史发展过程。人在行动中支配和改造自然的能力是在实践中形成，并随着实践的发展而发展的，自由只能是历史发展的产物。人们每学会一次正确认识和运用客观规律，就在行动中获得了一次自由。随着人类实践活动的发展，必然也就不断向自由转化。完全摆脱约束，不要任何限制的绝对自由是不可能存在的。

作为历史观范畴，必然王国是指人们受着盲目必然性的支配，特别是受着自己创造的社会关系的奴役这样一种社会状态。在生产资料私有制的各种社会制度里，不仅被剥削、被压迫的阶级受到社会关系的支配，无力掌握自己的命运，不能按照自己的意愿实现自身的解放，就是剥削阶级也受社会关系的支配，

① ［德］恩格斯：《反杜林论》，《马克思恩格斯选集》第 3 卷，人民出版社，1995 年，第 455—456 页。

因为他们同样不能掌握自己的命运，而且最终避免不了被推翻的结局。所以，只要生产资料的私有制没有被消灭，只要剥削阶级制度还存在，尽管人们已经从自然和社会中争得了一定解放，但从总体来看，人们仍然生活在必然王国之中，受着自己创造的生产关系的奴役和支配，不能获得人类的彻底解放。

自由王国是指人们摆脱盲目必然性的奴役，成为自己关系的主人，从而也成为自然界的主人，成为自己本身的主人这样一种社会状态。这实际是指共产主义社会制度。恩格斯在描述人类社会这一美好的远景时写道："一旦社会占有了生产资料，商品生产就将被消除，而产品对生产者的统治也将随之消除。社会生产内部的无政府状态将为有计划的自觉的组织所代替。个体生存斗争停止了。于是，人在一定意义上才最终地脱离了动物界，从动物的生存条件进入真正人的生存条件。人们周围的、至今统治着人们的生活条件，现在受人们的支配和控制，人们第一次成为自然界的自觉的和真正的主人，因为他们已经成为自身的社会结合的主人了。人们自己的社会行动的规律，这些一直作为异己的、支配着人们的自然规律而同人们相对立的规律，那时就将被人们熟练地运用，因而将听从人们的支配。人们自身的社会结合一直是作为自然界和历史强加于他们的东西而同他们相对立的，现在则变成他们自己的自由行动了。至今一直统治着历史的客观的异己的力量，现在处于人们自己的控制之下了。只是从这时起，人们才完全自觉地自己创造自己的历史；只是从这时起，由人们使之起作用的社会原因才大部分并且越来越多地达到他们所预期的结果。这是人类从必然王国进入自由王国的飞跃。"[①]人类在共产主义的自由王国里才彻底地获得了解放，成为真正的自由的人，人类劳动才成为自觉的、自由的劳动，成为"自主活动"。共产主义的自由王国既是社会进步的理想目标，也是人类解放的必然归宿。

由必然王国向自由王国飞跃是一个历史过程。无论在自然领域还是在社会领域，自由总是意味着通过实践驾驭客观必然性，从而对客观世界实行的改造，这种改造活动不可避免地要受主客观条件的制约。从主观方面来说，要受到人的认识能力和实践能力的制约。从客观方面来说，受到对象自身作为过程展现程度的制约；另一方面还要受到客观上所能提供的物质手段和条件的制约。实际情况只能是主客观条件发展到什么程度，人们从必然王国向自由王国的跃进也就到什么程度。与古代相比，今天人们的认识能力和生产力、科学等发展的水平都极大地提高了，因此人们在自然领域和社会领域获得的自由的广度和深度都是古代望尘莫及的。但这并不是人们从必然王国向自由王国飞跃的最终完

① ［德］恩格斯：《反杜林论》，《马克思恩格斯选集》第3卷，人民出版社，1995年，第633—634页。

成。实际上，由必然王国向自由王国的飞跃是一个永无止境的发展过程。这是因为，人生存于其中的物质世界的运动和发展是永恒的，人类发展也是无限的，因而人类无论是对自然规律还是社会规律的认识和运用都是无止境的。所谓从必然王国向自由王国的飞跃，只能是一个过程。人们每前进一步，就意味着从某一必然状态下解放，争得了自由，但尚未认识和征服的领域又会产生。所以，由必然王国向自由王国的飞跃是人类存在和发展的连续过程。

四、人类的解放和共产主义的实现

解放和自由是两个关系极为密切的概念。所谓解放，是指摆脱束缚而获得自由；人在哪一领域内获得了自由，便意味着在该领域中不再受盲目必然性的控制和奴役，从盲目必然性中解放了出来。所以，人的解放与人的自由是分不开的。如果人不能在自然规律和社会规律面前获得自由，人就不能获得真正的解放。在自然规律面前，获得自由就必须能够认识自然，驾驭和使用自然力，不受盲目的自然力的控制和束缚；在社会规律面前获得自由，从根本上来说就是要最终消除人对人的剥削关系、压迫关系和统治关系。这两方面自由的实现，即人类解放的实现，只有通过共产主义的实践。

共产主义是无产阶级的事业。共产主义作为一种理论（即科学社会主义理论），是同空想主义相对立的；作为一种社会制度，是人们最理想的社会制度，是同资本主义制度相对立的；作为一种运动，是全世界无产阶级的伟大实践。共产主义制度，必须在科学社会主义理论指导下，经过无产阶级的革命实践，推翻资本主义剥削制度后，经过长期努力，才能逐步建立起来。共产主义不仅要解放无产阶级，而且要解放全人类。只有解放了全人类，无产阶级自身才能得到彻底解放。

共产主义社会之所以是人类最理想的社会，在于它有以下基本特征：第一，生产力和科学技术高度发展，社会产品极大丰富；第二，消灭了私有制，建立了公有制，实行“各尽所能，按需分配”的原则；第三，彻底消灭了人对人的剥削、压迫和统治关系，消灭了一切阶级和阶级差别；第四，消灭了工农之间、城乡之间、脑力劳动和体力劳动之间的差别，使人们摆脱了旧式分工的束缚，在生产领域和一切社会生活领域实现完全平等；第五，全体社会成员的共产主义思想觉悟和道德品质极大提高，全民教育普及并不断提高，共产主义劳动态度普遍地树立起来。在这样的社会中，劳动不再是谋生的手段，而成为生活的第一需要。人们有充分自由的时间可供自己支配，可以用来从事科学、艺术、理论、哲学等活动。人们不仅过着富裕的物质生活，而且享受着高尚的、丰富的精神文化生活，每个人都获得全面自由的发展。只有在这样的社会里，人类才真正从动物的生存条件进入人的生存条件，才最终地脱离了动物界。

只有在共产主义社会中，人才能得到全面发展。人的全面发展是人的发展的最理想的境界。就个人而言，是指德、智、体、美、劳和谐完整的发展；是指个人潜力和智能的最大限度的发挥；是指个人需要的全面丰富和满足，是指人的本质的真正的实现。马克思主义哲学认为，在共产主义社会里，每个人的自由发展是一切人的自由发展的条件。当每个人都获得全面发展时，一切人全面发展的时代便到来了。

马克思主义哲学是彻底的理论，只有彻底的理论才能使人真正信服。在马克思主义哲学看来，从必然王国进入自由王国的飞跃并不是人类历史的终结，恰恰相反，这不过是人类历史真正的开始，以前所有的社会阶段不过是这种开始的准备阶段。事实上，人类总是不断发展的，自然界也总是不断发展的，永远不会停止在一个水平上。因此，人类总得不断总结经验，有所发现，有所发明，有所创造，有所前进。这个过程永远不会完结。

共产主义是人类历史上最伟大、最壮丽的事业，同时也是人类历史上最艰巨的事业。它的实现需要经过亿万人民群众几代甚至几十代长时间的自觉努力奋斗。我国人民正在进行的社会主义现代化建设事业就是世界共产主义实践的一个部分。从历史发展总趋势来看，从共产主义是一个长期的历史过程来看，中国社会主义现代化建设取得的每一成就都是对共产主义这一壮丽事业做的一份贡献，都是向着共产主义这一宏伟目标的迈进。在这个意义上，我们可以说，共产主义并非可望而不可即，也并不渺茫。诚然，我国目前尚处于并将长期处于社会主义初级阶段，离完全具备共产主义社会的那些基本条件还相当遥远，但我们一定要看到共产主义的光明前景，认识人类发展的总趋势，努力用共产主义世界观和人生观武装自己，树立共产主义的远大理想，积极投身于当前我国社会主义现代化建设的伟大实践，为人类的解放和共产主义的实现贡献自己的智慧和力量。毫无疑问，前进的道路是不平坦的，艰难和险阻，曲折和反复，随时都可能出现，但只要我们有坚定的共产主义信念，用百折不挠的精神，顽强奋斗，就一定能把共产主义事业推向前进。